Franz Scholz
Kollektivschuld und Vertreibung

FRANZ SCHOLZ

Kollektivschuld und Vertreibung

Kritische Bemerkungen eines Zeitzeugen

VERLAG JOSEF KNECHT · FRANKFURT AM MAIN

Die Deutsche Bibliothek – CIP-Einheitsaufnahme

Scholz, Franz:
Kollektivschuld und Vertreibung : kritische Bemerkungen eines Zeitzeugen / Franz Scholz. – Frankfurt am Main : Knecht, 1995
ISBN 3-7820-0711-5

1. Auflage 1995

Umschlaggestaltung: Atelier Warminski, Büdingen
Satz: Fotosatz Otto Gutfreund GmbH, Darmstadt
Druck und Bindung: Druckerei Wagner GmbH, Nördlingen
♾ Gedruckt auf alterungsbeständigem Papier
ISBN 3-7820-0711-5

Inhalt

Dritter Teil
Anhang zur Seligsprechung Kardinal Hlonds

Alexander Solschenizyn in seiner Dankrede für den Literatur-Nobelpreis 1970:

«Dreist und siegreich schreitet die Gewalt auf der ganzen Welt voran, sich immer weniger um den Rahmen der jahrhundertealten Gesetze kümmernd, ohne sich darüber Gedanken zu machen, daß die Fruchtlosigkeit der Gewalt in der Geschichte bereits vielfach aufgezeigt und erwiesen ward. Und es triumphiert nicht einmal die simple, rohe Gewalt, sondern der Posaunenchor ihrer Verteidiger; die Welt wird von der dreisten Behauptung überrumpelt, daß die Gewalt alles kann, das Recht aber nichts.»

«Doch vergessen wir nicht, daß die Gewalt nicht allein leben und weiterbestehen kann; – sie ist unweigerlich mit der Lüge verflochten. Zwischen den beiden besteht die natürlichste, die tiefste Verwandtschaft und Bindung; ... Jeder, der einmal die Gewalt zu seiner Methode erklärt hat, muß unweigerlich die Lüge zu seinem Prinzip erwählen.»

Deswegen ist die Stimme der «anderen Seite» unverzichtbar.

Vorwort

Dieses Buch ist nicht nur geschichtlichen Charakters. Der Verfasser möchte aufzeigen, wo auch die Politik der Sieger unmenschlich und völkerrechtswidrig vollstreckt worden ist. Das Schwarz-Weiß-Konzept zugunsten der Sieger wandelt sich dann schnell und wird zu einer Grau-Grau-Darstellung, wobei die späteren Historiker nach Öffnung aller Archive feststellen mögen, auf welcher Seite das Grau dunkler und auf welcher es heller war. Wie Benommene optieren die Deutschen der Gegenwart noch ganz im Siegersinne für das Schwarz-Weiß-Schema, das aber der Wirklichkeit nicht entspricht. Dieses Buch will für Wahrheit und Recht eintreten und für spätere Zeiten Tatsachen, Hintergründe und Wertungen festhalten, die dem abendländisch-christlichen Ethos entsprechen. Allzuviele Zeitgenossen sind ihm heute entfremdet.

Nach der aus gesundheitlichen Gründen verzögerten Drucklegung dieser Arbeit danke ich denen besonders, die mir geholfen haben, sie abzuschließen.

Ich danke dem Beauftragten der Deutschen Bischofskonferenz für Vertriebene und Flüchtlinge, Weihbischof Gerhard Pieschl, Limburg, dem Apostolischen Visitator für Priester und Gläubige der Erzdiözese Breslau, Apostolischer Protonotar Winfried König, Münster, meinem theologischen Berater, Abt Dr. Adalbert Kurzeja OSB, Maria Laach, Herrn Dr. Ing. Horst Giese, Hannover, und dem Schlesischen Priesterwerk e. V. für zugesagte Hilfe. In der dreieinhalbjährigen Genesis des Buches haben sie mich ermutigend und helfend begleitet.

Besondere Erwähnung haben sich verdient: meine langjährige Mitarbeiterin, Frau Rektorin a. D. Margot Höfling, Dieburg; Herr Bibliotheksrat Alfons Pyka, Mainz;

Herr Rektor a. D. † Paul Kunert aus Ritterswalde, Krs. Neisse, jetzt Würzburg. Er hat mir über Jahre als Freund und Gleichgesinnter beim Werden des Buches beigestanden und es mit seiner tiefen Kenntnis der ostdeutschen, bes. der schlesischen Geschichte, begleitet. Im August

1994 erkrankte er und wurde am 4. Sept. 1994 heimgerufen. Ihm sei ein besonderes Wort des Dankes über das Grab hinaus gesagt.

Alle Genannten haben mir mit Fachwissen und technischem Können getreu zur Seite gestanden und geholfen, die Schwierigkeiten, die mit dem 85. Lebensjahr gegeben sind, nach Kräften zu mindern. Zum Durchhalten haben mich auch die erwarteten Leser ermutigt, die aus dieser Darstellung sonst verschwiegene Wahrheiten und Zusammenhänge tröstend erkennen mögen, um daraus Kraft zu schöpfen und sich solidarisch in die «andere Seite» (altera pars) aufgenommen zu wissen, bei der die alten Werte Familie, Kirche, Vaterland, Wahrhaftigkeit, Gerechtigkeit und Solidarität noch eine Bedeutung haben. Dieses Buch hat den Mut, Recht Recht und Wahrheit Wahrheit sein zu lassen, auch wenn es nicht dem Trend der Zeit entspricht. Die Abfassung des Buches war für mich nicht nur ein historisches oder ethisches, sondern auch ein Gewissensanliegen, und so möchte ich mit meinen Lesern nach dem Wort des hl. Augustinus zu einem «cor ad cor loquitur» (das Herz spricht zum Herzen) kommen.

Im Sinne des einleitenden Themas (Kap. I) stehen wir einsam auf der Seite des Paters Bartolomé Las Casas und kämpfen gegen Blindheit und Herzenshärte, die auch in der christlichen Gesellschaft nicht unbekannt sind.

Die vorliegende Arbeit ist meiner Breslauer Mitbürgerin, der Märtyrerin Edith Stein, die am 9. 8. 1942 in Auschwitz ihr Leben vollendet hat, gewidmet. Sie hat die Barbarei des Rechtspositivismus bis zur Ermordung erlitten. Als Breslauerin steht sie Ostdeutschland besonders nahe.

Dieburg, 2. Februar 1995 *Franz Scholz*

Kapitel I

Zur Einstimmung auf den Grundtenor dieser Arbeit

1. Das den Indios nach 1492 zugefügte, schreiende Unrecht als Prototyp der erschütternden Mißachtung von Menschenrechten nach den zwei Weltkriegen

1.1 Der Dominikaner Bartolomé de Las Casas als einsamer Prophet gegen diese Mißachtung der fundamentalen Menschenrechte[1]

Ein außerordentlich beklagenswertes Beispiel aus der Geschichte bietet dafür ein Bericht über das Vorgehen der Konquistadoren in Mittelamerika nach der Entdeckung Amerikas am 12.10. 1492. Die spanischen Eroberer haben diese Geschichte «geschrieben», ohne jedes Verständnis für und ohne jede Rücksicht auf das, was den Opfern, den Indios als Ureinwohnern, durch sie widerfuhr. Das unmenschliche Vorgehen gegen die überfallene, arglose Urbevölkerung wurde in Europa kaum bekannt. Der Gedanke der Machterweiterung für Staat und Kirche – also das Interesse der damaligen Staatsräson – beherrschte die Gemüter. Das verherrlichende Geschichtsbild der Konquistadoren blieb durch die Jahrhunderte maßgeblich.

Noch vor hundert Jahren wurde über Kolumbus' Werk nur strahlend berichtet.[2] In einem an die spanischen Bischöfe gerichteten Schreiben[3] Papst Leos XIII. wurde das Unternehmen als «das größte und wundervollste Ereignis» bezeichnet, das von der göttlichen Vorsehung gelenkt sei, um die Verluste der Kirche in Mitteleuropa auszugleichen.[4] Die Wirklichkeit von 1492 war kaum bekannt, offensichtlich auch Leo XIII. nicht.

Nur ein einsamer Prophet, Las Casas, wagte vor über 400 Jahren, gegen die Verfälschung der Wirklichkeit aufzutreten und gegen den Strom zu schwimmen. Seine Stimme mag uns hier sagen, was «die andere, lange zum Schweigen verurteilte Seite» dazu zu sagen hat.

Las Casas war 45 Jahre Zeuge des Vorgehens der Konquistadoren gegen die Indios in den spanischen Kolonien. Er berichtet: «Die Insel Hispaniola (Haiti) war es, wo die Christen... zuerst landeten. Hier ging das Metzeln und Würgen... an. Die Christen fingen damit an, daß sie den Indianern ihre Weiber und Kinder entrissen und sie mißhandelten. Die Spanier richteten ein greuliches Gemetzel und Blutbad unter ihnen an... schonten weder Kind noch Greis, weder Schwangere noch Entbundene, rissen ihnen die Leiber auf und hieben alles in Stücke...»[5]

Als «Begleiter von Kolumbus auf seiner dritten Reise wird... aus einem Eroberer (Conquistador) der ‹Vater der Indianer›... Trotz aller Anfeindungen u. Verleumdungen» arbeitete Las Casas in Theorie und Praxis für diese, um «seinen ‹Kindern›»die unerträglichsten Leiden des ihnen von den überfallenden Europäern angetanen Unrechts zu lindern. Er betonte: «Die Eingeborenen sind so frei wie die Europäer... Nur der Papst hat das Recht u. die Pflicht, sich um sie zu kümmern, um sie zu Christen zu machen.» Der spanische König müsse «für ihre geistige u. leibl. Wohlfahrt sorgen...»[6].

1.2 Wie haben die Eroberer die Grausamkeiten gegen die Indios begründet?

Die Eroberer stammten doch aus der christlichen, kirchlich geprägten Gesellschaft. Spontan und unreflektiert gingen sie von einer in der damaligen «christlichen Gesellschaft» herrschenden, aber irrigen und unchristlichen Ansicht aus. Das Erstaunliche liegt darin, daß Christen kein Gespür für das hatten, was gegen die Grundforderungen des Evangeliums verstößt: Man hat Ungetauften die Menschenrechte in entscheidendem Punkte aberkannt und damit die unveräußerlichen Ansprüche der Indios einfach mißachtet. Das führt in der Praxis zu unbeschreiblichen Unmenschlichkeiten. Solches Verhalten, wie Las Casas es festgestellt hat, hat sich brutal ausgewirkt und zunächst wenig Teilnahme, Mitleid und Hilfsbereitschaft der «christlichen» Welt geweckt.

1.3 Heutige Reaktion auf das Vorgehen der Konquistadoren und das Wort der «Gesellschaft für europäische Theologie» an die Verantwortlichen in Kirche und Staat[7]

«Mit Beschämung und Erschütterung stehen wir... vor den unfaßbaren Greueln und Brutalitäten, die an der Schwelle der Neuzeit geschahen...

Die Eroberer kamen aus einer öffentlichen Ordnung... die gleichermaßen von Papst und Kaiser repräsentiert wurde. Der Umgang mit Heiden oder «Barbaren», mit Juden und Muslimen, selbst mit Frauen in der christlichen Gesellschaft, die alle nicht als volle Rechtssubjekte anerkannt wurden, war das Paradigma für die Begegnung (der Konquistadoren) in der neuen Welt. Die kraftvolle Schärfe der biblischen Differenzierung zwischen dem Reich Gottes und den menschlichen Machtgebilden ... ist weitgehend abgestumpft ... (S. 4).

Die historischen... Reflexionen haben schonungslos gezeigt, wie sehr die Kirche der damaligen Zeit in das Gewebe von Macht und Gewalt verstrickt war. Das gilt für das Volk Gottes... ebenso wie für ihre Hirten. Die Dunkelheit, ja die Finsternis, die weite Teile dieser Geschichte umhüllt, machte die Kirche oftmals nahezu ununterscheidbar im weltlichen Getriebe... Es sind einzelne Lichtgestalten... die dieses Dunkel aufhellen und das wahre Antlitz der Kirche erkennen lassen... (S. 5)

Ideologiekritische Ansätze werden kaum vorgetragen...» (S. 6)[8]

1.4 Die Verstrickung der Kirche «in das Gewebe von Macht und Gewalt»

Die Kirche war demnach mit ihren Hirten «in das Gewebe von Macht und Gewalt verstrickt» (gewesen).

Es lag im Trend der Zeit, Nichtgetauften all die Ansprüche, die wir heute als Menschenrechte bezeichnen, zu verweigern, sie als rechtlos anzusehen und in ihnen nur noch ein Objekt eigener Willkür und der Interessen der eigenen Staatsräson zu erblicken. Wer (angeblich) keine Rechte hat, dem kann man ja, ohne fehlzugreifen, die Rechte bzw. die Rechtsgüter, die er noch besitzt, wegnehmen. Es genügte die Feststellung: Du bist ungetauft, um das Opfer absolut rechtlos zu machen, zu berauben und zu versklaven.

Das Kern- und Sterngebot des Evangeliums konnte also Ungetauften gegenüber mit Billigung der «christlichen» Gesellschaft leicht außer Kraft gesetzt werden. Was bleibt vom Christentum, wenn es sein «Rückgrat» preisgibt, wenn man sich Ungetauften gegenüber benehmen darf, als ob man selbst ein brutaler Heide wäre? Auch hier müssen die Wertmaßstäbe des Evangeliums unbestechlich angewandt werden. Die Gestalt des «Christentums», das dem Schwachen und Besiegten gegenüber unmenschlich vorgeht, ist ein Verrat des Evangeliums, mag auch die Liturgie seiner Gottesdienste noch so orthodox sein.

2. Das Verhalten der Konquistadoren als Prototyp der unfaßbaren Greuel und Brutalitäten

Dem Leser wird nicht entgangen sein, daß sich zu diesem Beispiel von 1492 Ähnlichkeiten und Entsprechungen zur Gegenwart aufdrängen. In dem Text der europäischen Theologen heißt es: «Mit Beschämung und Erschütterung stehen wir ... vor den unfaßbaren Greueln und Brutalitäten, die an der Schwelle der Neuzeit geschahen. Auch heute sind Vertreibung, Ausbeutung und Vernichtung ... Ausdruck der Mißachtung gegenüber dem Recht des anderen. Was wir in ... Auschwitz, Archipel Gulag und Hiroshima erfahren haben, hat seine geschichtlichen Wurzeln in der mangelnden Bekehrung und Schuldeinsicht angesichts der Kolonialgeschichte und ihrer ... Vernichtung von Menschen ... Der gesellschaftliche und kirchliche Sündenfall muß aufgearbeitet werden ... »

2.1 Damals schrieben die Konquistadoren, nach 1918 und 1945 die Sieger der Weltkriege die Geschichte

Einmal gilt für damals und heute, was eingangs festgestellt worden ist, daß zunächst nur die Sieger die «amtliche» Geschichte schrieben. Beispiel: das Schweigen über die Greuel und Frevel der Sieger von 1918 und 1945 in der amtlich verordneten Geschichtsdarstellung. Diese «amtliche» Geschichtsschreibung durch die Sieger gilt heute zumal für Deutschland, wo die Umerziehung im Sinne der Sieger gute Früchte getragen hat.[9]

Eine weitere Parallele liegt darin, daß die Sieger von 1919 und 1945 – wie die Konquistadoren – aus einer einst christlich geprägten Gesellschaft stammen, die in der Theorie erstmalig – besonders seit der UN-Charta – die auch aus christlichen Wurzeln gewachsenen Menschenrechte als allgemein verbindlich verkündet haben. Aber gleichzeitig sind Mechanismen angewandt worden, die alle Rechte der Besiegten aushebeln.

Die Konquistadoren stellten die Überfallenen rechtlos, weil sie nicht getauft waren. Bei der durch die Sieger in Potsdam am 2. 8. 1945 beschlossenen Vertreibung und Entwurzelung der Ost- und Sudetendeutschen genügte die bloße Feststellung: Du bist ein Deutscher. So wirkte sich die kurzschlüssige Losung aus, allen Deutschen eine Kollektivschuld anzulasten und die These im lebendigen Vollzuge durch Vertreibung zu realisieren.

2.2 Fassungslosigkeit gegenüber einem «kurzgeschlossenen» Christentum - damals und heute

Besonders schmerzlich haben das vor allem ostdeutsche Christen empfunden. Die polnischen Neusiedler hatten bald Anschluß an die katholischen Ortskirchen und deren Geistliche gesucht und oft gefunden. In kurzer Zeit haben sie eine eindrucksvolle, manchmal bewegende Kirchlichkeit an den Tag gelegt, auch deutsche Gottesdienste besucht und, wo möglich, mit uns zusammen gebetet, zumal wir, wo förderlich, auf die lateinische Meßfeier umstellten.

Als es dann aber bald um die Vertreibung der Deutschen ging, hat die Mehrheit diese Barbarei physisch und moralisch unterstützt, wobei gelegentliche Hilfe für die Deutschen nicht verschwiegen werden soll.

Die polnischen kirchlichen Autoritäten haben später durch den Gesamtepiskopat die Vertreibung als Beschluß der Sieger in Potsdam und als Regierungsbefehl gebilligt und verschiedene Theorien zu deren Rechtfertigung – besonders durch die Hirtenbriefe vom 23. 6. 1965 und vom 10. 2. 1966 – entwickelt.[10]

Völkerrechtlich aber war die Vertreibung blankes Unrecht. Deswegen wird im Preisgabevertrag von 1990 nur die Tatsache der Grenze herausgestellt, ohne einen einzigen völkerrechtlich durchschlagenden Sachgrund für die ungewöhnliche Umwidmung zu haben.[11]

Die polnische Kirche lehrt jedenfalls, daß die doch menschenrechtswidrige Vertreibung für sie gerecht gewesen sei, daß Gott selbst Polen in den deutschen Osten geführt habe u. a. m.

2.3 Der noch aufzuarbeitende «Sündenfall»

Im eingangs zitierten Wort zum 12. 10. 1492 heißt es mit Recht: «... Auch heute sind Vertreibung, Ausbeutung und Vernichtung ... Ausdruck der Mißachtung gegenüber dem Recht des anderen.»

Die Erklärung europäischer Theologinnen und Theologen macht auf Zusammenhänge aufmerksam: Archipel Gulag, Auschwitz, Hiroshima, Vertreibung und andere Unmenschlichkeiten hatten ihre «geschichtlichen Wurzeln (auch) in der mangelnden Bekehrung und Schuldeinsicht angesichts der Kolonialgeschichte». Das spanische Vorgehen ab 1492 erscheint fast als Prototyp eines Verbrechenskomplexes, als «Der gesellschaftliche und kirchliche Sündenfall», der im wesentlichen noch der Aufarbeitung harre. Der aber «muß aufgearbeitet werden», um eine Wiederholung eines solchen schreienden Widerspruchs von christlichem Selbstverständnis und und sittlichem Gewissen zu vermeiden und der abendländisch-christlichen Überzeugung zu gesellschaftlich wirksamer Dynamik zu verhelfen.

Konkret handelt es sich um das Verhältnis der individuellen Rechte des Einzelmenschen zu den Anmaßungen einer hypertrophierten Staatsräson, die sich in der praktischen Politik allzuoft über unverzichtbare individuelle Menschenrechte skrupellos hinweggesetzt hat.[12] Die kollektiven (angeblichen) Staatsinteressen haben sich damit unmenschlich gegen einzelne oder Gruppen oder auch gegen ein zum Widerstand unfähiges, besiegtes Volk durchgesetzt. Ist aber der Vergleich zwischen Indios (1492) und den deutschen Ostvertriebenen (1945) zulässig?

2.4 Ähnlichkeiten und Unterschiede in der Lage der Indios 1492 und der Situation der (Ost- und Sudeten-)Deutschen nach 1945

Die Wahrheit verlangt, neben der bisher aufgezeigten Ähnlichkeit auch die Unähnlichkeit zwischen beiden hart bedrängten Völkern festzustellen.

Ähnlich ist das schicksalhafte Faktum, daß in beiden Fällen die Geschichte von den tonangebenden Siegern allein geschrieben worden ist, mit allen damit gegebenen Verzeichnungen, immer nur zu Lasten der Opfer.

Aber es gibt auch bedeutsame Unterschiede: Die Indios hatten, bevor sie von den spanischen Konquistadoren «entdeckt» wurden, diesen kein Unrecht zugefügt. Die Vertreibung der Deutschen – ebenso die Zerstörung der mit Flüchtlingen überfüllten Stadt Dresden am 13. Februar 1945 und die unmenschliche Behandlung der Kriegsgefangenen nach der Kapitulation – wurden von den Tätern sofort als gerechte Bestrafung für das von Hitler verursachte Unrecht (Kollektivschuld), angesehen. Indem man den Satz «Wie du mir, so ich dir» anwandte, schuf man eine Scheinrechtfertigung für einen auf der gleichen völkerrechtswidrigen Ebene liegenden Rückschlag.

Ist damit das Problem der Vertreibung ethisch nun so aufgearbeitet, daß man beruhigt zur Tagesordnung übergehen könnte?

3. Staatsangehörige eines besiegten Volkes, deren Regierung gefrevelt hat, dürfen, wenn sie persönlich schuldlos sind, nicht unmenschlich (völkerrechtswidrig) behandelt werden

Warum bleibt die Vertreibung von acht Millionen Deutschen aus dem Reich und von drei Millionen Sudeten- und zwei bis drei Millionen Volksdeutschen gleichwohl ein Verbrechen, das noch auf eine Aufarbeitung wartet?

Einmal hatte Polen durch die sich schrittweise nach Westen vorkämpfende «Rote Armee» den ihr von Hitler geraubten Volksboden zurückerhalten. So war territorial im Verhältnis zwischen Polen und Deutschland ein im wesentlichen in etwa gerechter Ausgleich via facti erfolgt.

In Potsdam[13] haben die Sieger aber weitere 104000 km^2 , d.i. ein Viertel des im harten Frieden von Versailles beim Reiche belassenen Gebietes, verbunden mit der Vertreibung der Stammbevölkerung, von Deutschland abgetrennt. Im krassen Widerspruch zur Charta der UNO (1941) und zur Haager Landkriegsordnung[14] wurden acht Millionen Stammbewohner entwurzelt, oft unter dem Vorwand, 2,2 Millionen von den Sowjets ebenso ungerecht vertriebene Ostpolen unterbringen zu müssen.

In der polnischen Alltagsdiktion wurde diese ungerechte Proportion einfach mit der Formel begründet: Wir Polen nahmen die Vertriebenen aus Ostpolen auf, daher sei es Deutschlands Pflicht, die gleiche Gruppe Deutscher aus dem alten Ostdeutschland aufzunehmen. Daß bei dieser «Logik» für die Unterbringung von 2,2 Millionen Ostpolen der Lebensraum von 7–8 Millionen Deutschen verlangt wurde, wurde konsequent «unter den Teppich gekehrt».

Solche Vertreibungen sind gegenüber denen, die mit den früheren Freveln der deutschen Regierungskriminalität nichts zu tun hatten, eine schwere Verletzung der Menschenrechte.[15] Gegenüber persönlich schwer Schuldigen wären sie gestattet.

Hier wird sehr deutlich, welche Funktion die Theorie der Kollektivschuld eines ganzen Volkes spielt, in dem es dann nur noch Schuldige gibt, denen gegenüber Strafe, auch der Entzug der Grundrechte durch die Sieger «rechtlich» möglich wird. Aber an persönlich Nichtbeteiligten (kaschierte) Rache zu nehmen, ist auch dem Staate nicht erlaubt. Lynchjustiz, die im Privatleben geächtet ist, darf nicht ins Völkerleben übertragen werden.

Ebensowenig die Regel der Vergeltung mit dem gleichen Übel im Sinne des AT «Auge um Auge, Zahn um Zahn, Hand um Hand, Fuß um Fuß ... Wunde um Wunde, Strieme um Strieme!»[16]

Dem Ethos der Kulturvölker entspricht der Verzicht auf Rache. Menschlich begründet ist dagegen das Suchen nach Wiedergutmachung in Gerechtigkeit.

3.1 Vor allem sind auch Besiegten gegenüber Handlungen untersagt, die unmittelbar die Menschenwürde verletzen

Rache und Vertreibung sind schon zwischen einzelnen barbarisch, erst recht zwischen Völkern. Bei einem rechtlich begründeten Rückschlag darf nur menschlich, nicht barbarisch vorgegangen werden. Das ist aber bei der Vertreibung der Fall. Es handelt sich also um die exzessive Übersteigerung eines Ausgleichsanspruches, der die Menschenwürde schwer verletzt.

Der Rückschlag für die verbrecherische deutsche Regierungskriminalität traf die einzelnen Opfer als Glieder des 80-Millionen-Volkes, auch die, die kaum Einfluß auf die Verbrechen des NS hatten und nur ganz ausnahmsweise zu den Mitschuldigen gehörten. Das wird später näher dargelegt werden.[17]

4. Christlicher Widerstand gegen die grausame Behandlung der Indios führt zur Grundlegung des Völkerrechts

Las Casas hatte das Problem der mißhandelten Indios pastoral und menschlich aufgegriffen. Seiner Spur folgte der Dominikaner Franz von Vitoria († 1546) mit seiner Schule von Salamanca. Er ist dadurch zum Begründer des Völkerrechts geworden und hat in die Politik durch Milderung der Kolonialgesetzgebung hineingewirkt. In seinen Vorlesungen nahm er besonders gegen die Zeitanschauungen Stellung und hatte den Mut zum entschiedenen Widerspruch.

Berühmtheit haben seine Vorlesungen «De Indis» und «De jure belli»[18] erlangt, in denen er die Grundlagen dieses Völkerrechts christlich aufzuarbeiten anfing. Seine damals umstürzende Grundüberzeugung: Aufgrund der Sozialnatur des Menschen bilden alle Menschen «die ... umfassende Völkergemeinschaft ...», die die Getauften, aber ebenso die Nichtgetauften umfaßt, die er anfänglich für «nicht fähig» hielt, «sich zu regieren, so wenig wie Geistesgestörte oder wilde Tiere»[19]. Der angeblichen Rechtlosigkeit der Indios wurde damit der Boden entzogen. Bis zu seinem Tode stand er tapfer dafür ein. Seine treffende Sicht der Dinge wurde zunächst vom Dominikanerorden und der Schule in Salamanca übernommen.

So erwuchsen den Indios aus dem gleichen Volke, das sie weitgehend ausgerottet hatte, auch Klärung und Hilfe gegen den schrecklichen anthropologischen Irrtum, der sich auch in der Kirche eingenistet hatte.[20]

Entspräche es nicht dem Vorbild der spanischen Dominikaner, wenn deutsche und polnische Theologen in besonderer Weise an die Aufarbeitung ihrer diesbezüglichen Probleme gingen?

5. Bisheriges Ergebnis

5.1 Die Sieger allein

haben die deutsche Schuldgeschichte, auf die einseitige Kriegspropaganda gestützt, geschrieben.

5.2 Die vertriebenen Deutschen

haben trotz belastender Regierungskriminalität mit der Vertreibung schweres Unrecht erlitten, soweit sie, was für die meisten zutrifft, in keiner ursächlichen Verbindung zu diesen Unrechtstaten gestanden haben. Dazu tritt eine dritte Grundlagenerkenntnis:

5.3 Die Härte von Versailles

Härte und Ungerechtigkeit von Versailles wirkten sich für Hitlers Griff nach der Macht sehr günstig aus. Er hatte sich die Beseitigung des «Schanddiktates» zum Ziele gesetzt. Der 30. Januar 1933 gab ihm – zu seiner Parteimacht – noch staatliche Autorität und alle Machtmittel des Staates in die Hand. Die Sieger von 1918/19 haben ihrerseits in einer schwer nachzuvollziehenden Blindheit Hitler indirekt mit an die Macht gebracht.[21]

5.4 Versailles, «die Geburtsstätte und Kraftquelle für die NS-Bewegung»[22]

Theodor Heuss[23] schreibt: «Die Geburtsstätte der nationalsozialistischen Bewegung ist nicht München, sondern Versailles ... Das politische Instrument, das den Namen Versailles trägt, ist die eigentliche Kraftquelle, von der die NS-Bewegung seit ihrem geformten Beginn[24] genährt wird ... Und es ist nicht so, daß die zeitliche Entfernung von dem Sommer 1919 die Wirkungskraft der Versailler Thesen schwäche; man kann sagen, daß sie wachse. Daß Versailles mit Frankreich gleichgesetzt wird, ... liegt nicht bloß daran, daß Clemenceau der Luft von Versailles seinen harten Haß verlieh, sondern auch an der Haltung der französischen Nachkriegspolitik ... »

Der langjährige Ministerpräsident von Preußen, Otto Braun (SPD), urteilte: «Tatsächlich wurde im Mai 1919 in Versailles die Axt an die Wurzel der Weimarer Republik und die Giftsaat des neuen Nationalismus in den deutschen Boden gelegt. Sie ... brachte die Weimarer Republik zum Erliegen.»[25]

5.5 Hilfe für Hitler

Hitler und seine Bewegung erhielten elementaren Rückenwind aus dem Protest gegen Versailles, unter dessen Folgen die Deutschen dahinsiechten. Diese «Kraftquelle» Hitlers auf seinem Weg zur Machtergreifung erklärt seine ungewöhnlichen Wahlerfolge von 1928–1933.

Hier kann mit einiger Sicherheit gesagt werden, daß Hitler nicht so leicht an die Macht gelangt wäre, wenn die Westmächte nicht durch kurzsichtigen Egoismus, durch Beharren auf vorteilhaften politischen und wirtschaftlichen Positionen, die ihnen Versailles beschert hatte, durch «passiven Imperialismus» und wiederkehrende Verletzungen des «good-will» deutscher Politiker eine Verweigerungshaltung eingenommen hätten.

Die indirekte, aber sehr effektive Hilfe der Sieger und Vollstrecker von Versailles für Hitler hätten – mit etwas massenpsychologischer Erfahrung – diese Entwicklung voraussehen können, ja müssen. Sie hätten die deutsche Republik großzügiger behandeln und ihr politische «Erfolge» gestatten müssen, um ihr innenpolitisch Atem zu verschaffen und der Hitlerpartei das Wasser abzugraben Sie hätten damit Deutschland und der Welt einen Hitler erspart. Aber sie ließen ihn in unbegreiflicher Realitätsferne erst groß werden.

Die Gegner Deutschlands waren unfähig, über enge, seit Versailles eingespielte Konzepte hinauszugehen und mit den neuen deutschen Männern einen menschlicheren Weg zu wagen, mit Persönlichkeiten wie G. Stresemann († 1929) und Brüning († 1970), die ihre Erwartungen nicht enttäuscht hätten. Diesen günstigen Augenblick haben die früheren Gegner nicht genutzt. Starr auf die Buchstaben von Versailles fixiert haben sie diese ihre Deutschland zum Verkümmern bringende Politik «weiterbuchstabiert», bis es zu spät war.

Die europäischen Mächte, die vor allem nach den ersten außenpolitischen Erfolgen Hitlers gegen Versailles den Reichskanzler zu hofieren begannen, haben dessen Macht zunächst nach innen unumstößlich gefestigt, es aber dem deutschen Volke gleichzeitig sehr verübelt, daß auch der innere Widerstand erlahmte und man sich mit Hitler umfassender zu arrangieren begann.

Die ehemaligen Sieger lebten es ja vor, wie man sich Hitler gegenüber klug verhalten müsse, indem man ihn gewähren lasse. Das galt für die Einführung der allgemeinen Wehrpflicht, die Remilitarisierung des Rheinlandes und das Abkommen von München 1938, das das Sudetenland ohne Blutvergießen ans Reich anschloß. Dadurch wurde Hitlers Lage unvorstellbar gefestigt und machte einen Widerstand gegen ihn immer aussichtsloser.

Seine Eroberungspläne und seine kriegerische Gewaltbereitschaft blieben dem Volk verborgen. Bis März 1939 stellte sich Hitler den breiten Massen als einen Politiker vor, der zwar listige, aber ausschließlich unblutige Erfolge zu verzeichnen hatte.

5.6 Am «Nerv» dieses Buches – Überleitung zu Kapitel II

Hier sind wir mit den Verfasserinnen und Verfassern des «Wortes» der Europäischen Theologie am «Nerv» dieses Buches angelangt, das von den Verbrechen der Konquistadoren ausgeht und Schlüsse für unsere Zeit schließt. Es wird deutlich, warum ein solches Buch heute eine Aufgabe hat.

Vorläufig stehen fast verlorene einzelne gegen die Macht der manipulierten «öffentlichen Meinung» für die Aufarbeitung in Wahrheit und Recht ein.

Das «Heute» der Schuldanklagen gegen Deutschland beginnt aktiv mit dem Ersten Weltkrieg. Es findet seinen dramatischen Ausdruck im Ringen um einen gerechten Waffenstillstand und Frieden (1918/19), der aber ob seiner gnadenlosen Härte den Keim zum Zweiten Weltkrieg in sich trägt.

Das wird jetzt das Thema des Kapitels II sein.

ERSTER TEIL

Die Deutschland angelastete Alleinschuld am Ersten Weltkrieg

Kapitel II

Deutschland 1918/19 an einem Tiefpunkt seiner Geschichte

1. Verspätete deutsche Einsicht in die nahende Katastrophe zwang zum Waffenstillstand und Friedensschluß. Unnachgiebige Haßeinstellung Clemenceaus setzt sich durch. Der Haß und Vernichtungswille am Ende des Ersten Weltkrieges gegen die Besiegten

1.1 Schuldhaft verspätete Erkenntnis der fatalen Lage Deutschlands. Ersuchen der Reichsregierung um Waffenstillstand an Präsident Wilson (USA) am 3. 10. 1918

Die deutsche Führung, Oberste Heeresleitung (OHL) und Reichsregierung, hatte zu lange die Soldaten an der Front und die Heimat in der Hoffnung auf einen Sieg bis zuletzt angespornt und eingesetzt.

Mit dem aktiven Eintritt der USA in den Krieg gegen Deutschland (6.April 1917) war aber letzten Endes militärisch nichts mehr auszurichten. Waren die Emotionen gegen Deutschland seit der Versenkung des englischen «Passagierschiffs ‹Lusitania›, das auch Munition an Bord hatte, durch ein deutsches U-Boot am 7. 5. 1915 vor der irischen Küste, wobei 1198 Menschen umkamen (darunter 128 Amerikaner)»[26], schon stark angewachsen, so steigerten sie sich durch die Verschärfung des höchst problematischen U-Bootkrieges zu einem abgrundtiefen Haß. Durch die USA mit ihren militärisch unverbrauchten Menschen und unbegrenzten Hilfsmitteln hatte sich das sehr labile Gleichgewicht zwischen den Kriegsparteien endgültig zugunsten der Alliierten verschoben. Das hätte die OHL, um unnötig Blut zu vergießen, zeitiger erkennen müssen. Die Menschen auf der Straße ahnten das.

1.2 Gedrückte Stimmung wegen Aussichtslosigkeit des U-Bootkrieges und der Hungerblockade klingen in zwei Ansprachen durch

Einige Unsicherheit klang schon 1917 in amtlichenVerlautbarungen durch

Reichskanzler *Georg Michaelis*[27] am 20. 7. 1917:

«England hat uns die Waffe (des U-Bootkrieges) in die Hand gedrückt. Durch seine völkerrechtswidrige Seesperre hat es den neutralen Handel mit Deutschland unterbunden und den Aushungerungskrieg proklamiert. Unsere schwache Hoffnung, daß Amerika an der Spitze der Neutralen der englischen Rechtswidrigkeit Einhalt tun würde, ist eitel gewesen ... »[28]

Kanzler *von Hertling*[29] am 29. 11. 1917:

«Und Herr Clémenceau[30] ist in seinem Zynismus so weit gegangen, von der friedlichen Völkergemeinschaft der Zukunft, wo das Recht an die Stelle der Waffengewalt treten soll, ausdrücklich Deutschland und Österreich auszuschließen. *Lloyd George* erklärt klipp und klar, das Ziel des Krieges sei die Vernichtung des deutschen Handels; der Krieg müsse fortgesetzt werden, bis dieses Ziel erreicht sei! ... »[31]

Das angelsächsische Kriegsziel 1914/1918 bestätigte Präsident Wilson wenige Monate nach Versailles mit den Worten: « ... Dieses war ein Industrie- und Handelskrieg.»[32]

Beiden Reichskanzlern und auch der OHL dürften drei ältere, aber trotzdem höchst aktuelle Artikel aus der britischen Zeitschrift «Saturday Review» bekannt gewesen sein:

24. 8. 1895: «Vor allem gilt, daß wir Engländer bisher stets gegen unsere Wettbewerber im Handel und Verkehr Krieg geführt haben. Und unser Hauptbewerber im Handel und Verkehr ist heute nicht länger Frankreich, sondern Deutschland. Bei einem Kriege mit Deutschland kämen wir in die Lage, viel zu gewinnen und nichts zu verlieren ... »[33]

Am 1. 2. 1896: England und Deutschland «sind zwei wachsende Nationen, die aufeinanderdrücken rund um die Erde. Eine von beiden muß das Feld räumen, eine von beiden wird das Feld räumen».

Am 11. 9. 1897: « ... Würde Deutschland morgen ausgelöscht, gäbe es übermorgen weltein weltaus keinen Engländer, der nicht seinen

Gewinn davon hätte ... Zu Frankreich und Rußland könnten wir dann sagen: ‹Sucht euch die Entschädigung selbst aus, nehmt euch in Deutschland, was ihr wollt, ihr sollt es haben›!»

Alle drei Artikel enden mit dem Aufruf «Germaniam esse delendam.»[34] Sollte dieses Ziel nun in grausige Nähe gerückt sein? Wann würden die Wälle brechen? Dem schloß sich rund 20 Jahre später der systematisch betriebene völkerrechtswidrige Aushungerungskrieg gegen Deutschland an (ein erfolgreiches Druckmittel), das bis nach Versailles (1919) anhielt und auf der der deutschen Alleinschuld basierte.

Die deutschen Militärs versuchten, die bedrohliche Seeblockade durch den unbeschränkten U-Bootkrieg aufzubrechen. Die Verantwortlichen hätten damals – so war 1917/1918 die Stimmung – in aller Form einem Verständigungs- und Ausgleichsfrieden anzustreben gehabt, um zunächst den Haß zu mindern. Haß hat bekanntlich Grade und Stufen. Diese höchst umstrittene Weiterführung des Krieges ist in der sog. Mantelnote vom 16. 6. 1919 als eigenes Schuldmoment angelastet worden: Die Mittelmächte hatten erst dann um Frieden nachgesucht, als sie militärisch zusammengebrochen waren und nicht mehr anders konnten.

1.3 Das Ende des Krieges von einem Schuljungen 1918/19 in Breslau erlebt

In dieser Zeit bin ich als Zehnjähriger (geboren 1909) mit den ersten schockierenden politischen Informationen konfrontiert worden, deren drohend-schicksalhafter Charakter nicht mehr verborgen bleiben konnte. Meine Mutter war mit acht Kindern in unserer Breslauer Mietwohnung eng untergebracht, als der Vater als «Ausgekämmter» 1917 in den Krieg ziehen mußte. Der Hunger, die Kälte, der Mangel an Kohle und Strom usw. charakterisierten die Zeit, in der in weiten Bereichen der oft minderwertige «Ersatz» seinen kläglichen Einzug hielt. Fett und Butter wurden durch «Heldenfett» (Marmelade), das Leder durch gepreßte Pappimitation ersetzt. Die Zahl der Gefallenen, Unterernährten und der Kriegsversehrten nahm zu, die Tuberkulose (wegen des Hungers) grassierte.

Im September 1918, als mein Vater nach seinem letzten Heimaturlaub wieder «in den Krieg» zog, war meine Mutter sehr bedrückt. Wir

Kinder mit ihr. Sollte er etwa jetzt noch fallen oder verstümmelt werden, nachdem die Niederlage unabwendbar war? Sie sagte uns damals: Die sollen endlich Schluß machen. Wenn eine Wirtschaft keine Gummisauger und kaum mehr noch Milch für die Säuglinge hat, erweisen sich alle amtlichen Durchhalteparolen sowie die Aufforderung, noch weitere Kriegsanleihen zu zeichnen, schlicht als Täuschung. Wir beteten zu Hause darum, daß der Vater gesund heimkehren möge, als schon viele Uniformierte desertierten, da der «Laden in Kürze doch zusammenbrechen würde».

Wir verfolgten als Kinder die Balken-Überschriften der Zeitung und das Eintreffen von Gefallenennachrichten in der nächsten Nachbarschaft (in dem von uns bewohnten Hause lebten 24 Parteien). Die meisten Frauen waren seelisch von der Sorge um Mann oder Söhne stark in Anspruch genommen.

Wir fragten uns als Kinder schon 1917, ob statt der üblichen Durchhalteparolen nicht eine Bescheidung in den Kriegszielen das politische Klima vorsorglich verbessern könnte.

Erst im Oktober 1918 dämmerte der deutschen Führung die Erkenntnis der unvermeidlichen Katastrophe, der Abschied von zu lange gehegten Sieges-Utopien und die Befürchtung, daß man nur weit weniger als einen Verständigungsfrieden erwarten konnte.

1.4 Major v. d. Bussche «schenkt reinen Wein» ein[35]

«Die militärische Lage ... (hat sich) in wenigen Tagen ... grundlegend geändert. Der Zusammenbruch der bulgarischen Front warf unsere Dispositionen über den Haufen ... Wir waren gezwungen ... das Schwarze Meer und Rumänien preiszugeben ... Schnellster Entschluß war nötig ... Es besteht begründete Hoffnung, die Lage auf dem Balkan ... wiederherzustellen, leider ... nicht ohne schwerwiegenden Schaden für die Gesamtlage.

Fast gleichzeitig mit der Offensive in Mazedonien setzten gewaltige Angriffe im Westen ein ... Der letzte wehrfähige Mann aus dem Osten war herangezogen ... Vom Meere bis zur Schweiz zeigten sich Angriffsvorbereitungen ... Namhafte Kräfte mußten besonders im Sundgau und in Lothringen zum Schutze deutschen Bodens bereitgestellt werden ...

Trotzdem mußte die Oberste Heeresleitung den ungeheuer schweren Entschluß fassen zu erklären, daß nach menschlichem Ermessen keine Aussicht mehr besteht, dem Feinde den Frieden abzuzwingen. Entscheidend für den Ausgang sind vor allem zwei Tatsachen:

Die Tanks.
Der Gegner setzt sie in unerwartet großen Mengen ein. Wo sie... überraschend auftraten, waren ihnen häufig die Nerven unserer Leute nicht mehr gewachsen... Dem Feind gleiche Massen deutscher Tanks entgegenzustellen, waren wir nicht in der Lage. Sie herzustellen, ging über die Kräfte unserer aufs äußerste angespannten Industrie, oder andere wichtige Dinge hätten liegen bleiben müssen.

... *die Ersatzlage*... Das Heer ist in die große Schlacht mit schwachen Beständen gegangen... die Stärken unserer Bataillone (sanken) von rund 800 im April auf rund 540 (Mann) Ende September...

Die bulgarische Niederlage fraß weitere 7 Divisionen. Es besteht keine Aussicht, die Stärken auf größere Höhen zu bringen. Der laufende Ersatz, Wiedergenesene, Ausgekämmte, wird nicht einmal die Verluste eines ruhigen Winterfeldzuges decken...

Der Feind ist durch die amerikanische Hilfe in der Lage, seine Verluste zu ersetzen...

Wir können auf diese Art den Krieg noch auf absehbare Zeit weiterführen, dem Gegner schwere Verluste beibringen, verwüstetes Land hinterlassen, gewinnen können wir damit nicht mehr.

... jetzt (mußte) der Entschluß gefaßt werden, die Fortsetzung des Krieges als aussichtslos aufzugeben... Aber jeder Tag weiter bringt den Gegner seinem Ziele näher und wird ihn weniger geneigt machen, mit uns einen für uns erträglichen Frieden zu schließen.

... Jede 24 Stunden können die Lage verschlechtern... «

Das Volk war auf das Ausmaß der Katastrophe nicht vorbereitet, ahnte aber die fundamentale Bedrohung. Sie sollte ein Sturz in unvorstellbare Tiefen werden.

Die Ausweglosigkeit der Lage zwang am 3. 10. 1918 schließlich die Reichsregierung zu dem Ersuchen um einen Waffenstillstand. Die OHL bestätigte damit endlich die vom Volk schon lange geahnte apokalyptische Lage. Die sachlichen Voraussetzungen für einen Dolchstoß von hinten dürften damit entfallen sein.

2. Das Ringen um den Waffenstillstand

2.1 Ersuchen bei USA-Präsident Wilson (3.10.1918)

Der soeben zum Reichskanzler ernannte Max, Prinz von Baden[36], bedrängt von der OHL,wandte sich an den US-Präsidenten Woodrow Wilson[37]. Er hatte in seinem durch die sog. Vierzehn Punkte bekanntgewordenen Kongreßvortrag und in späteren Äußerungen die Grundbedingungen für einen Frieden formuliert und Gerechtigkeit als leitendes Prinzip an die Spitze gestellt. Daher klopfte man behutsam bei ihm an:

«Die deutsche Regierung nimmt das... in der Kongreßbotschaft vom 8. Januar 1918 und in seinen späteren Kundgebungen aufgestellte Programm als Grundlage für die Friedensverhandlungen an.

Um weiteres Blutvergießen zu vermeiden, ersucht die deutsche Regierung den sofortigen Abschluß eines Waffenstillstandes zu Lande, zu Wasser und in der Luft herbeizuführen.

gez. *Max, Prinz von Baden*,
Reichskanzler»[38]

2.2 Der weitere Notenwechsel mit Wilson bis zum 5. 11. 1918

Das Ersuchen wurde von den Gegnern angesichts der verzweifelten deutschen Lage doch hinhaltend behandelt. Jeder weitere Tag machte die Lage Deutschlands drangvoller. Das deutsche Begehren schloß ja das Bekenntnis eines bevorstehenden Zusammenbruches ein. Jede Verzögerung konnte also die Lage der Alliierten nur verbessern. Der Notenaustausch zog sich vom 3. Oktober bis zum 5. November 1918 hin.

Als Voraussetzung für eine Waffenruhe und für weitere Verhandlungen forderte Wilson am 8. Oktober 1918[39] die Räumung der von deutschen Truppen besetzten Gebiete. Am 14.10.[40] wandte er sich gegen den weiteren Einsatz der U-Boote und verlangte Sicherheiten für die absolute zukünftige Überlegenheit der Alliierten. In seiner dritten Antwortnote (23. 10. 1918)[41] erklärte er sich bereit, nach Annahme der Grundbedingungen den Notenwechsel den Verbündeten vorzulegen. Am 5. 11. 1918 forderte Wilson auch Reparationszahlungen an.

2.3 Eine Kernfrage des Notenwechsels: Wer ist in Deutschland Träger der Staatsgewalt?

In dem von Preußen bestimmten Kaiserreich sahen die Sieger die eigentliche Wurzel des zu vernichtenden Militarismus.

Am 8. 10. 1918 fragt Wilson, «ob der Kanzler nur für diejenigen Gewalten des Reiches spricht, die bisher den Krieg geführt haben.»[42]

In der deutschen Note vom 12. Oktober 1918 heißt es: «Die deutsche Regierung hat die Sätze angenommen, die Präsident Wilson in seiner Ansprache vom 8. Januar 1918 und in seinen späteren Ansprachen als Grundlage eines dauernden Rechtsfriedens niedergelegt hat. Der Zweck der... Besprechungen wäre also... sich über die praktischen Einzelheiten ihrer Anwendung zu verständigen.»[43]

Wilsons zweite Note vom 14. Oktober 1918 verweist auf das am 4. Juli 1918 in Mount Vernon Gesagte: «... ‹Vernichtung jeder militärischen Macht überall, welche es in den Händen hat... den Weltfrieden zu stören, oder, falls diese Macht gegenwärtig nicht vernichtet werden kann, wenigstens ihre Herabminderung bis zur tatsächlichen Ohnmacht.›... Und die Macht, welche bis jetzt das Schicksal der deutschen Nation bestimmt hat, ist eine von denjenigen, welche der Präsident... im Auge hat. Die deutsche Nation hat die Wahl, dies zu ändern.»[44] Ein nicht undeutlicher Wink, den Kaiser und mit ihm die Monarchie fallen zu lassen. In der Note vom 20. 10. 1918 wird die verfassungsrechtliche Frage geklärt: «Im Deutschen Reich stand der Volksvertretung ein Einfluß auf die Bildung der Regierung bisher nicht zu.[45] Die Verfassung sah bei der Entscheidung über Krieg und Frieden eine Mitwirkung der Volksvertretung nicht vor. In diesen Verhältnissen ist ein grundlegender Wandel eingetreten. Die neue Regierung ist in völliger Übereinstimmung mit den Wünschen der aus dem gleichen, allgemeinen, geheimen und direkten Wahlrecht hervorgegangenen Volksvertretung gebildet... Die Verantwortung des Reichskanzlers gegenüber der Volksvertretung wird gesetzlich ausgebaut und sichergestellt.»[46]

Aus der dritten Note Wilsons vom 23. 10. 1918: Nachdem der Wunsch nach einem Waffenstillstand «nicht seitens derjenigen ausgesprochen wurde, die bisher Deutschlands Politik diktierten und im Namen Deutschlands den gegenwärtigen Krieg führten, sondern seitens eines Ministeriums, das für die Mehrheit des deutschen Volkes spricht, und, nachdem weiter der Präsident gleichfalls das weitere Versprechen der deutschen Regierung erhalten hat, daß die Gesetze der Menschlichkeit und der zivilisierten Welt... werden beachtet werden, empfindet der Präsident, daß er sich nicht mehr weigern könne, den Regierungen... mit der Frage eines Waffenstillstandes näher zu treten... Es ist klar, daß das deutsche Volk kein Mittel besitzt, um zu befehlen, daß sich die deutschen Militärbehörden dem Volkswillen unterordnen, daß die Macht des Königs von Preußen, die Politik des Reiches unter seiner Kontrolle zu halten, noch unzerstörbar ist, daß die entscheidende Initiative immer noch bei denen liegt, die bis jetzt die Herrscher in Deutschland waren.

In dem Gefühl, daß der ganze Weltfrieden jetzt davon abhängt, daß klar gesprochen und aufrichtig klar gehandelt werde, betrachtet es der Präsident als seine Pflicht, ohne irgendeinen Versuch zu machen, Worte, die als schroff gelten könnten, zu mildern, auszusprechen, daß die Völker der Welt kein Vertrauen zu den Worten derjenigen hegen und hegen können, die bis jetzt die deutsche Politik beherrschten, und... daß beim Friedensschluß... die Regierung der Vereinigten Staaten mit keinen andern als mit den Vertretern des deutschen Volkes verhandeln kann, welche bessere Sicherheiten für eine wahre verfassungsmäßige Haltung bieten, als die bisherigen Beherrscher Deutschlands.

Wenn mit den militärischen Beherrschern und monarchischen Autokraten Deutschlands jetzt verhandelt werden muß, oder wenn es wahrscheinlich ist, daß wir später auch mit ihnen... zu tun haben werden, dann kann Deutschland über keine Friedensbedingungen verhandeln, sondern muß sich ergeben. Diese wesentlichen Dinge können nicht unausgesprochen bleiben.»[47]

Die letzte deutsche Note vom 27. Oktober 1918 betont, daß die Befürchtungen der Sieger unnötig seien: «Die Friedensverhandlungen werden von einer Volksregierung geführt, in deren Händen die entscheidenden Machtbefugnisse tatsächlich und verfassungsmäßig ruhen. Ihr sind auch die mitärischen Gewalten unterstellt. Die deutsche Regierung sieht nunmehr den Vorschlägen für einen Waffenstillstand entgegen, der einen Frieden der Gerechtigkeit einleitet, wie ihn der Präsident in seinen Kundgebungen gekennzeichnet hat.»[48]

Da die demokratische Regierung in Deutschland nicht für alle Zukunft ein Wiedererstarken der «monarchischen Autokraten» ausschließen kann, ist zu befürchten, daß die Sieger dem für den Krieg nicht verantwortlichen Volk die ganze Last und Strafe auferlegen werden, die moralisch «die militärischen Beherrscher» zu verantworten haben.

Die später angelastete Kollektivschuld deutet sich schon in diesem Notenwechsel an.

2.4 Das Waffenstillstandsabkommen zu Compiègne vom 11. November 1918[49]

Die 34 Punkte dienen dem einzigen Ziele, Deutschland absolut abwehrunfähig zu machen, um den geplanten Diktatfrieden durchzusetzen.

In unserem Anliegen sind folgende Punkte völkerrechtswidrig und ethisch verwerflich:

«Sämtliche Kriegsgefangene der Alliierten... sind ohne Recht auf Gegenseitigkeit... unverzüglich in ihre Heimat zu befördern» (X).

«Sämtliche» alliierten «Handelsschiffe... in deutscher Gewalt... werden ohne Recht auf Gegenseitigkeit... zurückgegeben» (XXX).

«Die Blockade... bleibt in gegenwärtigem Umfang bestehen. Deutsche Handelsschiffe, die auf hoher See gefunden werden, unterliegen der Wegnahme. Die Alliierten und die Vereinigten Staaten nehmen in Aussicht, während der Dauer des Waffenstillstandes Deutschland in dem als notwendig erkannten Maß mit Lebensmitteln zu versorgen» (XXVI). «Der vorliegende Waffenstillstand ist unterzeichnet» von J. Foch, R. E. Wymess, Admiral, Erzberger, A. Oberndorff, v. Winterfeldt, Vanselow.

Die völkerrechtswidrige Zurückhaltung der Kriegsgefangenen und die Fortführung der gespenstischen Hungerblockade führte das verblutete und erschöpfte Volk zur Verzweiflung an den Siegern, deren weiteren Absichten nun klarer ans Licht traten.

3. Die Sieger vor der Unterzeichnung der Friedensbedingungen[50]

3.1 Die angebliche Verschwörung Deutschlands gegen Recht und Sittlichkeit

In den Köpfen einiger Staatsmänner wirkten Schuldtheorien weiter, die aus den USA stammten: Die permanente «Verschwörung» der Deutschen gegen die Weltzivilisation und gegen deren Ethos.[51] Eine kriminelle Diagnose: Vielfältige deutsche Verbrechen werden im Begriff «Verschwörung» zusammengefaßt. Hier handelt es sich um einen «Kernmythos der Fortschrittlichen» in den USA vor dem 1. Weltkrieg, die sich einer umfassenden Weltsicht rühmten. Unter dem Stichwort «Verschwörung» wurde Deutschland ein heimtückischer, allseitiger Angriff auf die sonst so friedliche Weltzivilisation, als deren moralischer Hüter sich die USA fühlten, angelastet. Das Böse geschehe also mit Vorsatz und aus verwerflichem Beweggrund. Der Chefankläger des IMT (Internationales Militärtribunal), R. Jackson, erhob daher z. B. gegen die Hauptbelasteten Anklage wegen «Verschwörung gegen den Frieden». Sie wurden amtlich als «Nazi-Verschwörer» bezeichnet. Diese «Verschwörung» im Weltmaßstab war einem mächtigen Stromgebiet mit seinen vielfachen Quellen, Nebenflüssen und Strömen vergleichbar. Den stärksten Teilstrom bildete Preußen, dann die deutsche Industrie, der Generalstab, die Geopolitiker und die deutschen Philosophen (54).

3.2 Die deutschen Philosophen

«Schon im Ersten Weltkrieg hatte z. B. der Kriegsbeitrag der alliierten Philosophen in der systematischen Belastung beinahe sämtlicher deutschen Philosophen bestanden. John Dewey, Amerikas nationaler Philosoph, war 1915 mit seinem Buch ‹German Philosophy und German Politics› vorangeschritten» (58). Die Fortsetzung erfolgte durch «William M. McGovern: ‹From Luther to Hitler›, Boston 1941» (302, Anm. 26) und «K. R.Popper: ‹Der Zauber Platons›, Bern 1957» (303, Anm. 27).

Der Labour-Abgeordnete Richard Crossman, einer «der führenden

Köpfe der Psychologischen Kriegführung», Dozent in Oxford, war es, der «Plato vom Bildungspodest herunterholte und als Präfaschisten entlarvte (Plato today)» (303, Anm. 27).

Welche Folgerungen zog man in der USA daraus? Betreffend Deutschland, «[territorial] kleiner als Texas», drängte sich der Gedanke auf, «daß alle diese Teilverschwörungen nur Teilaspekte einer großen Gesamtverschwörung seien, die mit dem Volk[52] gegeben war. Das ganze deutsche Volk verschwöre sich seit Jahrhunderten gegen die Weltzivilisation und deren Ethos (59). Das sei das Zeugnis der typisch deutschen Philosophie.

3.3 Die deutsche Geschichte in den Augen der Sieger im Licht ihrer Verschwörungstheorie

Das Fazit: Deutschland muß zerstört werden (Germaniam esse delendam). Literarisch: «Tief drang schon Paul Winkler (The Thousand Years Conspiracy, secret Germany behind the mask. New York 1943) in die Geschichte ein (...) entlarvte (...) Kaiser Friedrich II. von Hohenstaufen († 1250) als den ersten Nazi» (59). Andere bezeichneten Luther, Turnvater Jahn, Fichte oder Bismarck als Vorläufer Hitlers (59) und als Zentralisationspunkte deutscher Abirrung und Bosheit. «In Louis Nizers ‹What to do with Germany?› (...)» (59), findet sich folgende Kurzfassung der deutschen Geschichte:

«Die Deutschen[53] zerschlugen die lateinische Zivilisation in der Schlacht von Adrianopel (378)... Sie machten Krieg zu ihrem Beruf. Wo sie hintraten, starb die Kultur ab (...). Vier Jahrhunderte nach Adrianopel setzte Karl der Große [† 814] die deutsche Tradition fort... Er versuchte, die Welt zu erobern (...). ... die Deutschen folgten ihm mit der fanatischen Ergebenheit für die gleichen Prinzipien, die sie anleiteten, in unserer Generation dem Kaiser oder Hitler zu folgen...» (59/60). Dann «war es Friedrich Barbarossa [† 1190], der den Frieden erdolchte» (60). Die Hanse habe das in organisierter Form getan (60).

«Während des dreißigjährigen Krieges war die Brutalität der Deutschen unvermindert (...). Folter und Terror, die allgegenwärtigen Begleiter des deutschen Programms, gingen Hand in Hand... »(60).

«Das deutsche Volk horcht begierig auf diese kriegerische Musik», «ist durch den Wahnsinn hypnotisiert und folgt ihm mit brutalen Stiefeln ... » (60/61).

Im Resümee ergibt sich: « ... ja, es gibt eine deutsche Verschwörung gegen den Weltfrieden und gegen jeden freien Menschen in jedem beliebigen Lande. Es ist eine Verschwörung, die nach einer Niederlage nie verlöschen wird. Sie ist in das Volk eingesenkt» (61).

«Der Nazismus ist keine neue Theorie, die aus den Ungerechtigkeiten des Versailler Vertrags oder aus wirtschaftlicher Not entstanden ist» (61), sondern habe nur deutlich zum Ausdruck gebracht, was die Deutschen «in ihrer Philosophie» gedacht und in «ihrer Politik» (61) gewollt hätten.

Diesem bösartigen Germanismus hatte Roosevelt [† 1945] seinen «Panhumanismus (...) aller Völker in einer Weltgesellschaft oder einem Weltstaat» (62) gegenübergestellt.

3.4 Der dämonisierten Diagnose entspricht die «Therapie» der Kriegspropaganda für den «Patienten» Deutschland

Da der Kranke auch Verbrecher ist, muß ihm «für alle Zeiten die Möglichkeit genommen werden ..., den Gang der Weltgeschichte zu beeinflussen – er mußte ausgeschaltet werden» (62): Es muß in seiner alten Gestalt der «Bismarckzeit» zerstört werden. Die Niederhaltung Deutschlands war nach Roosevelt eine Funktion des guten Zusammenwirkens der «vier Polizisten» (63/64). Wer aber sind diese Vier? «Alle Staaten außer Großbritannien, den USA, der Sowjetunion und China seien zu entwaffnen. (...) die vier Großmächte [hätten] die Rolle eines ‹Sheriff› zu übernehmen (...)» (51). Dieser Antigermanismus wurde in den USA in beiden Weltkriegen formuliert, politisch und militärisch. Die nationale deutsche Eigenständigkeit, etwa im Sinne der alten Präambel des Grundgesetzes, wurde als rückständig und bedrohlich disqualifiziert, der im GG festgelegte Weg zur deutschen Einheit als irrig verleumdet.

Präsident W. WILSON am 7.4.1919: «Das einzig wahre Interesse Frankreichs an Polen besteht in der Schwächung Deutschlands, indem Polen Gebiete zugesprochen werden, auf die es kein Anrecht besitzt.»[54]

«Ich hoffe, Sie sind mit Herrn Lloyd grundsätzlich darin einig, daß es notwendig ist, sich Deutschland gegenüber maßvoll zu verhalten. Wir wollen es nicht vernichten, und wir können es auch nicht. Es wäre unser größter Fehler, ihm triftige Gründe zu geben, eines Tages Rache nehmen zu wollen... Wir müssen es vermeiden, unseren Feinden auch nur den Anschein der Ungerechtigkeit zu geben... ich fürchte für die Zukunft... die Konflikte, die aus der Unzufriedenheit der breiten Masse erwachsen... Wenn wir uns selbst der Ungerechtigkeit schuldig machen, dann ist diese Unzufriedenheit unvermeidbar – mit allen Folgen, die sie nach sich zieht.»[55]

«... Es ist mein Bemühen, von dieser großen Zeitströmung zur Gerechtigkeit hin nicht abzuweichen. Ich will nichts tun, was irgend jemandem erlauben könnte zu sagen: Sie bekennen sich zu den großen Prinzipien, aber sie haben überall Ausnahmen von der Regel zugelassen, wo immer das Gefühl ihrer Völker oder ihr Nationalinteresse es ihnen angezeigt erscheinen ließ... Ich kann nicht anders handeln, ohne meine Pflicht zu verletzen.»[56]

US-Außenminister ROBERT LANSING am 8.5.1919: «Prüft den Vertrag und Ihr werdet finden, daß Völker gegen ihren Willen in die Macht jener gegeben sind, die sie hassen... Wir haben einen Friedensvertrag, *aber er wird keinen dauernden Frieden bringen,* weil er auf dem Treibsand des Eigennutzes gegründet ist.»[57]

Jan CHRISTIAN SMUTS 1919 zu der Grenzziehung Polens: «Ich glaube, wir sind dabei, auf Flugsand ein Haus zu errichten. Und im Hinblick auf... zahlreiche andere Erwägungen würde ich die Grenzen Polens... einer Revision unterziehen... Ich halte die lange Okkupation des Rheins (durch Frankreich) und die so viel stärkere Vergrößerung Polens, als es je im Kriege geplant war, für die beiden Kardinalfehler des Friedensvertrages. Diese beiden Fehler bilden eine *starke Bedrohung des künftigen Friedens Europas,* und ich dringe darauf, sie aus der Welt zu schaffen, bevor es zu spät ist. Noch ist es nicht zu spät.»[58]

LLOYD GEORGE:«... Nach der Niederlage Napoleons 1814 wollte Preußen (Blücher) Frankreich vernichtende Friedensbedingungen auferlegen. Wellington (sein englischer Verbündeter)... nahm eine entgegengesetzte Haltung ein, und er wurde von Castlereagh[59] unterstützt. Er war der Meinung, es wäre ein großer Fehler, Frankreich vernichten zu wollen, dessen Bestand für die Zivilisation und Ordnung Europas notwendig war. Wenn sich die Haltung der Vertreter Großbritanniens nicht durchgesetzt hätte, dann wäre Frankreich damals halb vernichtet worden ... »[60]

Aus dessen Memorandum vom 25. März 1919:

«... Unsere Bedingungen dürfen hart, sogar grausam und selbst erbarmungslos sein ... aber gleichzeitig können sie so gerecht sein, daß das Land, dem sie auferlegt werden, in seinem Herzen fühlen wird, daß es kein Recht zur Klage hat. *Aber Ungerechtigkeit und Anmaßung, ausgespielt in der Stunde des Triumphes, werden nie vergessen und vergeben werden.*

Aus diesen Gründen bin ich auf das schärfste dagegen, mehr Deutsche, als unerläßlich nötig ist, der deutschen Herrschaft zu entziehen, um sie einer anderen Nation zu unterstellen. Ich *kann mir kaum eine stärkere Ursache für einen künftigen Krieg vorstellen, als daß das deutsche Volk... rings von einer Anzahl kleiner Staaten umgeben werden soll,* von denen viele ... noch nie vorher eine stabile Regierung aufgestellt haben, aber *jeder breite Massen von Deutschen einschließt, die die Vereinigung mit ihrem Heimatland fordern.* Der *Vorschlag der polnischen Kommission,* 2 100 000 Deutsche der Aufsicht eines Volkes von anderer Religion zu unterstellen ... *muß meiner Beurteilung nach früher oder später zu einem neuen Krieg in Osteuropa führen ...* »[61]

«Ich bin mit der Grundsatzerklärung einverstanden, die Präsident Wilson so nachdrücklich vorgetragen hat. Das Land, das ich hier vertrete, ist durch seine Ehre gebunden, von diesen Grundsätzen nicht abzuweichen. Der Waffenstillstandsvertrag hat die Fundamente des Friedens gelegt, und darin unterscheidet er sich von den herkömmlichen Waffenstillstandsverträgen. Nichts würde einem großen Lande mehr schaden als ein Wortbruch, selbst einem Feinde gegenüber. Wenn wir unser vor einigen Monaten den Deutschen gegebenes Wort brechen würden, wie könnte dann Frankreich auf unser Wort bauen, wenn wir ihm versprechen, es im Falle eines Angriffs zu unterstützen?

Die Frage, um die es geht, ist diese: Verstoßen Annexionen gegen unsere vertraglichen Verpflichtungen? Ich denke: Ja. Und das trifft auch noch auf andere Probleme zu als nur auf das Saarproblem... Wenn wir den Deutschen Aug' in Auge gegenüberstehen, können wir uns nicht dem berechtigten Vorwurf aussetzen: Ihr habt Euer Wort gebrochen.»[62]

3.6 Schrillere Töne Clemenceaus: Verletzte nationale Gefühle sollen vor rationalen Erwägungen die Vorhand haben

CLEMENCEAU:«... Es ist ein Irrtum zu glauben, die Welt ließe sich nach abstrakten Prinzipien (Gerechtigkeit) leiten. Der Präsident verkennt das Innerste der Natur des Menschen... Die Prüfungen, die wir zu bestehen hatten, haben in unserem Lande ein tief empfundenes Bedürfnis nach der Wiedergutmachung entstehen lassen, die man uns schuldet, und es handelt sich nicht nur um materielle Wiedergutmachung. Das Bedürfnis nach der moralischen ist nicht weniger tief... Sie würden jedoch der menschlichen Natur Gerechtigkeit widerfahren lassen, wenn sie ein Gefühl achteten, das von anderer Art ist als Ihre Prinzipien, das aber nicht weniger tief ist... Die Welt wird nicht von reinen Prinzipien bestimmt... Deshalb müssen wir zu einer gerechten Entscheidung kommen, die nicht mathematisch genau verfährt, sondern dem Gefühl Rechnung trägt.»[63]

«... Wir dürfen unseren Sieg nicht mißbrauchen. Man muß die Völker rücksichtsvoll behandeln und sich davor hüten, einen Aufstand des nationalen Gewissens herauszufordern... allein wir müssen uns auch, da wir nun den Sieg um den Preis solcher Opfer errungen haben, die Früchte des Sieges sichern.» Die Deutschen hätten den Waffenstillstandsvertrag unterschrieben und sich ergeben, ohne den Einmarsch der alliierten Truppen in Deutschland abzuwarten. Im ganzen sei der Widerstand der Deutschen nicht so heftig gewesen, wie man erwartet habe. Den Verlust der Flotte beim Waffenstillstand habe Deutschland erstaunlich gelassen hingenommen, obwohl die Flotte im Volke sehr beliebt war. Die bisherige deutsche Unterwürfigkeit deute an, daß man noch nicht an der Grenze dessen angelangt sei, was man Deutschland auferlegen könne.[64] Welches Mißverständnis!

3.7 Die Kommission der Sieger hatte nach Clemenceaus Vorschlägen entschieden

Das Eingeständnis der Alleinschuld Deutschlands wurde gefordert.[65] Damit wollten sich die Sieger eine Basis für unbegrenzte Reparationsforderungen und Annexionen sichern. Für die Besiegten wurde es oberstes Gebot, diese würgende Last zu mildern.

Clemenceau hatte sich durchgesetzt. «Er wollte ... dem französischen Sicherheitsbedürfnis vor einer etwaigen deutschen Revanchepolitik Rechnung tragen. Dennoch vermochte er die Annexion des Saargebiets und die Errichtung einer militärischen Rheingrenze (Rheinrepublik) nicht durchzusetzen.» Denn Lloyd George wollte im Sinne der englischen Gleichgewichtspolitik «Deutschland als lebensfähiges Glied des kontinentalen Staatensystem erhalten ... Einig waren sich die alliierten Verhandlungsführer in dem Ziel, das Reich zu bestrafen ... Als Grundlage sämtlicher Forderungen sollte die moralische Verurteilung Deutschlands dienen, dem man die alleinige Schuld am Kriegsausbruch zuschrieb.» [66]

Clemenceau wurde «Präsident der Konferenz ... Er setzt als ersten Punkt auf die Tagesordnung: ‹Die Verantwortlichkeit der Urheber des Krieges› ... »

Am 25. 1. 1919 erfogte die «Errichtung einer ‹Kommission für die Feststellung der Verantwortlichkeit der Urheber des Krieges und der aufzuerlegenden Strafen›. Vorsitzender ist Lansing, der Vertreter Wilsons.»[67] Sie hielt im ersten Entwurf am 12. 3. 1919 fest:

« ... der 1914 begonnene Krieg (war) ungerecht und unzulässig. Es war ein Angriffskrieg ... (ein) Eroberungskrieg ... Die Urheber dieses schändlichen Krieges sollten nicht in die Geschichte eingehen, ohne gebrandmarkt zu werden. Sie sollten also vor die Schranken der öffentlichen Weltmeinung zitiert werden, um das Urteil zu erleiden, das die Menschheit gegen die Urheber des größten gegen die Welt begangenen Verbrechens ausspricht.»

Lloyd George wurde am 8. 4. 1919 «wegen seiner Mäßigung ... telegraphisch von 370 englischen Parlamentsmitgliedern drohend daran erinnert, bei seiner früheren Meinung im Wahlkampf Ende 1918 (‹Hängt den Kaiser›) zu bleiben ... und ‹Deutschland zur Anerkennung seiner Schuld zu zwingen›.»[68]

Das Ergebnis des Kommissionsberichtes: zu Artikel 231[69]
«Die a. u. a.[70] Regierungen erklären, und Deutschland erkennt an, daß Deutschland und seine Verbündeten als Urheber für alle Verluste und Schäden verantwortlich sind, die die a. u. a. Regierungen und ihre Staatsangehörigen infolge des Krieges, der ihnen durch den Angriff Deutschlands und seiner Verbündeten aufgezwungen wurde, erlitten haben.»

4. Antwort der Besiegten

4.1 Die Ansprache des Reichsaußenministers vor den Siegern in Versailles nach der Überreichung des Modells des Friedensvertrages am 7. Mai 1919

Der am 29. 4. 1919 unter Leitung des Außenministers *von Brockdorff-Rantzau* in Versailles eingetroffenen deutschen Friedensdelegation wurden die nichtverhandelten Friedensbedingungen am 7. 5. 1919 überreicht. Der Minister erklärte dazu:

«Meine Herren! ... Wir täuschen uns nicht über den Umfang unserer Niederlage, den Grad unserer Ohnmacht. Wir wissen, daß die Gewalt der deutschen Waffen gebrochen ist; wir kennen die Wucht des Hasses, die uns hier entgegentritt, und wir haben die leidenschaftliche Forderung gehört, daß die Sieger uns zugleich als Überwundene zahlen lassen und als Schuldige bestrafen sollen.

Es wird von uns verlangt, daß wir uns als die allein Schuldigen am Kriege bekennen; ein solches Bekenntnis wäre in meinem Munde eine Lüge. Wir sind fern davon, jede Verantwortung dafür, daß es zu diesem Weltkriege kam, und daß er so geführt wurde, von Deutschland abzuwälzen. ... wir bestreiten nachdrücklich, daß Deutschland, dessen Volk überzeugt war, einen Verteidigungskrieg zu führen, allein mit der Schuld belastet sei ...

Die öffentliche Meinung in allen Ländern unserer Gegner hallt wider von den Verbrechen, die Deutschland im Kriege begangen habe. Auch hier sind wir bereit, getanes Unrecht einzugestehen. Wir sind nicht hierhergekommen, um die Verantwortlichkeit der Männer, die den Krieg politisch und militärisch geführt haben, zu verkleinern und begangene Frevel wider das Völkerrecht abzuleugnen. Wir wiederholen die Erklärung, die bei Beginn des Krieges im Deutschen Reichstag abgegeben wurde: Belgien ist Unrecht geschehen, und wir wollen es wieder gutmachen.

Aber auch in der Art der Kriegführung hat nicht Deutschland allein gefehlt... Ich will nicht Vorwürfe mit Vorwürfen erwidern, aber... Die Hunderttausende von Nichtkämpfern, die seit dem 11. November an der Blockade zugrunde gingen, wurden mit kalter Überlegung getötet, nachdem für unsere Gegner der Sieg errungen und verbürgt war. Daran denken Sie, wenn Sie von Schuld und Sühne sprechen...

Bei dieser Konferenz, wo wir allein, ohne Bundesgenossen, der großen Zahl unserer Gegner gegenüberstehen, sind wir nicht schutzlos. Sie selbst haben uns einen Bundesgenossen zugeführt: das Recht, das uns durch den Vertrag über die Friedensgrundsätze gewährleistet ist. Die Alliierten und Assoziierten Regierungen haben in der Zeit zwischen dem 5. Oktober und 5. November 1918 auf den Machtfrieden verzichtet und den Frieden der Gerechtigkeit auf ihr Panier geschrieben. Am 5. Oktober 1918 hat die Deutsche Regierung die Grundsätze des Präsidenten der Vereinigten Staaten von Amerika als Friedensbasis vorgeschlagen, am 5. November hat ihr der Staatssekretär Lansing erklärt, daß die Alliierten und Assoziierten Mächte mit dieser Basis unter zwei bestimmten Abweichungen einverstanden seien. Die Grundsätze des Präsidenten Wilson sind als für beide Kriegsparteien, für Sie wie für uns, und auch für unsere früheren Bundesgenossen bindend geworden.

Die einzelnen Grundsätze fordern von uns schwere nationale und wirtschaftliche Opfer. Aber die heiligen Grundrechte aller Völker sind durch diesen Vertrag geschützt. Das Gewissen der Welt steht hinter ihm; keine Nation wird ihn ungestraft verletzen dürfen...»[71]

4.2 Philipp Scheidemann im Friedensausschuß der Nationalversammlung am 8. Mai 1919 (Auszug): Die tiefste Stufe des deutschen Niederganges

«Der heutige Tag, der uns endlich nach dem sechsmonatigen Martyrium des Waffenstillstandes die Kenntnis der Hauptteile der feindlichen

Friedensbedingungen gebracht hat, bedeutet die tiefste Stufe des deutschen Niederganges...

M. H., wir stehen am Grabe des deutschen Volkes, wenn all das, was sich hier Friedensbedingungen nennt, zur vertraglichen Tatsache wird...

Meine Damen und Herren, jedes weitere Wort würde die Unmöglichkeit und Unbarmherzigkeit dieser Bedingungen abschwächen, die nichts anderes sind als ein befristetes Todesurteil!

M. D. u. H., die Reichsregierung muß auch dies jedes Gefühl aufwühlende Dokument des Hasses und der Verblendung politisch nüchtern behandeln.

Sie würde ihre Pflicht aufs schärfste verletzen, wenn sie sich Empfindungen überlassen wollte, die – das dürfen Sie mir glauben – ihr ebenso nahe liegen wie sicherlich Ihnen allen...

Ein gemartertes Volk und Land wie das unsere vertragen keine heroischen Gesten.

Was Graf Rantzau im Namen der Delegation sagte. ‹Wir werden das uns übergebene Dokument mit gutem Willen und in der Hoffnung prüfen, daß das Endergebnis unserer Zusammenkunft von uns allein gezeichnet werden kann›, hat er ganz im Sinne der Reichsregierung gesagt.

Wir werden diesen Jakobskampf mit dem Engel des Friedens mit allen Kräften führen, mit unsern, ich darf sagen: auch mit Ihren und hoffentlich mit allen Kräften unseres gesamten Volkes.»[72]

Ein Schock erschüttert am 7. 5. 1919 die Besiegten, weil ihnen trotz durchgeführter Demokratisierung eine einseitige Kapitulation auferlegt worden ist. Die eben erst zum Leben erweckte deutsche Demokratie muß sich in Compiègne und Versailles gnadenlos und geächtet unterwerfen. Die Sieger unterschieden nicht mehr – wie öfters im Briefwechsel mit Wilson berührt – zwischen den ihrer Überzeugung nach Alleinschuldigen der deutschen Militärführung und dem Volk, das sich, wie Wilson selbst zugab, von seiner militärischen Führung nicht selbst befreien konnte. Was Lloyd George und Wilson schon nach Überreichung des Entwurfes vorausgesehen hatten, trat ein: Das Vertrauen der Besiegten in den Sieger wurde total zerstört.

4.3 Philipp Scheidemann (SPD) vor der Nationalversammlung in Berlin am 12. Mai 1919 (Auszug)

«Die deutsche Nationalversammlung ist heute zusammengetreten, um am Wendepunkt im Dasein unseres Volkes gemeinsam mit der Reichsregierung Stellung zu nehmen zu dem, was unsere Gegner Friedensbedingungen nennen. In fremden Räumen, in einem Notquartier hat sich die Vertretung der Nation zusammengefunden, wie eine Schar Getreuer sich zusammenschließt, wenn das Vaterland in höchster Gefahr ist. Alle sind erschienen ..., und wenn ich in Ihren Reihen Kopf an Kopf die Vertreter aller deutschen Stämme und Länder sehe, die Erwählten vom Rheinland, vom Saargebiet, von Ost- und Westpreußen, Posen, Schlesien, von Danzig und von Memel, neben den Abgeordneten der unbedrohten Orte die Männer aus den bedrohten Ländern und Provinzen, die – wenn der Wille unserer Gegner durchgesetzt wird – zum letztenmal als Deutsche unter Deutschen tagen sollen, dann weiß ich mich von Herzen einig mit Ihnen in der Schwere und Weihe dieser Stunde, über der nur ein Gebot stehen darf: Wir gehören zusammen, wir müssen beieinander bleiben, wir sind ein Fleisch und ein Blut und wer uns zu trennen versucht, der schneidet mit mörderischem Messer in den lebendigen Leib des deutschen Volkes! ...

Das Leben, das nackte arme Leben müssen wir für Land und Volk retten.

Heute, wo jeder die erdrosselnde Hand an der Gurgel fühlt, lassen Sie mich ganz ohne taktisches Erwägen reden: was unseren Beratungen zugrunde liegt, ist dies dicke Buch, in dem 100 Absätze beginnen: Deutschland verzichtet, verzichtet, verzichtet! Dieser schauerliche und mörderische Hexenhammer, mit dem einem großen Volke das Bekenntnis der eigenen Unwürdigkeit, die Zustimmung zur erbarmungslosen Zerstückelung abgepreßt werden soll, dies Buch darf nicht zum Gesetzbuch der Zukunft werden ...

Ich frage Sie: wer kann als ehrlicher Mann – ich will gar nicht sagen als Deutscher – nur als ehrlicher, vertragstreuer Mann solche Bedingungen eingehen? Welche Hand müßte nicht verdorren, die sich und uns in solche Fesseln legte? Und dabei sollen wir die Hände regen, sollen arbeiten, die Sklavenschichten für das internationale Kapital schieben, Frondienste für die ganze Welt leisten! ...

Dieser Vertrag ist nach Auffassung der Reichsregierung unannehmbar...

Wird dieser Vertrag wirklich unterschrieben, so ist es nicht Deutschlands Leiche allein, die auf dem Schlachtfelde von Versailles liegen bleibt, dabei werden als ebenso edle Leichen liegen das Selbstbestimmungsrecht der Völker, die Unabhängigkeit freier Nationen, der Glaube an all die schönen Ideale, unter deren Banner der Verband zu fechten vorgab, und vor allem der Glaube an die Vertragstreue! Eine Verwilderung der Sitten und moralischen Begriffe ohnegleichen, das wäre die Folge eines solchen Vertrages...

Wir wissen es und wollen es ehrlich sagen, daß dieser kommende Friede für uns eine Marter sein wird. Wir weichen nicht um Fadenbreite von dem zurück, was unsere Pflicht ist, was wir zugesagt haben, was wir ertragen müssen. Aber nur ein Vertrag, der gehalten werden kann, der uns am Leben hält, der uns das Leben als einziges Kapital zur Arbeit und Wiedergutmachung läßt, nur ein solcher Vertrag kann Deutschland wieder aufbauen...»[73]

Dem deutschen Volke sollte die Zustimmung zur Kollektivschuld und zur Teilung Deutschlands abgepreßt werden.

Mündliche Verhandlungen über den als «unannehmbar» bezeichneten Entwurf waren nicht zugelassen, man versuchte daher schriftlich, einige Milderungen zu erreichen. Die Gegenvorschläge wurden am 16.6. 1919 (Mantelnote) zurückgewiesen, bis auf ein Zugeständnis: In Südostpreußen und Oberschlesien wurden schließlich Volksabstimmungen zugelassen, d. h. das Selbstbestimmungsrecht der Völker wurde hier anerkannt. Polen hatte aber in Versailles diese Provinzen für eindeutig polnisch erklärt, wo Südostpreußen dann zu 96% und Oberschlesien mit 60% für Deutschland stimmten. Der Minister deutet auch den naturrechtlichen Grundsatz an, daß niemand zu mehr verpflichtet werden kann, als er zu leisten vermag.

5. Deutsche Vorstellungen blieben ohne Eindruck auf den Friedensvertrag

5.1 Die Mantelnote vom 16.6. 1918 als alle Hoffnungen zerstörender Vorbote

Ein die Besiegten fast zermalmender stürzender Felsblock. Ankündigung einer zeitlich unbegrenzten völkerrechtlichen und moralischen Ächtung Deutschlands. Die Brücke zwischen der grausigen Theorie der Sieger und ihrer brutalen Verwirklichung.

«Getreu der preußischen Tradition ... unter Einfluß Preußens» habe Deutschland den Ersten Weltkrieg entfesselt. «Deutschland (war der) Vorkämpfer der Macht und Gewalt, der Täuschung, der Intrige und der Grausamkeit bei der Behandlung internationaler Angelegenheiten ... Der Protest der deutschen Delegation beweist, daß diese die Lage, in der sich Deutschland befindet, gänzlich verkennt ...

Infolgedessen halten es die alliierten und assoziierten Mächte für erforderlich, ihre Antwort mit einer scharf umrissenen Darlegung ihres Urteils über den Krieg zu beginnen, eines Urteils, welches praktisch das der Gesamtheit der zivilisierten Welt ist. Nach Ansicht der Mächte war der Krieg, der am 1. August 1914 zum Ausbruch kam, das größte Verbrechen gegen die Menschheit und gegen die Freiheit der Völker, das eine sich für zivilisiert ausgebende Nation jemals mit Bewußtsein begangen hat.

Während langer Jahre haben die Regierenden Deutschlands, getreu der preußischen Tradition, die Vorherrschaft in Europa angestrebt ... Sie haben danach getrachtet, ein unterjochtes Europa beherrschen und tyrannisieren zu können, so wie sie ein unterjochtes Deutschland beherrschten und tyrannisierten.

Um ihr Ziel zu erreichen, haben sie mit allen ihnen zur Verfügung stehenden Mitteln ihren eigenen Untertanen die Lehre eingeschärft, daß in internationalen Angelegenheiten Gewalt Recht sei ...

Sobald ihre Vorbereitungen beendet waren, haben sie einen unterwürfigen Verbündeten (1914) ermuntert, Serbien ... den Krieg zu erklären ... Sie entzogen sich jedem Versuch der Versöhnung und Beratung, bis es zu spät war ...

Indessen beschränkt sich die Verantwortlichkeit Deutschlands nicht auf die Tatsache, den Krieg gewollt und entfesselt zu haben. Es ist ebenso verantwortlich für die grausame und unmenschliche Art und Weise, auf die er geführt worden ist...

Das Verhalten Deutschlands ist in der Geschichte der Menschheit fast beispiellos. Die furchtbare Verantwortung, die auf ihm lastet, läßt sich in der Tatsache zusammenfassen, daß wenigstens sieben Millionen Tote in Europa begraben liegen, während mehr als zwanzig Millionen Lebender durch ihre Wunden und ihre Leiden Zeugnis davon ablegen, daß Deutschland seine Tyranneisucht durch den Krieg hat befriedigen wollen. Hier ist die Verschwörungstheorie leicht als Darstellungshintergrund erkennbar. Deutschland wird das größte aller Verbrechen angelastet. Der Superlativ deutet daraufhin, daß sie sonst nicht überboten werden, also unvergleichlich, einzigartig sind. Die Schuld am Ausbruch des Krieges liege natürlich auch allein bei Deutschland.

... Gerechtigkeit ist daher die einzige mögliche Grundlage für die Abrechnung dieses fürchterlichen Krieges. Gerechtigkeit ist es, was die deutsche Delegation verlangt. Gerechtigkeit wird Deutschland zuteil werden, aber eine Gerechtigkeit für alle...

Darum haben die Mächte nachdrücklich erklärt, daß Deutschland als grundlegende Bedingung des Vertrages ein Werk der Wiedergutmachung bis zur äußersten Grenze seiner Leistungsfähigkeit vollbringen muß; denn Wiedergutmachung des Unrechts, das man begangen hat, ist das wahre Wesen der Gerechtigkeit.

Die deutsche Revolution wurde hinausgezögert... bis jede Hoffnung, aus einem Eroberungskrieg Nutzen zu ziehen, entschwunden war.»[74]

5.2 Bemerkungen zur Mantelnote

Hier liegt kein abgewogenes, neutrales Gerichtsurteil vor, sondern eine Anklageschrift der einseitig und allein handelnden Sieger. Dieser Tenor hat im Art. 231 des Vertrages von Versailles seinen Ausdruck gefunden (Kriegsschuldartikel). Die Mantelnote ist zum Urbild der umfassenden, Deutschland moralisch total vernichtenden Anklagen nach dem Zweiten Weltkrieg geworden. Wir haben hier «Siegerwahrheiten», Superlative zur Vernichtung Deutschlands, nicht etwa Ergebnisse wissenschaftlicher Forschung oder Urteile eines neutralen Richterkollegiums oder eines Historikerstreites bzw. ein juristisches Kollegium vor uns.

Unverzichtbar ist die uralte Rechtsforderung: «Auch die andere Seite muß gehört werden.» Hier maßt sich eine Partei das Richteramt über die andere an, anstatt das moralische Urteil einer neutralen Instanz oder einem Schiedsgericht zu überlassen.

Die Gluten des Hasses sind indes abgekühlt, aber wesentliche Ziele von damals sind 1990 erst jetzt in den Zwei-plus-Vier-Verträgen endgültig verwirklicht worden. Vertreibungen aus Ostdeutschland sind nur durch positive Satzung «rechtmäßig» geworden.

5.3 Exkurs über den Widerruf der deutschen Alleinschuld durch Philipp Kerr, nunmehr Lord Lothian, 1937

1919 weilte Ph. Kerr als Abgesandter der britischen Regierung in Versailles. Dort hat er das härteste Schriftstück verfaßt, das der deutschen Friedensdelegation übergeben worden ist, die sog. Mantelnote vom 16. 6. 1919. Bei der Formulierung «des Kriegsschuldparagraphen» war er «Mitredaktor».[75]

«Lord Lothian hat sein Urteil über die deutsche Alleinschuld am 29. 6. 1937 öffentlich «in einem Vortrag im Royal Institute of internationales affairs in London ... »[76] widerrufen. Dort führte er folgendes aus:[77]

«Der Versailler Vertrag gründete sich auf die Theorie von Deutschlands Alleinschuld am Weltkrieg. Ich glaube, niemand, der die Vorgeschichte des Krieges ernsthaft studiert hat, kann diese Ansicht heute aufrechterhalten ... Am Ende des Krieges jedoch hatten wir uns eingeredet, daß Deutschland allein an dem Unglück schuld sei. Diese Überzeugung war das Ergebnis von Meinungen, die wir uns aufgrund eines sehr unzureichenden Materials, ergänzt durch die Propaganda der Kriegszeit, gebildet hatten. Das Wesen der Kriegspropaganda aber bestand darin, die Einigkeit und Moral der eigenen Landsleute aufrechtzuerhalten durch den Nachweis, daß wir völlig recht, der Feind aber völlig unrecht habe. Auf diesem Grundsatz war der Versailler Vertrag aufgebaut.»

Frage des anhörenden Journalisten der ‹Times›, Wickham Steed:

Der Vortragende ... sei der Verfasser gewesen. War sein Urteil damals so falsch, und wenn ja, ist es heute richtig? Die Antwort Lothians: Der Grund dafür, daß er seine Ansicht über die Kriegsschuld seit der in der Antwort der Alliierten von 1919 niedergelegten Anschauung geändert habe, liege darin, daß diese Antwort sich auf die Sachkenntnis stützte, über welche die britische Öffentlichkeit während des Krieges und nach vier Jahren ständiger Propaganda verfügte. Er habe seitdem eine große Anzahl Bücher in englischer Sprache über die Ursprünge des Weltkrieges gelesen, ... sie alle betonten ... daß die Kenntnisse, die 1919 zur Verfügung standen, weder genau noch vollständig gewesen seien. Er schäme sich nicht im geringsten, seine Ansicht geändert zu haben.

Kerr-Lord Lothian hat, wie die maßgeblichen Alliierten, im Trend einer übersteigerten Aversion gegen Deutschland mit den anderen Bauleuten «des Friedens» in Versailles viel zu zeitig politisch über Deutschlands endgültige Schuld entschieden und sich ebenso wie alle Teilnehmer an der Friedenskonferenz 1919 entsetzlich getäuscht. In seiner Rede vom 28. 6. 1937 hat er die deutsche Alleinschuld längst aufgegeben. Er hatte sich von dem überzeugt, was er 1919 dem Besiegten nicht zugestehen wollte: Nicht Alleinschuld, sondern anteilige Mitschuld.

Auf diesem Hintergrunde erscheint der frühe leidenschaftliche Protest gegen die Grundlagen von Versailles doch völkerrechtlich und menschlich begründet. Die Basis von Versailles – die Alleinschuld Deutschlands – trägt also nicht.

6. Zwei knappe deutsche Antwortnoten unmittelbar vor Ablauf des Ultimatums. Annahme des Siegerdiktates durch die Nationalversammlung

Am 22. Juni 1919 nahm die Nationalversammlung ... den Friedensvertrag mit 237:138 Stimmen bei 5 Enthaltungen an. Auch die OHL (Hindenburg-Groener) hatte das – zur Verhütung noch größeren Elendes – empfohlen. Die Reichsregierung richtete am 22. Juni 1919 folgende Note an die Sieger:

«... Das deutsche Volk will nicht die Wiederaufnahme des blutigen

Krieges, es will aufrichtig einen dauerhaften Frieden. Es hat keine andere Macht in der Hand als die Berufung auf das ewige unveräußerliche Recht eines selbständigen Lebens, das, wie allen Völkern, so auch dem deutschen Volke zusteht. Die Regierung ... kann nur auf die Unterstützung durch das Gewissen der Menschheit hoffen. Kein Volk, auch keine der alliierten und assoziierten Mächte, wird dem deutschen Volke zumuten, einem Friedensinstrument aus innerer Überzeugung beizustimmen, durch das lebendige Glieder vom Körper des Deutschen Reiches ohne Befragen der in Betracht kommenden Bevölkerung losgelöst, die deutsche Staatshoheit dauernd verletzt und dem deutschen Volke unerträgliche wirtschaftliche und finanzielle Lasten auferlegt werden sollen ...

Wenn die Regierung der deutschen Republik gleichwohl bereit ist, die Forderung der Alliierten unter nachstehendem Vorbehalt zu unterzeichnen, so geschah dies nicht aus freiem Willen. Die Regierung der deutschen Republik erklärt feierlich, daß sie der Gewalt weicht in dem Entschluß, dem unsagbar leidenden deutschen Volk einen neuen Krieg, die Zerreißung seiner nationalen Einheit durch weitere Besetzung deutschen Gebiets, entsetzliche Hungersnot für Frauen und Kinder und unbarmherzige längere Zurückhaltung der Kriegsgefangenen zu ersparen ... »[78]

Am 22.6. erklären die Siegermächte, «daß die Zeit für Diskussionen vorbei ist.» Sie verlangen von den deutschen Vertretern «zu unterzeichnen und den Frieden als Ganzes, wie er endgültig formuliert worden ist, anzunehmen oder nicht zu unterzeichnen ... «[79]

Regierung und Nationalversammlung standen unter einem nervenaufreibenden Termindruck. Bei Verweigerung der Unterschrift wurde mit einem Einmarsch in Deutschland, mit Wiederaufnahme der Kampfhandlungen, die zu einer weiteren Besetzung und Zerstückelung Deutschlands geführt hätten, gedroht. «Die große Mehrheit des Volkes empfand die Bedingungen als ungerecht, unverdient und ehrverletzend. Das Kabinett Scheidemann trat am 20.6. zurück. Die neue Regierung unter G. Bauer (SPD) aus Vertretern der SPD und des Zentrums überließ die Entscheidung der Nationalversammlung.»[80] Indes war (am 22.6.) auch die Unterschrift unter den Kriegsschuld-Artikel 231 ultimativ gefordert worden.

Letzte Antwort Deutschlands in Versailles am 23.6. 1919. «Die

Alliierten sind entschlossen, mit äußerster Gewalt dem deutschen Volke die Ehre zu nehmen.»

«Die Regierung der deutschen Republik hat aus der letzten Mitteilung der alliierten und assoziierten Regierungen mit Erschütterung ersehen, daß sie entschlossen sind, von Deutschland auch die Annahme derjenigen Friedensbedingungen mit äußerster Gewalt zu erzwingen,die, ohne eine materielle Bedeutung zu besitzen, den Zweck verfolgen, dem deutschen Volke seine Ehre zu nehmen. Durch einen Gewaltakt wird die Ehre des deutschen Volkes nicht berührt. Sie nach außen zu verteidigen, fehlt dem deutschen Volke nach den entsetzlichen Leiden der letzten vier Jahre jedes Mittel. Der übermächtigen Gewalt weichend und ohne damit ihre Auffassung über die unerhörte Ungerechtigkeit der Friedensbedingungen aufzugeben, erklärt deshalb die Regierung der deutschen Republik, daß sie bereit ist, die von den alliierten und assoziierten Regierungen auferlegten Friedensbedingungen anzunehmen und zu unterzeichnen.»[81]

7. Die deutschen Unterschriften in Versailles

Nachdem die deutsche Seite auf den Zwang der Situation hingewiesen hatte, unterschrieben die Reichsminister H. Müller (SPD) und Dr. Bell (Zentrum) das Friedensdiktat am 28. 6. 1919 im Spiegelsaal zu Versailles.[82]

Kapitel III

Die besiegten Deutschen nach Versailles 1919

Am 10. 1. 1920 trat der Versailler Vertrag in Kraft, die Phase der Erfüllungspolitik begann. Von Anfang an blieb das Ringen um eine friedliche Revision des Versailler Vertrages Hauptziel der deutschen Politik. Doch der Kriegsschuldartikel 231 verbaute den Weg zu einer Aussöhnung. Der Völkerbund wurde von den Siegern, vor allem von Frankreich, zum Niederhalten der Besiegten instrumentalisiert. Der als legitime Maßnahme erklärte «französisch-belgische Einmarsch in das Ruhrgebiet im Jan. 1923 löste eine ungeheure nationale Erregung aus, an die später die nat.-soz. Demagogie appellieren konnte.» Seit 1925 (Locarno) sah L. Kaas (Zentrum) «die ‹seelische Distanzierung der Welt von Werk und Geist› des Versailler Vertrages im Wachsen begriffen.»[83] «Die ... Friedensschlüsse ... erwiesen sich als ‹verlorener Friede›.»

Es gelang nicht, eine allgemein geltende Ordnung zu schaffen. Keine deutsche Regierung hatte sich bereit erklärt, die neue Grenze mit Polen anzuerkennen.

1. Entgegen den Versprechungen erfolgte keine allgemeine Abrüstung, keine Schritte zur Gleichberechtigung

Da der Völkerbund seine Ziele nicht durchsetzen konnte und die internationale Abrüstung nicht zustande kam, wuchs die Erbitterung gegen die ungleiche Behandlung der Besiegten. Nach kurz aufkeimenden Hoffnungen im Zusammenhang mit Locarno (1925) und in persönlichen Verhandlungen zwischen A. Briand († 1932) und G. Stresemann († 1929) verstärkte sich bald wieder der gereizte Protest gegen die versagte Gleichberechtigung. (Die Weltwirtschaftskrise begünstigte eine allgemeine Radikalisierung.) Man sah es als chancenlos an, von den Siegern notwendige Atemfreiheit bei den Verhandlungen zu bekommen.

2. Besorgte und empörte Kritik früherer Gegner an Versailles

2.1 Präsident W. Wilson

sagte 1919: «Wie kann sich z. B. eine Macht wie die Vereinigten Staaten von Amerika ... nach Unterzeichnung dieses Vertrages zurückziehen und ihrem Volk berichten, daß eine Friedensregelung für die Welt geschaffen worden sei, wenn sie *Elemente enthält, die man nicht für dauerhaft ansehen kann.* Ich kann es nicht.»[84]

2.2 W. I. Lenin[85]

über den Versailler Vertrag: «Der Friede von Brest-Litowsk, von dem monarchistischen Deutschland diktiert, und dann der weitaus bestialischere und niederträchtigere Friede von Versailles, von den ‹demokratischen› Republiken, von Amerika und Frankreich sowie vom ‹freien›England diktiert ...

Als Deutschland besiegt war, da schrie der Völkerbund ... das sei ein Befreiungskrieg, ein demokratischer Krieg gewesen. Deutschland wurde ein Frieden aufgezwungen, aber das war ein Frieden von Wucherern und Würgern, ein Frieden von Schlächtern, denn Deutschland und Österreich wurden ausgepündert und zerstückelt ... Was also ist der Versailler Vertrag? *Ein ungeheuerlicher Raubfrieden,* der Millionen und Abermillionen Menschen, darunter die zivilisiertesten, zu Sklaven macht. Das ist kein Frieden, das sind vielmehr Bedingungen,die *einem wehrlosen Opfer von Räubern mit dem Messer in der Hand diktiert worden sind.*»[86]

2.3 Nitti,

italienischer Ministerpräsident 1919–1920, dachte so über Versailles: «... da ich ... den Vertrag von Versailles unterschreiben mußte, habe ich mich ... davon überzeugt, daß man nicht den Frieden wollte, sondern *nur darauf ausging, Deutschland zu erwürgen und zu zerstückeln* ... was die Sieger hierbei bestimmte, war nicht nur der Haß und die Rachsucht, sondern vor allem auch die Furcht, Deutschland ... kraft seiner machtvollen Arbeitsfähigkeit seinen Platz auf dem Weltmarkt zurückerobern zu sehen ...

Aber die Friedensverträge, im Hasse geboren, sind fast ausschließlich nach Frankreichs Willen ausgestaltet worden... : Deutschland demütigen... Die Reparationspolitik ist der verabscheuungswürdigste Betrug, den die moderne Geschichte verzeichnet...»[87]

2.4 Erklärung des Unterhaus-Abgeordneten J. W. Kneeshaw

auf dem Parteitag der Labour Party 1920: England als «das besiegte Volk» würde «das unerträgliche Joch der Eroberer» abschütteln. «Diese Bedingungen waren... auch *ein Anschlag auf das ganze Gewebe der Zivilisation.*»[88]

2.5 H. Hoover, US-Präsident 1929–1933:

«Am Tische der Friedenskonferenz von Versailles saßen zerstörerische Kräfte... Der politische und wirtschaftliche Teil waren *von Haß und Rachsucht durchsetzt*... « Damit würde «Europa niemals wieder aufgebaut oder der Menschheit der Frieden zurückgegeben werden» können. Es «wurde *die Welt* ... in der Gußform von Versailles... *zum Erstarren gebracht* – dies aber führte zu einem Abwürgen jeglichen Fortschritts und zur Rechtfertigung jeglichen Unrechts.»[89]

Die Sieger von 1918 haben mit ihrer gnadenlosen Härte in Compiègne und Versailles ein die Zukunft sehr belastendes Faktum gesetzt. Es sollte Hitler, dem erklärten Feind der Demokratie, die Dynamik für seinen Kampf um die Macht verschaffen. Damit hatte er das für die geschmähte, dahinsiechende, zerrissene Republik politisch einigende Thema gefunden, um eine neue Katastrophe Deutschlands herbeizuführen.

3. Die starre Verweigerungshaltung der Sieger hat Hitler in den Sattel verholfen

«Hier kann mit einiger Sicherheit gesagt werden, daß Hitler nicht an die Macht gelangt wäre, wenn die Westmächte nicht durch kurzsichtigen Egoismus, durch Beharren auf vorteilhaften politischen und wirtschaftlichen Positionen, die ihnen Versailles beschert hatte, durch den oben angesprochenen ‹passiven Imperialismus› und durch wiederkehrende Verletzungen des good will deutscher Politiker eine Verweigerungshaltung eingenommen hätten.»[90]

«Fast prophetisch klingen in diesem Zusammenhang die Worte Stresemanns gegenüber einem englischen Interviewer: ‹Ich habe ehrlich auf Frieden und Versöhnung unter den Völkern Europas hingearbeitet, ich habe eine deutsch-französisch-englische Verständigung gefördert, 80% der deutschen Bevölkerung hatte ich für meine Politik gewonnen, ich habe Deutschland in den Völkerbund geführt... hätte ich nach Locarno ein einziges Zugeständnis erhalten, so würde ich mein Volk überzeugt haben... jetzt liegt die Zukunft in den Händen der jungen Generation; die Jugend Deutschlands, die wir für den Frieden und für das neue Europa hätten gewinnen können, haben wir beide verloren – das ist meine Tragik und ihre (der Alliierten) Schuld... ›.»[91]

Anläßlich eines Gesprächs Stresemanns mit dem prominenten französischen Journalisten Sauerwein hatte dieser erklärt, er glaube nicht, daß die französische öffentliche Meinung für eine Diskussion der Saarfrage hinreichend vorbereitet sei. Stresemann wies auf die wachsende Bewegung der extremen Rechten hin und forderte Sauerwein auf, nach Nürnberg zu gehen und sich Hitler anzusehen. Dann fuhr Stresemann fort: «Was sie (die Franzosen) mir heute nicht gutwillig zugestehen können, wird er (Hitler) von Ihnen in einem anderen Ton fordern, und wenn Sie sich taub stellen, wird er es mit Gewalt nehmen. Erinnern Sie sich, Monsieur Sauerwein, Sie werden sich dann beugen oder einen Krieg führen müssen.»[92]

«Noch unter Brüning, der sich bei seinem Rücktritt 1932 ‹an die 100 Meter vor dem Ziel› wähnte, hätte Hitler verhindert werden können, durch eine andere Behandlung der ‹Zollunion›, der sachlich überholten Reparationsfrage, der Frage um Danzig und durch eine ethnologische Teilregelung im Korridor.»[93]

4. Der Reichstag schaltete sich 1932/33 selbst «demokratisch» aus. Das Ende der Demokratie zeichnet sich ab

Datum	NSDAP in %	KPD in %	NSDAP in Sitzen	KPD in Sitzen	Gesamtzahl der Sitze
20.05.1928	3,5	10,6	12	54	491
14.09.1930	18,3	13,1	107	77	577
31.07.1932	37,2	14,3	230	89	608
06.11.1932	33,1	16,9	196	100	584
05.03.1933	43,9	12,3	288	81	647

Nach den beiden Wahlen 1932 verfügten NSDAP und KPD über die absolute Mehrheit der Sitze. Damit konnten sie jede Gesetzesvorlage zu Fall bringen, ohne ein solches Gesetz wegen ihrer politischen Todfeindschaft gemeinsam beschließen zu können. Die Weimarer Republik war unregierbar geworden.

Für einen solchen Fall räumte die Reichsverfassung in Art. 48 dem Reichspräsidenten das Recht zu eingeschränkten «Diktaturverordnungen» ein. Reichskanzler Brüning (Zentrum) mußte «1930–32 wegen der eingetretenen Arbeitsunfähigkeit des Reichstags»[94] mit Notverordnungen regieren, um die Reichsgesetzgebung zu sichern.

In den Massen bildete sich die Überzeugung: Wir brauchen eine feste Hand. Der Führer liege richtig. Im verzweifelten, hungernden und enttäuschten Deutschland mit 6,1 Millionen Arbeitslosen sahen viele Menschen – nach dem Versagen der Demokratie – in Hitler den Strohhalm zur Rettung.

Die Härte der Sieger hat diese Entwicklung begünstigt. Die Unregierbarkeit im Deutschen Reich trat 1932 ein. Sie steht im Zusammenhang mit dem kometenhaften Aufstieg von Hitlers NSDAP in den fünf Reichstagswahlen von 1928–1933.

5. Fundamentale Schuldanklagen nach dem Zweiten Weltkrieg

5.1 Zum Kampf gegen das schon im 1. Weltkrieg dämonisierte Preußen tritt die Abwehr des Nationalsozialismus – «Nazityrannei und Preußen müssen ausgerottet werden»

(Um die Schuldanklagen nach dem 2. Weltkrieg klarer zu profilieren, werden sie getrennt vorgestellt.)

Im Zweiten Weltkrieg hatte Robert Vansittard, ein hoher Beamter des Foreign Office, das Deutschlandfeindbild publizistisch vertreten. Am 21. 9. 1943 erklärte Churchill, der die beiden Weltkriege in Ursachen und Zielen mit Recht sehr eng zusammensah, vor dem Unterhaus: «... *Der Kern Deutschlands ist Preußen. Dort liegt der Herd der Pest... Ich bin überzeugt, daß die Völker Großbritanniens, Amerikas und Rußlands... diesmal Schritte unternehmen werden, um Preußen und ganz Deutschland jede Macht zu nehmen, sie noch einmal... anzugreifen. Die nationalsozialistische Tyrannei und der preußische Militarismus sind jene beiden Elemente im Wesen Deutschlands, die unbedingt ausgetilgt werden müssen. Sie müssen mit der Wurzel ausgerottet werden, soll Europa und der Welt ein dritter und noch schrecklicherer Weltkrieg erspart bleiben.*»[95]

Von H. Kiesewetter[96] wird auch der Philosoph G. W. Fr. Hegel († 1831) als Prototyp des verdorbenen Deutschen erwähnt. Nach einem Bericht der «Welt»[97] hat die niederländische Zeitung «Dagens Nyheter» die deutsche Mentalität referierend so umrissen, daß zwischen ihr und dem NS höchstens noch eine Hahnenfeder Platz hätte. Das deutsche Volk ist in diesem Feindbild mit dem Nationalsozialismus fest verschmolzen. Im Hintergrund wirke Preußen als «Verschwörer» gegen alles Menschenrecht und alle Sittlichkeit. Kein anderes deutsches Land ist von der Feindpropaganda so belastet worden wie Preußen, obwohl die NS-Partei von ihren Ursprüngen her nichts mit Preußen zu tun hat. Die Feindbilder und der besonders von Churchill akzentuierte Haß gegen Preußen und der von ihm betonte Zusammenhang beider Weltkriege begünstigen die Auslöschung Ostdeutschlands durch Vertreibung und Annexion, der der Deutsche Bundestag aber selbst 1990 im Sinne der Umerziehung durch die Sieger zugestimmt hat.

Vom Inhalt der Mantelnote (16. 6. 1919) zieht sich ein roter Faden bis zur parlamentarischen Preisgabe Ostdeutschlands (21. 6. 1990).

Es handelt sich also um eine fundamentale moralische Ächtung Deutschlands.

5.2 Der Nationalsozialismus als Aufgipfelung der deutschen Kriegslüsternheit

«Der Nationalsozialismus (ist) nichts anderes gewesen als die verhängnisvolle, aber logische Endphase der in der deutschen Geschichte angelegten Krankheitskeime.»[98]

«Die Gewaltpolitik des Dritten Reiches (ist) maßgeblich auf den im deutschen Wesen angelegten Hang zur Kriegslüsternheit und Aggressivität ... zurückzuführen.»[99] «Die Machtstaatsidee Hegels (habe) im Dritten Reich ihre ganze Vollendung gefunden.»[100]

Diese ächtende These, daß die Ursachen der Hitlerschen Verbrechen tief im deutschen Volk angelegt seien, war in der anglo-amerikanischen Kriegspropaganda immer wieder «überzeugend» eingehämmert worden. (Sie klingt auch in der Versöhnungsbotschaft der polnischen Bischöfe vom 18. 11. 1965 als Belastung Deutschlands an.) Ende 1940 hat das BBC-Programm in einer sechsteiligen Sendung die Deutschen als «unverschämte Horde» beschrieben und als «Raubwürger» unter den sonst so friedlichen Nationen charakterisiert. Neben der Nazityrannei wurde den Anglo-Amerikanern im Geiste der Mantelnote von 1919 die Zerstörung des «Preußischen Militarismus» als faszinierendes Kriegsziel vor Augen gestellt.

Die Aufgabe Vansittards in England erledigte in Amerika Louis Nizer (What to do with Germany? New York 1944): «... Ja, es gibt eine deutsche Verschwörung gegen jeden freien Menschen in jedem beliebigen Land. Es ist eine Verschwörung, die nach einer Niederlage nie erlöschen wird.» «Erst die Vertreibung der Ostdeutschen aus ihrer Heimat und die ostdeutsche kommunistische Bodenreform, die dem Morgenthauplan entsprach, entzog der vermeintlichen Verschwörung die soziologische Basis des Unrechtes und der Kriegslüsternheit.»[101]

Der Vorwurf besagt also: Das deutsche Volk hat von seiner Freiheit einen bösen Gebrauch gemacht. Die bösen Deutschen verdienen ihre Strafe.

Das deutsche Volk muß daher «restriktiv» behandelt werden: durch erhebliche wirtschaftliche und ungewöhnliche Gebietseinbußen, durch blutmäßige Überfremdung, durch Demütigungen, die neuer Arroganz vorbauen sollen, vor allem aber durch Umerziehung.

In jüngerer Zeit: Deutschland muß durch Europa «eingebunden» und zur Vermeidung von neuer «Abirrung» in der praktischen Politik auch präventiv Rechtsnachteile hinnehmen.

Kapitel IV

Das Schuldbewußtsein der Deutschen 1945 in den Kirchen, der Literatur und in Einzelgruppen

1. In der katholischen Kirche

1.1 Ein nicht veröffentlichter Entwurf vor dem 21.8. 1945[102]

Er war fast ausgereift, als sich die Bischöfe entschlossen, ihn nicht zu veröffentlichen. In ihm zittern bangende Hoffnungslosigkeit und Ohnmacht, die ein Volk überfallen, das seinem siegesberauschten Gegner auf Gedeih und Verderb ausgeliefert ist.

In Ostdeutschland wurden schon die ersten Anwendungen der «Siegerrechte» praktiziert: Am 21. 6. 1945 hatte die Vertreibung der Deutschen, sechs Wochen vor dem Treffen der Großen Drei in Potsdam, an der Görlitzer Neiße begonnen. Andernorts sogar noch früher, denn Polen begann ab Februar 1945 de jure deutsche Oder-Neiße-Gebiete zu polonisieren.»[103]

Eine Konsequenz, die auch anderswo im angeblich kollektiv schuldigen Deutschland hätte gezogen werden können.

Woran sollen die Deutschen schuldig sein?
«Sicher, in der furchtbaren Not, in die es infolge der ungeheuren Arbeitslosigkeit geraten war, hat es blindlings sich dem Mann anvertraut, der ihm Erlösung aus dieser Not versprach ... Die ersten Erklärungen, die der Reichskanzler vor dem Reichstag abgab,[104] versprachen das Beste ... Der Papst schloß schon bald[105] mit der neuen Regierung ein Konkordat. Viele Staaten unterzeichneten bis ins Jahr 1938 hinein Verträge mit dem sog. Dritten Reich und erkannten es durch die Tat als zu Recht bestehend an. Eine andere Regierung gab es in Deutschland nicht, und die bestehende hatte bald die Macht fest in den Händen. Zwar wurden auch verderbliche Tendenzen sichtbar, aber eine gesetzmäßige Opposition war bei dem Fehlen jeder parlamentarischen Freiheit nicht möglich ... »[106]

Soll das deutsche Volk schuld am Kriege sein?
«Die Entscheidung über Krieg und Frieden lag beim Führer allein, und er hat höchstens seine engsten Mitarbeiter zur Beratung dieser Frage hinzugezogen. Als der Krieg eröffnet war, blieb unseren Soldaten nichts anderes übrig, als ihrem Fahneneid getreu zu kämpfen. Denn wer hätte die Möglichkeit gehabt, sich über Gerechtigkeit oder Ungerechtigkeit des Krieges ein sicheres Urteil zu bilden, da niemand Einblick in das vorausgegangene dramatische Spiel hatte und Deutschland von aller ausländischen Berichterstattung abgeschnitten war?»

Ist das deutsche Volk schuld an den Greueltaten der Geheimen Staatspolizei und der SS?
«Wir berühren hier ein überaus dunkles Kapitel. Was die Regierung des Dritten Reiches an Freiheitsberaubung, an körperlicher Mißhandlung, an Mord und Massenmord sich hat zuschulden kommen lassen, wird für immer ein dunkles Blatt in der deutschen Geschichte bleiben. Sowohl fremde Völker, vor allem Juden, Polen, Russen wie eigene Landsleute sind von diesen Organisationen in unbeschreiblicher Weise entrechtet und zu Tode gemartert worden. Von diesen Vorgängen hatte das deutsche Volk in seiner Gesamtheit eine sehr unvollständige Kenntnis. Alles wurde geheimgehalten. Wer einmal in die Klauen dieser Institution gefallen und ihr wieder entronnen war, war unter Androhung schwerster Strafe zum Stillschweigen verpflichtet... So kam es, daß man wohl wußte: Gestapo und SS führen ein ungemein hartes, grausames Regiment, aber es war äußerst schwierig, einzelnes sicher zu beweisen. Unkontrollierbare Gerüchte schwirrten umher, aber Genaues über das Ausmaß der Grausamkeiten... erfuhren wir erst durch die Enthüllungen des englischen Rundfunks nach dem Kriege. Das deutsche Volk in seiner Gesamtheit ist selbst eher Opfer dieser furchtbaren Machenschaften als ihr Träger gewesen.»[107]

Persönlich Schuldige gehören vor ein Gericht
«Es ist klar, daß diejenigen, die sich aktiv an diesen Greueltaten beteiligt haben, schuldig sind und dem Richter zur verdienten Strafe zugeführt werden müssen. Auch diejenigen, die schuldhaft geschwiegen haben, werden sich einzeln verantworten müssen.

Dagegen sind im deutschen Volk Tausende und Abertausende von Menschen (Kinder, alte Leute, Frauen und Männer), die diese Dinge im tiefsten Herzen verabscheuten, aber beim besten Willen keine Möglichkeiten hatten, ihren Protest kundzutun. Es gab ja kein Parlament, keine freie Presse, keine freie Meinungsäußerung. Junge Leute – fast noch Kinder – wurden in den letzten Jahren durch Gewalt und Betrug in die SS gepreßt... »

Die rein materielle Mitwirkung aus entsprechend gewichtigem Grund macht nicht persönlich schuldig

Viele haben äußerlich mitgetan, um noch größeres Unheil zu verhindern... [108] «Viele Parteimitglieder oder -anwärter, die in einer Zeit sich zum Eintritt gemeldet hatten, als die wirklichen Ziele der Partei noch völlig getarnt waren, hatten später keine Möglichkeit mehr auszutreten. Ja, nicht wenige waren von Wohlmeinenden zum Eintritt gedrängt worden, damit einflußreiche Stellungen nicht in die Hand gewissenloser Elemente gelangten, und sie haben ihre Positionen benützt, um dem Vordringen des verbrecherischen nationalsozialistischen Geistes einen Riegel vorzuschieben. Es geht nicht an, all diese einfach als Mitschuldige zu behandeln, sondern jeder Fall bedarf einer eingehenden Prüfung... »[109]

Welche Stellung hat die Kirche pastoral eingenommen? Erst Warnungen und Verbote, dann Abwarten

«Die Bischöfe hatten um das Jahr 1930 ihre Gläubigen auf das ernsteste vor dem Eintritt in die Partei gewarnt. Als im Jahre 1933 der maßgebende Mann durchaus befriedigende Erklärungen abgegeben hatte, erklärten die Bischöfe, daß Verbot und Warnung ruhen sollten, solange die Versprechungen gehalten würden. Bald folgte das Konkordat zwischen dem Hl. Stuhl und dem Deutschen Reich». Als die Maske fiel, begann der offene Kampf. Er richtete sich «gegen den heidnischen Mythos von Blut und Rasse... gegen die Knechtung des Rechtes, gegen die überhebliche Einschätzung der arisch-germanischen Rasse.»[110]

Politische Haftbarkeit für angerichteten Schaden?
Ja, aber nicht unbegrenzt!

«Aber muß man nicht von einer Kollektivschuld des deutschen Volkes sprechen? Wir wollen nicht bezweifeln, daß das deutsche Volk in seiner Gesamtheit (politisch) haftbar gemacht werden kann für den Schaden, den seine Verantwortlichen in seinem Namen ungerechterweise in der Welt angerichtet haben. Niemand bezweifelt, daß alle nach dem Maß der Kräfte verpflichtet sind, durch Reparationszahlungen ... geschehenes Unrecht wiedergutzumachen ... »[111]

«Auch ein besiegtes, zur bedingungslosen Übergabe gezwungenes Volk behält sein Recht auf Leben, auf bescheidene, aber ausreichende Nahrung, auf Kleidung und Wohnung und, wenn es sich um ein Kulturvolk handelt, auf die Befriedigung gewisser Kulturbedürfnisse.»[112]

Das traditionelle Völkerrecht hat aber auch seine Not mit der Begründung einer materiellen Kollektivhaftung.

Keine Kollektivverantwortung moralischer Art

«Mit (politischer) kollektiver Haftbarkeit des Volkes für den in seinem Namen angerichteten Schaden ist aber nicht die moralische Verantwortlichkeit des gesamten Volkes für alles, was geschehen ist, gegeben. Eine solche wäre nur zuzugeben, wenn alle Mitglieder des Volkes sich bewußt an den Verbrechen beteiligt und sie gebilligt hätten. Oder aber man müßte annehmen, daß das Volk eine Gesamtseele besitze, die moralischer Handlungen fähig wäre. Das ist aber nicht der Fall. Die sog. Volksseele ist entweder eine poetische Personifikation oder eine pantheisierende Fiktion, wie (sie) das ‹Dritte Reich› unter Leugnung der unsterblichen Einzelseelen (zu behaupten) beliebte. In Wirklichkeit aber sind nur menschliche Einzelwesen moralisch guter oder schlechter Handlungen fähig, so sehr sie auch durch Beispiel, öffentliche Meinung und unmittelbare Beeinflussung miteinander verbunden sind.»[113]

Der bischöfliche Entwurf unterstellt eine doppelte Art von Kollektivschuld-Behauptung im weiteren Sinne und im strengen Sinne

Als Ergebnis einer allgemeinen «Verschwörung» aller Glieder des Volkes im Sinne der Verbrechen des Dritten Reiches wäre festzustellen, daß tatsächlich jeder – wie der Verschwörer in seiner Gruppe – in personaler Eigenentscheidung dem Bösen zustimmt. Die Summe individueller, bewußter Entscheidungen in gleicher Richtung würde dann als Kollektivschuld bestimmt werden. Sie umfaßt aber de facto von vornherein nicht alle Deutschen, weil hier eine verantwortliche Entscheidung aller für den NS unterstellt wird. Daher ist die Bezeichnung «Kollektivschuld» ungenau. Wir sprechen nur von Kollektivschuld in einem weiteren Sinne (i. w. S.).

Die eigentliche, radikale Kollektivschuld liegt vor, wenn man als deren Träger einen überpersonalen, alle Glieder des Volkes bestimmenden «Volksgeist» unterstellt. Hitler wollte nach seiner Regierungserklärung zu dem Ermächtigungsgesetz[114] «eine durchgreifende moralische Sanierung des ‹Volkskörpers› vornehmen»[115]. Damit wird der einzelne als Glied des Kollektivs, ob er es weiß und will oder nicht, nur aufgrund der blutmäßigen Zugehörigkeit zum deutschen Volke in die Schuldbelastung hineingezogen: Kollektivschuld im strengen Sinne. Dann würden alle Glieder betroffen, die Täter wie die Ahnungslosen.

Die Bischöfe erwähnen beide Arten der Kollektivschuld. Im ersten Fall wäre geschichtlich nachzuweisen, daß das deutsche Volk nicht in allen seinen Gliedern eine solche Option für Hitler und seine Verbrechen vorgenommen hat. Im zweiten Falle wäre zu zeigen, daß es über der individuellen, vor Gott verantwortlichen Seele keinen überindividuellen Volksgeist, keine Kollektivseele gibt, die moralischer Handlungen in einem gesellschaftlichen «Körper» fähig ist: Kollektivschuld im strengen Sinn.

Die Widerlegung muß sich daher in beiden Richtungen bewegen, in geschichtlicher und metaphysischer. Auch die Schuld vieler individuell verantwortlich Zusammenwirkender wird kurz «Kollektivschuld» genannt, ist aber ethisch Individualschuld, weil die Gesellschaft kein eigenes Gewissen hat. Es gibt daher nur ein verantwortliches Zusammenwirken der Einzelnen miteinander. Im sozialen Geflecht wird aus einer solchen Wirkeinheit niemals eine (beseelte) Seinseinheit.

Verwerfung eines ganzen Volkes wäre eine Sache Gottes allein

«Sicher ist die Zusammengehörigkeit eines Volkes ... vor Gott nach christlicher Auffassung kein nur gedachtes Verhältnis. Daher kann der eine für den anderen bei Gott Sühne leisten. Aber spricht nicht die Hl. Schrift von einem Gericht über ganze Völker und daß sie von Gott verworfen seien? ... »

«Dieses Gericht über die Völker jedoch hat Gott sich selbst vorbehalten. Er allein erkennt kraft seiner Allwissenheit, ob ein Volk so bis in die Wurzeln vergiftet ist, daß es verdient... aus der menschlichen Gesellschaft auszuscheiden. Wollten sich die Menschen selbst dieses Urteil über ein Volk anmaßen... würden sie in Gottes Vorrechte eingreifen ... ›.»[116]

Eingebrachte Änderungsvorschläge zum «Entwurf» berücksichtigen besonders eine von Kardinal Graf von Preysing, Berlin, ausgearbeitete Eingabe.[117]

1.2 Am 23. 8. 1945 veröffentlichter Hirtenbrief[118]

«Katholisches Volk, wir freuen uns, daß Du Dich in so weitem Ausmaß von dem Götzendienst der brutalen Macht freigehalten hast. Wir freuen uns, daß so viele unseres Glaubens nie und nimmer ihr Knie vor Baal gebeugt haben, und wir wissen, daß weit über den Kreis unserer katholischen Glaubensbrüder hinaus diese gottlosen und unmenschlichen Lehren abgelehnt wurden...

Furchtbares ist in Deutschland schon vor dem Kriege und durch Deutsche während des Krieges in den besetzten Ländern geschehen.

Wir wissen und beklagen es zutiefst: viele, viele Deutsche haben sich von den falschen Lehren des Nationalsozialismus betören lassen, sind bei den Verbrechen gegen menschliche Freiheit und menschliche Würde gleichgültig geblieben; viele, viele leisteten durch ihre Haltung den Verbrechen Vorschub, viele sind Verbrecher geworden. Schwere Verantwortung trifft jene, die durch Bildung und Stellung wissen konnten, was bei uns vorging, die durch ihren Einfluß solche Verbrechen hätten hindern können und es nicht getan, ja diese Verbrechen ermöglicht, sich mit den Verbrechern solidarisch erklärt haben.

Wir wissen aber auch, daß besonders bei solchen, die in abhängiger Stellung waren, wir denken insbesondere an Beamte und Lehrer, die Parteizugehörigkeit nicht notwendig eine innere Zustimmung zu den furchtbaren Taten des Regimes bedeutete. Gar mancher trat ein in Unkenntnis des Treibens und der Ziele der Partei, gar mancher gezwungen, gar mancher in der guten Absicht, Böses zu verhüten. Es ist eine Forderung der Gerechtigkeit, daß die Schuld ... von Fall zu Fall geprüft wird.»

Die Kirche dankt hier denen, die nicht schuldig geworden sind. Viele seien aber auch im Dienste der Partei sogar zu Verbrechern geworden. Auch dieses «Wort» bietet keinen Ansatzpunkt für ein Kollektivschuld-Bekenntnis, in welchem Sinne auch immer. Das Hirtenwort setzt sich auch aus Gerechtigkeitserwägungen für die kleinen, erpreßten Parteigenossen ein.

1.3 Kerninhalt des Hirtenbriefes vom 23. 8. 1945

Da diese Verlautbarung ein Schlüsseldokument zur Schuldfrage ist, empfiehlt es sich, die Kern-Aussagen herauszustellen:

Dank an das treu gebliebene Kirchenvolk
Bekenntnis der unmenschlichen Regierungskriminalität
Beklagen des Verhaltens der von der NS-Partei Verführten
Der Gleichgültigen
Der Vorschub Leistenden
Der selbst zu Verbrechern Gewordenen
Derer, die besondere Verantwortung trugen und Rettungsmöglichkeiten hatten
Derer, die hinreichende Information hatten und Unheil hätten abwenden können
Derer, die sich mit den Verbrechen solidarisch erklärt haben

Hier begegnen uns in situativer Zuspitzung die meisten traditionellen Arten der Mitwirkung zum Bösen, das andere Hauptverantwortliche bewirken. Die Aufzählung der wesentlichen Gruppen läßt erkennen, daß es dazwischen noch viele Deutsche geben wird, die nicht unter die Genannten fallen. Also ist der Vorwurf einer Kollektivschuld auch nicht entfernt angedeutet. Die Bischöfe haben sie auch in dem nicht veröffentlichten Konzept in aller Form, d. h. im weiteren und strengeren Sinn abgelehnt.

Mehrfach ist von vielen, die innerlich treu geblieben sind, von «allen», die sich Hitler zugewandt hätten, die Rede. Nach begründeter

Schätzung im Anschluß an die Wahl vom 5. 3. 1933 darf man annehmen, daß bei weitem nicht die Hälfte der Deutschen der Hitlerbewegung und der Person des Führers innerlich anhingen.

2. In der Evangelischen Kirche

2.1 Vorbemerkungen

In der ungewöhnlichen Zeit nach der völkerrechtswidrigen Verhaftung der Regierung Dönitz am 23. 5. 1945, als die Sieger unbeschränkt über Deutschland verfügten, stand dem zum Objekt herabgesunkenen deutschen Volke kein legitimes Sprachorgan mehr zur Verfügung. Deswegen waren die Worte der christlichen Großkirchen von ungewöhnlichem Gewicht. Die katholische Kirche hatte sich am 23. 8. 1945 in einem Hirtenbrief zur Situation geäußert.

Die Alliierten haben darauf nicht reagiert.[119] Sie dürften mit der dort vorgetragenen Position auch durchaus nicht zufrieden gewesen sein. Offensichtlich hatten sie «mehr» erwartet, nachdem die angloamerikanischen Medien entschieden eine sittliche deutsche Kollektivschuld behauptet hatten. Begreiflicherweise lag eine amtliche Erklärung der Evangelischen Kirche Deutschlands (EKD) fast in der Luft. Würde eine solche den Erwartungen der Sieger weiter entgegenkommen?

2.2 Erwartungen des ökumenischen Rates an die evangelische Kirche im Sinne der Sieger

Wie wird sie sich zum Kollektivschuld-Vorwurf stellen, den die katholische Kirche in Haupt und Gliedern (von einigen Einzelgängern abgesehen) grundsätzlich abgelehnt hat? Der Generalsekretär des ÖRK (Ökumenischer Rat der Kirchen), Visser't Hooft, hatte von den Deutschen «ein Wort der Buße» erwartet[120] und damit ein Bekenntnis zur Kollektivschuld nahegelegt.

2.3 Die Tendenz des ÖRK, die EKD zu einer einseitigen Kollektivschuld-Erklärung zu bewegen

Die Sieger waren sich ihrerseits darin einig, es könnte sich nur darum handeln, daß Deutsche deutsche Schuld bekennen, ohne dabei eventuell Mitschuld der anderen Seite anzudeuten. Nach Bodenstein «Ist nur der Besiegte schuldig?»[121] Ging es der Siegerseite darum, die bedingungslose Kapitulation zu bestätigen. Der englische Baptist Aubry hat im März 1944 erklärt: «In this country our christian volk not believe that they have to repent themselves for their nations.»[122]

Eine Bekenntnis-Synode zu Spandau im Juli 1946 verfaßte einen Aufruf zur Buße, wobei neben der aktiven Versündigung des Nationalsozialismus auch auf die Zulassung des Bösen durch das ganze Volk hingewiesen wurde.[123]

Auch der Reichsbruderrat zog im August 1945 in Frankfurt das deutsche Volk in die Schuldbelastung ein und interpretierte die deutsche Katastrophe als «Das gnädige Gericht Gottes, dem man sich unterwerfen müsse».[124]

2.4 Voraussetzung für die Wiederaufnahme der Verbindung

Visser't Hooft ließ Dibelius am 25. 7. 1945 wissen, daß «für die volle Wiederaufnahme der Deutschen wichtige, innere Schwierigkeiten zu überwinden» seien. Das würde erleichtert, «wenn nicht nur über die Missetaten der Nazis, sondern auch ... über die Unterlassungssünde des deutschen Volkes, einschließlich der Kirche, offen gesprochen würde.»

So wurde klar, daß die «Schwierigkeiten» nur durch ein Schuldbekenntnis aus dem Wege zu räumen wären[125]. Auf einer Synode zu Treysa[126] wurde sehr maßvoll ein «Wort an die Gemeinden» veröffentlicht, in dem nicht von «Schuld», sondern nur von «Versäumnis der Kirche und des Volkes» die Rede ist.[127] Das lag weit unter den Erwartungen Visser't Hoofts, der von Dibelius und Niemöller unterstützt wurde.

Diese Nötigung durch die Sieger soll nicht bekannt werden. Taktisch wurde die Aufnahme der Deutschen in den ÖRK in den Vordergrund geschoben. In Wirklichkeit blieb die verlangte Schulderklärung doch Voraussetzung, die aber formal nicht zur Bedingung gemacht werden sollte, um der Öffentlichkeit deutsche Spontaneität vorzutäuschen. Man wollte vermeiden, daß die Erklärung als «Demutsgeste der Unterwerfung unter die Sieger» angesehen würde. Doch gerade auch so hat die Erklärung gewirkt.

2.5 Die Worte, um die es dem ÖRK ging

«Der Rat der EKD begrüßt bei seiner Sitzung ... in Stuttgart Vertreter des Ökumenischen Rates der Kirchen: Wir sind für diesen Besuch um so dankbarer, als wir uns mit unserem Volk nicht nur in einer großen Gemeinschaft der Leiden, sondern auch in einer Solidarität der Schuld wissen. Mit großem Schmerz sagen wir: ‹Durch uns ist unendlich großes Leid über viele Völker und Länder gebracht worden› ...»

Wichtig sind die Worte «wir ... mit unserem Volk ... in einer Solidarität der Schuld». Darum war es dem ÖRK gegangen.

Die Erklärung wurde dem Ökumenischen Rat durch Asmussen überreicht mit der Bitte: « ... tun Sie das Ihrige, damit diese Erklärung nicht politisch mißbraucht wird.»

Karl Barth, damals eine unbestrittene Autorität im deutschen Protestantismus, sah sich nun am Ziel. Er hatte eine «spontane» Schulderklärung des ganzen deutschen Volkes erwirkt, die ihm schon vor über einem Jahr in einem Artikel der «Manchester Evening News» vom April 1945 vor Augen geschwebt hatte: «Es gibt gerade in der Schuldfrage einen Ort ... wo alle Deutschen zusammengehören, und sie sollten ja nicht versäumen, diesen Ort aufzusuchen, sich also darüber offen oder stillschweigend zu verständigen: daß nicht wenige, diese oder jene, sondern in verschiedenem Maß und Sinn alle gefehlt und versagt haben, indem sie es soweit kommen ließen, wie es nun gekommen ist.»[128]

Die Bereitschaft, der Schuldlinie Karl Barths zu folgen, wurde durch die Zusage beachtlicher Lebensmittelhilfe flankiert. Jedenfalls hatte die ökumenische achtköpfige Delegation, von der sieben Mitglieder zu den Siegermächten zählten, ihr Ziel, für ganz Deutschland eine erste Erklärung über die Solidarität der Schuld (= Kollektivschuld) abzugeben, erreicht. Der Gedanke einer Mitschuld der Sieger konnte nicht einmal angedeutet werden.

2.6 Fragen im Anschluß an dieses Schuldbekenntnis

(1) Mit welcher Vollmacht hat der Rat der EKD diese Erklärung für alle Deutschen, auch für die Ungläubigen und Katholiken, abgegeben, obwohl die katholische Kirche, der Papst und die deutschen Bischöfe, eine Kollektivschuld entschieden in Abrede gestellt hatten?
(2) Liegt hier nicht eine exzessive Kompetenzüberschreitung vor?
(3) Ist der ÖRK mit sieben Vertretern der Siegermächte die Instanz, die solche Erklärungen betreiben soll und annehmen kann?
(4) Ist die vom ÖRK betont gewünschte «Spontaneität» der deutschen Verfasser nicht fast eine Farce?
(5) Wie will Barth seine Behauptung begründen, daß neben den Tätern und Sympathisanten alle anderen mitschuldig werden, weil sie es soweit kommen ließen, wie es gekommen ist?

2.7 Entwertung durch Alleingang der EKD?

Ohne katholische Kirche und andere Gruppen bei so starkem Antrieb der Siegerseite dürfte die Botschaft eher an Gewicht verlieren.

Trotzdem eignete sie sich hervorragend zur Einschüchterung der Deutschen zu einem weithin würdelosen und widerstandslosen Verhalten im Sinne der Umerziehung durch die Sieger, auf die wir noch kommen werden.

2.8 Beide Verlautbarungen im Vergleich

Die katholischen Bischöfe erinnern konkret an das spezifische Versagen der Christen im totalen NS-Staat. Sie distanzieren sich von der Kollektivschuld-These in jeder Gestalt. Dadurch werden die Darlegungen lebensnaher und griffiger. Sie anerkennt die Schuld vieler. Es handelt sich dabei «um Millionen und Millionen des gesamten Kirchenvolkes». Das Stuttgarter Bekenntnis ist entscheidend durch die Suggestionen der Ökumene-Vertreter angeregt und inhaltlich mitgeprägt worden. Vor allem hat die evangelische Kirche es unterlasen, die Grenze zwischen politischer Zweckaussage und vor Gott zu bekennender persönlicher Schuld ins Gespräch zu bringen. Umgekehrt leugneten die katholischen Bischöfe nicht die Notwendigkeit der gerichtlichen Prüfung und Bestrafung nachgewiesener (nicht nur vermuteter) Verbrechen. Immer müsse die einzelne Schuld ans Licht gebracht werden. Damals gehörte auch Mut dazu, für eine vorurteilsfreie Durchführung der Entnazifizierung zu plädieren, gerade in den Fällen der kleinen Beamten, Lehrer, die in besonderer Weise dem Druck des Terrors ausgesetzt waren.

3. Stellungnahme zur Schuldfrage in der geisteswissenschaftlichen Literatur 1945/46

3.1 J. W. Naumann (1897–1956)

Der um die katholische Publizistik verdiente Autor hat in seiner Zeitschrift «Neues Abendland»[129] acht Beiträge zur Schuldfrage gebracht, deren Thematik allerdings nicht inhaltlich abgestimmt ist, was der Herausgeber mühsam durch das Editorial (1–4) zu ergänzen sucht.

«Noch ist es zu früh, die Frage vor der Geschichte zu behandeln, weil wir mitten im Erleben stehen, mitten in den Auswirkungen eines Abschnittes aus der Geschichte unseres Volkes. Ohne Zweifel des dunkelsten; denn jegliche geschichtliche Wirklichkeit... des verschrienen Mittelalters erblaßt vor dem Abgrund, in den unser Volk versunken ist. Und doch gab es auch früher ungeheure Grausamkeiten eines Dschingis Chan (†1227), Begründer des mongolischen Reiches, eines Tamerlan (Timur), Mongolenherrscher und gefürchteter Eroberer († 1405), und eines Attila (Hunnenherrscher, †453), alles grausame und blutdürstige Diktatoren... Es gab Pogrome und Massenmorde, ehedem sie heute die Welt in Schrecken gesetzt haben... es gab nichts,... was sich in der Geschichte nicht im Kreis wiederholte. Es hieße... die geschichtliche Wahrheit zur Dirne zu erniedrigen, wollte man behaupten, die Geschichte sei bisher frei gewesen von Teufeln und Dämonen... die ihrem Jahrhundert den Stempel aufgedrückt haben...

Die Gegenwartsverbrechen sind für Naumann also schwerwiegend, aber sie werden nicht verabsolutiert. Er stellt sie in die Gesamtgeschichte hinein und spricht von diesmal gesteigerter Wiederholung des Bösen, denn Teufel und Dämonen seien immer am Werk. Sie erzählt dann von Typen des geschichtlichen Versagens, die persönlich gesündigt haben dürften. Die Darstellung bleibt aber im Rahmen der Auswirkung der (menschlichen) Gebrechlichkeit und stützt keine Kollektivschuld des deutschen Volkes.

Naumann leistet somit einen frühen Beitrag zum späteren Historikerstreit im Sinne des abendländisch-christlichen Geschichtsdenkens.

3.2 Karl Klinkhammer

Er war Schutzhäftling und Strafgefangener, ist aber besorgt, daß weite Kreise die Ablehnung der Kollektivschuld durch Papst Pius XII.[130] als allgemeinen Schuldfreispruch verstünden.[131] Er weist daher stark auf konkrete, faßbare Schuld hin, von der er auch die Bischöfe nicht ausnimmt. Trotz theoretischer Ablehnung der Kollektivschuld-Theorie betont er eine «richtig verstandene Gesamtschuld» im religiös-sittlichen Raum, die der Einzelne als Glied der ihn tragenden Gemeinschaft mitzutragen hat.

Demgemäß fordert er «Sühne für Einzelschuld und Gesamtschuld... die der einzelne als Kind seiner spezifischen Gemeinde zu tragen hat», ohne aber die Eigenart dieser Gesamtschuld, die natürlich in die Nähe der Kollektivschuld kommt, näher zu begründen und gegen die kirchlich mit Recht abgelehnte Kollektivschuld abzugrenzen. Mit Blick auf den deutschen Episkopat bemerkt er: «Die von Gott Beauftragten haben uns in dieser Aufgabe nicht unterstützt.»[132]

3.3 Eduard Hengstenberg

Der 1904 geborene Philosoph hat mit seinem Bekenntnis zur Lehre der Kirche, die die Kollektivschuld-These entschieden ablehnt, die Befürchtung, die klaren Worte der Kirche, vor allem die des Papstes, gegen die Kollektivschuld-These könnten mißverstanden werden und zu einem Selbst-Freispruch Deutschlands von aller Schuld führen. Dabei kommt Hengstenberg der theoretisch abgelehnten Kollektivschuld-These so nahe, daß er sich kaum noch von ihr absetzt. Mit aller Klarheit schreibt er zunächst: «Schuld ist etwas Persönliches... ein Volk kann keine Person sein, deshalb auch kein Träger von Schuld», um dann aber doch von einer «Gesamtschuld» zu sprechen.

Der Sache nach akzeptiert er aber das für die Kollektivschuld-These entscheidende Moment: «Der Einzelne (kann) eine Schuld tragen, die ihm von einem anderen Glied der Gemeinschaft überkommen ist... Es gibt eine Schuldgemeinschaft. Immer wirkt sich das reale Band der Gemeinschaft aus.» Dann heißt es weiter, persönliche Bestrafung verdiene nur persönliche Schuld. Und diese «Gesamtschuld» wird doch dann wieder zu einer rein «objektiven» Schuld vor Gott. Damit hört sie – in widersprüchlicher Weise – wieder auf, echte Schuld zu sein, denn solche ist in den subjektiven Voraussetzungen verwurzelt.

Aber entscheidend ist, daß Hengstenberg Tatschuldige und persönlich Unschuldige doch unter die gleiche «Gesamtschuld» stellt. Erweist sich dadurch seine «Gesamtschuld» nicht doch als eine nur dürftig kaschierte Kollektivschuld? Erstaunlich ist, daß er die Kollektivschuld eines Unschuldigen nur durch eine positiv göttliche (Willkür-)Anordnung mit dem so Betroffenen verbunden sein läßt.

Diesen Gedanken hätte er zur Vermeidung von Mißverständnissen präzisieren müssen. Denn Gott läßt ja auch größte Verbrechen und Ungerechtigkeiten zu, die gegen seine Ordnung sind.

Darf sich der Christ also nicht gegen schreiendes Unrecht einsetzen? Kann er das mit dem Hinweis auf Gottes Zulassung wirklich befriedigend erklären?[133] Hengstenberg und Klinkhammer bieten hier ein wenig profiliertes Bild. Theoretisch wollen sie der traditionellen Lehre beipflichten, praktisch bereiten sie aber der Kollektivschuld-These den Weg.

3.4 Konrad Adenauer[134]

Aufgrund persönlicher, ihn offensichtlich verletzender Erfahrungen erwiderte Adenauer in einem Brief vom 23. 2. 1946 dem befreundeten P. Pribilla SJ.[135] Dieser war Schriftleiter der «Stimmen der Zeit» und brachte im ersten wiedererscheinenden Heft (1946) seinen Beitrag «Das Schweigen des deutschen Volkes». Einen Entwurf dazu hatte er Adenauer im Februar 1946 zugesandt. Mit einer engagierten Stellungnahme sandte Adenauer seine Bemerkungen an P. Pribilla zurück. Er erklärt dazu:

«Ich würde den Artikel nicht erscheinen lassen. Nach meiner Meinung trägt das deutsche Volk, auch Bischöfe und Klerus, an den Vorgängen in den Konzentrationslagern Schuld. Richtig ist, daß nach 1933 nicht mehr viel zu machen war. Die Schuld liegt früher. Das deutsche Volk, auch Bischöfe und Klerus, sind auf diese Agitation eingegangen. Es hat sich fast widerstandslos, ja zum Teil mit Begeisterung (bes. nach der Machtergreifung), gleichschalten lassen. Darin liegt seine Schuld.»

Dieser Kritik des politischen Verhaltens folgt eine bohrende Nachfrage, welches Zeugnis die Kirche damals in ihrem eigentlich religiösen Auftrag abgelegt hätte und warum sie das versäumt hat (z. B. denen, die Unrecht leiden, deutlich beizustehen). Adenauer gibt zu, daß die Zustände in den KZ nicht im ganzen Ausmaße bekannt waren, um dann aber doch auf die unterbliebenen Einsprüche in bezug auf das notorisch Bekannte hinzuweisen.

«Die Öffentlichkeit wußte doch, wie die persönliche Freiheit mit Füßen getreten wurde ... daß beispiellose Grausamkeiten in Polen und Rußland zur Praxis der SS gehörten. Der Episkopat hätte aber diese Regierungskriminalität gegen das Naturrecht, die Haager Konvention und gegen die einfachsten Gebote der Menschlichkeit zu geduldig hingenommen.»

Hier hatte Adenauer ein unerbittliches Urteil.

«Es wäre Sache der Bischöfe gewesen, öffentlich dagegen Stellung zu nehmen. Für die Unterlassung gäbe es keine Entschuldigung. Hätte der Episkopat damals gesprochen, so würde Deutschland heute vor dem Ausland und vor der Nachwelt gerechtfertigter dastehen, als es jetzt der Fall sein wird.»

Daher gab er seinem Freunde P. Pribilla den Rat: «Man schweigt am besten ... »

3.5 P. Max Pribilla SJ

Seine Kritik liegt auf der Linie Adenauers: «Es ist Tatsache, daß der Einfluß der christlichen Kirchen nicht ausgereicht hat, die Grausamkeiten in den Konzentrationslagern und die sonstigen Greueltaten der Nazis zu verhindern. Ja, das Bekenntnis ist notwendig: Wäre das Christentum in Deutschland und im ganzen Abendland lebendiger gewesen, dann hätte es nie ein Drittes Reich mit allen seinen Verfallserscheinungen gegeben. Es ist auch Tatsache, daß der Protest der christlichen Kirchen gegen den Nationalsozialismus nach Inhalt und Form nicht so eindeutig und scharf gewesen ist, wie wir es als Christen angesichts der ungeheuren Verbrechen in nachträglicher Rückschau wünschen möchten. Gleichwohl bleibt es wahr, daß das gläubige Christentum die einzige geistige Macht war, über die der Nationalsozialismus nicht Herr geworden ist und die noch aufrecht stand, als er zusammenbrach.»[136]

Er nennt die «ungeheuren Verbrechen» des Dritten Reiches beim Namen, ohne aber eine Kollektivschuld anzudeuten. Später hat P. Pribilla den Text ergänzt:

«Gehaßt, verleumdet und verfolgt, aus dem öffentlichen Leben ausgestoßen und seiner Presse beraubt, in seiner Tätigkeit beengt, gefesselt und überwacht, hat es (das Christentum) in einer Zeit, wo so vieles stürzte und so viele schwankten oder schwiegen, Haltung bewahrt und sich nicht vor den Götzen des Tages verbeugt. Unter den schweren Bedrückungen hat es nicht aufgehört, Gottes Wort und Gesetz zu verkünden und sich schützend vor die vergewaltigte menschliche Persönlichkeit zu stellen. Auch im Hinblick auf die Schwächeerscheinungen, die gewiß nicht fehlten, hätte mehr und Nachdrücklicheres geschehen sollen, darf (man) doch billigerweise nicht die Augen vor dem vielen Guten verschließen, das unter den Erschwernissen aller Art trotz einem sich ständig verschärfenden Terror geschehen ist.»[137] An dem Vorwurf des Schweigens der Bischöfe zu den Untaten des Regimes hält er unüberhörbar fest.

Die Kritik P. Pribillas an den Hirten der Kirche ist unüberhörbar. Repgen bietet dazu entlastende Momente:

Auch Adenauer kritisiere nicht nur die Kirche, er respektiere auch ihre Leistung im Terrorstaat. Trotz seiner kritischen Note erklärt er, auch die deutschen Sozialisten waren «nicht so widerstandsfähig gegenüber dem NS gewesen» wie die katholische Kirche.

Die kirchenpolitische Umstellung nach der Machtergreifung Hitlers ist durch Kardinal Bertram, Breslau, den Vorsitzenden der Fuldaer Bischofskonferenz, erst am 28. 3. 1933 erfolgt, als sich die Politiker bereits nach der Machtergreifung mit der neuen Situation abgefunden hatten und die Demokratie durch Annahme des Ermächtigungsgesetzes (24. 3. 1933) bereits preisgegeben war. Im damaligen

Augenblick war auf unabsehbare Zeit an den politischen Entscheidungen nichts mehr zu ändern, und es legte sich zunächst nahe, eine Möglichkeit abzuwarten, um mit der neuen Regierung politisch zumutbar ins reine zu kommen.

4. Stellungnahme anderer Kreise

4.1 Aus einem Aufruf der «Aktion Sühnezeichen» (1958)

«Wir haben den Zweiten Weltkrieg begonnen und damit mehr als andere unmeßbares Leid der Menschheit verschuldet. Deutsche haben in frevlerischem Aufstand gegen Gott Millionen von Juden umgebracht. Wer von den Überlebenden das nicht gewollt hat, hat zu wenig getan, das zu verhindern.»[138]

Die aus hohem, aber noch nicht ausgewogenem Ethos stammende Erklärung erinnert an den empörten – und auch übertreibenden – Ausruf Menachim Begins. Aber jetzt wird doch schon innerhalb der Schuldigen unterschieden: Das kollektive Verdikt über die Deutschen lautet nicht mehr, alle seien Mörder, sondern neben den tatsächlichen Mördern werden die Sympathisanten von Mördern erwähnt. Unter den Überlebenden werden auch die gesehen, die «das nicht gewollt» haben, also vom Vorwurf, Mörder oder deren Sympathisant zu sein, frei sind. Doch kommt auf diese bei Begin nicht genannte Gruppe eine neue, aber offensichtlich abgestufte Belastung zu: Überlebende hätten nichts zur Verhinderung der Verbrechen getan.

Wie will Berndt diese Behauptung beweisen? Ethisch ist nicht der Erfolg, sondern die ehrliche Absicht, verbunden mit dem Einsatz angemessener Mittel, maßgeblich. Woher will er wissen, was alles getan worden ist, aber trotz bester Absicht im Widerstand nicht zum Ziel geführt hat bzw. garnicht gewagt werden konnte? Vor Gott und dem Gewissen gilt der Versuch, auch wenn er mißglückt und deswegen meist unbekannt geblieben ist. Wird Berndt jetzt nicht durch unbewiesene, kollektive Schuldbelastung anderer selbst schuldig? In Zweifelsfällen steht das Präjudiz für Freispruch von Schuld, d.h. Berndt kann diese Behauptung ethisch nicht verifizieren. Nur im Denken des totalen Staates wird diese Regel umgekehrt. Leitlinie ist dann: der nur Verdächtigte wird als zu «Recht» Verurteilter behandelt. Ist das der «Aktion Sühnezeichen» zum Bewußtsein gekommen? Oder fehlte es an unbestechlicher Sehschärfe?

4.2 Die Kollektivschuld-These bei Jürgen Habermas: Niemand kann sich aus diesem Milieu herausstehlen

«Nach wie vor gibt es die einfache Tatsache, daß auch die Nachgeborenen in einer Lebensform aufgewachsen sind, in der das möglich war. Mit jenem Lebenszusammenhang, in dem Auschwitz möglich war, ist unser eigenes Leben nicht etwa durch kontingente Umstände, sondern innerlich verknüpft... Niemand kann sich aus diesem Milieu herausstehlen, weil mit ihm unsere Identität als Individuen wie als Deutsche unauflöslich verwoben ist. Aber was folgt aus dieser existentiellen Verknüpfung mit Traditionen und Lebensformen, die durch unaussprechliche Verbrechen vergiftet worden sind? Für diese Verbrechen konnte einmal eine ganze zivilisierte, auf Rechtsstaat und humanistische Kultur stolze Bevölkerung haftbar gemacht werden – im Jasperschen Sinne einer kollektiven Mithaftung.»[139]

Jaspers hatte 40 Jahre früher zwischen der persönlichen Schuld der Täter und der kollektiven Haftung derer unterschieden, die es aus verständlichen Gründen unterlassen hatten, etwas gegen das Regime zu tun.

Durch die kritische Durchleuchtung der deutschen Traditionen zur kompromißlosen Fügsamkeit unter die Sieger?

Neben der «geschuldeten ... Erinnerung» (Trauerarbeit) geht es Habermas um die Einstellung zu den Traditionen unseres Volkes, die nicht «unkritisch», sondern nur «gefiltert» übernommen werden dürften.

«Nach Auschwitz können wir unser nationales Selbstbewußtsein allein aus den besseren Traditionen unserer... kritisch angeeigneten Geschichte schöpfen. Wir können unseren nationalen Lebenszusammenhang... einzig im Lichte solcher Traditionen fortbilden, die einem durch die Katastrophe belehrten, argwöhnischen Blick standhalten.»[140]

Daraus folgt, daß Deutschland kein Recht habe, auf das Unrecht anderer hinzuweisen, weil das eigene so erschlagend, einzigartig sei, daß es seine nationalen Traditionen und Verhaltensweisen, die zur Katastrophe unter Hitler geführt hätten, lassen müsse? Das kommt den Zielen der von den Siegern auferlegten «Umerziehung» sehr nahe. Deutschland habe ja in seinem «nationalen Lebenszusammenhang ... eine unvergleichliche Versehrung der Substanz menschlicher Zusammengehörigkeit zugelassen»[141]. Die Antwort wird im Kapitel VIII über die Kollektivschuld im strengen Sinn versucht.

5. Rückblick und Vorschau

Das Kap. III hat den Versuch gemacht, die Bewußtseinslage der Deutschen zur Zeit, da die Besiegten ohne «Sprachrohr» waren, in einigen charakteristischen Äußerungen festzuhalten: In den Worten der beiden großen Kirchen, in den ersten Früchten der wieder aufkeimenden schönen Literatur und in anderen Äußerungen. Bei den Schriftstellern (unter 3) finden sich erhebliche Anklänge an die Kollektiv-Schuldthese, eindeutig und entschieden im Bekenntnis der EKD und bei J. Habermas. Die amtlichen Verlautbarungen der katholischen Kirche haben dagegen im Sinne P. Pius XII. die Kollektiv-Schuldthese als irrig abgelehnt. Damit wird festgehalten, was der Mensch auch ohne Offenbarung sicher erkennen kann. Im Zusammenhang mit der Kollektivschuld wendet sich die Arbeit nunmehr dem erschütterndsten, in deutschem Namen vollzogenen Verbrechen, der Scho-ah, an den Juden zu (Kap. VI).

Kapitel V

Der nationalsozialistische Terror – Die Vernichtungsideologie – Der Widerstand

Menschliche Eigenverantwortlichkeit hat ihre Grenzen, die sie einengen, verstümmeln oder gar aufheben. Darunter zählt die Moralpsychologie den Schock, die Angst und schwere, von außen eingeflößte Furcht, wie sie in einem Terrorstaate verbreitet werden.

1. Terror: sein Wesen – ein charakteristisches Merkmal des totalen Staates

Er bedeutet rücksichtslose Schreckensherrschaft, die äußere Zwangs- und schreckenerregende Mittel einsetzt, um den widerständigen Willen des Opfers zu brechen und für eigene abwegige Ziele gefügig zu machen. Je nach dem Grade des Schreckens und der Furcht mindert sich die Eigenverantwortlichkeit des Bedrängten. Das gilt für den normalen Ablauf des Lebens, in dem sich solche Situationen – wenn auch selten – vor allem durch die Skrupellosigkeit anderer ergeben können. Erst recht gilt das für Gesellschaften, in denen sich terroristische Bedrohung zum Dauerzustand entwickelt hat. Wie frei bzw. wie bedrängt und vergewaltigt sind die Menschen unter Hitler gewesen? Der einzigartige Terror der Jahre von 1933–1945 brachte das deutsche Volk, soweit es sich nicht widerstandslos fügte, in einen unbarmherzigen, eisernen Würgegriff. Ohne Kenntnis des Terrors läßt sich auch das weithin feststellbare Nachgeben gegenüber dem Parteidruck nicht angemessen beurteilen. Millionen Deutsche waren nicht böse, sind aber mit brutalen Mitteln zu Bösem gedrängt worden.

Neben der raffiniert arbeitenden Lügenpropaganda[142] stellt der Terror das «erfolgreiche» Mittel der Unterwerfung der Gesellschaft durch Vergewaltigung dar. Dem Ausland ist es lange verborgen geblieben. Auch in Deutschland selbst gibt es Kreise, die kaum eine Ahnung davon haben. Die augenblicklich wichtigsten Quellen für das Leben im

Terrorstaat bieten die «Deutschlandberichte der SPD, 1934–1940», die erst seit 1980 zugänglich geworden sind.[143]

«Der Terror wird als integraler Bestandteil der totalitären NS-Herrschaft begriffen.» Er wurde schon seit Sommer 1933 versteckter und hinterhältiger und begleitete den «Volksgenossen» auf Schritt und Tritt. Der Repressionsapparat in Polizei, Justiz, der SS und des SD arbeitete immer geräuschloser.[144] Als komplementierende Methode trat die Massenpropaganda, die immer «neue Wogen der Zustimmung» und Verdrängung der Verbrechen erzeugen sollte, dazu. Das Regime brauchte diese dauernde Massenakklamation. Der Terrorstaat ist das unmenschliche Gegenstück zum Rechtsstaat.

1.1 Führerwille und NS-Weltanschauung sind Fundamente des «Rechtes»

«In einem Regime, dessen Verfassungswirklichkeit durch den Führer absolut bestimmt wurde, war die Entwicklung von Recht und Justiz abhängig von Hitlers persönlicher Vorstellung zum Recht... Er anerkannte keine Grenze, die das normative Recht der Macht und damit auch der Willkür und Gewalt setzt... «[145]

Dem Terror sind damit praktisch keine Grenzen gesetzt. Es gibt keinen Schutz des Persönlichkeitsrechtes mehr. Erstrangiges «Recht» blieben der Führerwille und das aus der NS-Weltanschauung abgeleitete «gesunde Volksempfinden». Andere Auffassungen galten als Krankheitssymptome, die ausgemerzt werden müßten. Zur Erfüllung dieser Aufgabe muß die Partei in der Lage sein, unabhängig von jeder anderen Bindung jedes zur Erreichung des Zweckes geeignete Mittel anzuwenden».[146] Schon die «Verordnung zum Schutze von Volk und Staat» (28. 2. 1933), die die Grundrechte außer Kraft gesetzt hatte, ermöglichte einen gnadenlosen Kampf gegen «politische Verbrechen», die dem ordentlichen Rechtswege entzogen und Sondergerichten zugeordnet wurden. Gegen «Schutzhaft» gab es in der Tat kein Rechtsmittel. Die politische Polizei entschied, ob jemand freikam oder im KZ landete.

1.2 KZ als Terror-Domäne der SS – Die Terrorgesetze als «gesetzliche» Fundierung des Terrors

Die KZ entwickelten sich zur «Domäne der SS», deren Reichsführer Himmler wurde. In allen Ländern wurde er Chef der politischen Polizei, die dadurch in den Verfolgungsapparat der SS einbezogen wurde. Die Zahl der KZ-Insassen nahm bis zum Ende des Krieges stetig zu. Broszat[147] hält für den 15. 8. 1944 eine Belegzahl von 379 167 Männern und 145 119 Frauen fest.

Das Heimtückegesetz[148] drohte für jede Kritik der Machthaber schwere Strafe an und bot die «Rechtsbasis» für die Verfolgung aller der Partei nicht genehmen Äußerungen. Für Hochverratsprozesse wurde der Volksgerichtshof geschaffen.[149] «Die Pervertierung des Strafrechtes läßt sich mit erschreckender Deutlichkeit an einer bisher noch nie dagewesenen Häufung von Todesstrafandrohungen» ablesen.[150] «Auch wer (nur) den Willen ... zur wehrhaften Selbstbehauptung ... zu zersetzen suchte, hatte mit seinem Kopfe zu bezahlen».[151]

1.3 «Weicher Terror»: pausenlose Berieselung durch Kundgebungen und Medien

Die NSDAP wußte sehr gut um die verführerische Macht der Massenbeeinflussung, die die restlos gleichgeschalteten Medien und überdimensionalen Massenkundgebungen mit aufreizender Thematik auf die Massen ausübten. Diese waren soziologisch nicht ungeformte Menschen, sondern parteiorganisatorisch strukturierte Massen, die sich durch Erregbarkeit, Überschwang, Kritiklosigkeit, aber auch durch Ungeduld und tiefe Bewegtheit der emotionalen Kräfte auszeichneten. Sie sollten sich an die Strukturen des religiösen Glaubens, allerdings ohne Vernunftbasis, anlehnen.

Die dem christlichen Glauben als vertrauensvolle Hingabe eignende Sicherheit beruht auf einem rationalen, vom Herzen übernommenen Glaubwürdigkeits-Urteil.

Ein solches konnte für Hitler nicht gefällt werden. Dabei kam Hitler auch sein manchmal hervortretender Charme zugute, der viele einfach entzückte und auf dieser Ebene «überzeugte». In der Masse wird das menschliche Verantwortungsbewußtsein gemindert.

1.4 Eine wenig bekannte Art des Terrors: «Fliegende SS-Standgerichte» als Instrument der Einschüchterung in Frontgebieten

Am 30. 1. 1945 erklärte mir der Chef eines «Fliegenden Standgerichtes», mit dem ich wegen der für den nächsten Morgen um 7.30 Uhr angesetzten Vollstreckung von soeben ausgesprochenen Todesurteilen dreier aufgegriffener Fahnenflüchtiger zu tun hatte, als er meine Betroffenheit bemerkte: «Herr Pfarrer, darin sind wir uns doch wohl einig: wer heute am Endsieg zweifelt, hat das Recht weiterzuleben verspielt.»

Seine Worte hatten folgenden Hintergrund: Einer der Todeskandidaten, ein Leutnant, hatte von seiner Dienststelle in Danzig noch ausnahmsweise einige Tage Urlaub anläßlich der Geburt seines ersten Kindes bekommen und war mit Urlaubsschein nach Hirschberg über Görlitz ordnungsgemäß in Marsch gesetzt worden. Beim Verlassen seiner Dienststelle hatte er seinem «Spieß»[152] gegenüber sinngemäß geäußert: «Also auf Wiedersehen![153] Wir werden uns wohl kaum wiedersehen, denn der Laden bricht doch spürbar zusammen.»

Sein Spieß hatte ihn angezeigt. Die Reiseroute war bekannt. Vierzig Kilometer vor seinem Zielort Hirschberg wurde er in Görlitz festgesetzt, verurteilt und am nächsten Morgen auf dem Kasernengelände mit zwei Kameraden erschossen.

1.5 Angst, Furcht und Druck mindern die Freiheit

Der hier knapp umrissene Terror war ein innerlich stabilisierendes Element des NS-Staates. Je deutlicher sich dessen Ende näherte, um so brutaler wirkte er sich aus, wie das letzte Beispiel zeigt. Dieser Umstand muß bei der moralischen Beurteilung des Nachgebens und des Stillschweigens zu NS-Unrecht gebührend berücksichtigt werden. Durch Terror waren sich die einfachen Menschen weitgehend selbst entfremdet.

Nicht jeder, der in einer ungewöhnlichen Situation psychisch versagt hat, ist moralisch ein Verbrecher, wie die Kollektivschuld-These «großzügig» in ahnungsloser Unkenntnis der realen, damaligen Lage unterstellt.

Wer im Würgegriff von NS-Partei und Staat leben mußte, war nicht mehr frei. Seine politischen Entscheidungen müssen ja unter Angst, Druck, Terror gefällt werden.

Das ist etwa auch heute der Fall, wenn jemand Terroristen in die Hand fällt. Wer zur Rettung seines Lebens diesen «gehorcht», gibt damit keine Zustimmung zu dem, was sie wollen, sondern er setzt einen geringeren Wert für den irdischen Höchstwert, das Leben bzw. die Freiheit, ein.

Die Ethik sagt daher, Furcht und Angst mindern die Wahlfreiheit und damit auch die Verantwortlichkeit des Menschen. Er ist nur noch eingeschränkt verantwortlich und würde erklären: Unter normalen Verhältnissen wäre mir so etwas nie in den Sinn gekommen.

Es ist schwer verständlich, wie man einem ganzen Volke nun eine eigenverantwortliche freie Grundzustimmung zum NS-Regime und seiner Regierungskriminalität anlasten kann – angesichts der erheblich eingeschränkten Freiheit.

Jedenfalls darf man nicht unterstellen, daß die weithin unter Druck erzwungene Entscheidung aus ruhiger abgewogener Überlegung stammte, in der sich der Personenkern äußert, als wäre eine der inneren Neigung und Überzeugung entsprechende Erklärung abgegeben worden. Das mag in vielen Fällen zutreffen, aber eben bei weitem nicht in allen.

Auch in der Auseinandersetzung mit der Terrorsituation können Feigheit, Angst, Verwirrung usw. einfließen. Aber diese Schwächen machen den Menschen dann zum Schwächling, nicht zum Sympathisanten und Verschworenen der NS-Weltanschauung, am wenigsten zu einem Verbrecher.

Die Auseinandersetzungen mit dem Regierungsterror fordern einem wehrlosen Volk viel ab. Daher muß es verständnisvoll aus den konkreten damaligen Situationen beurteilt werden, nicht von der Basis unserer heutigen Rechtsstaatlichkeit, die uns als selbstverständlich erscheint.

Menschen, die die Verhältnisse nicht erlebt und auch nicht genügend studiert haben, können sich nicht auf das hohe Roß eines Richters schwingen. Sie verletzen damit aber ein Grundgesetz historischer Forschung, nämlich die Menschen aus ihrer konkreten Situation zu beurteilen. Ideologisch brennende, aber geschichtlich und psychologisch nicht gebildete Instanzen können hier viel Unrecht anrichten.

Auf der anderen Seite wird man zugeben müssen, daß viele auch erträgliches Risiko nicht gewagt und feige nachgegeben haben.

1.5.1 Ein schwaches Abwehr-Instrumentarium

Als dem Christen mögliche Kampfinstrumente gegen Terroristen verbleiben neben der meist von vornherein aussichtslosen physischen Notwehr oder Flucht die äußere, materielle Mitwirkung mit dem Tun des Bösen bei weiterem inneren Widerstand (nur mit der Hand, nicht mit dem Herzen mitwirken). Daneben bleibt der sog. innere Vorbehalt, vermöge dessen nicht die ganze Wahrheit gesagt, sondern nach Kräften geschwiegen und der Hörende desorientiert wird.

Die materiell äußerliche Mitwirkung setzt eine Güterabwägung voraus, dabei darf der niedere Wert für den jeweils höheren eingesetzt werden.

Wieviel Kummer hat z. B. der Druck, die Hitlerflagge zu zeigen und mit «Heil Hitler!» zu grüßen, für überzeugte Christen bewirkt. Wir stehen hier vor Handlungen mit zwei Wirkungen[154], von denen man die eine will, nämlich die, die den höheren Wert retten möchte, und die andere, die man als untrennbare Wirkung nur leidigerweise in Kauf nehmen darf. Also konkret: entweder Ablehnung des Hitler-Grußes oder Entlassung aus dem Schuldienst.

Das war abzuwägen: Was – Wofür?

1.5.2 Die Grenzen des Was-Wofür? – Die unaustauschbaren Höchstwerte

Ein solcher «Tausch» ist aber nicht beliebig fortsetzbar. Er hat an den höchsten menschlichen Gütern seine Grenze. Letztere dürfen nie preisgegeben werden.

Deswegen verlangt der Herr auch eine blutige Kreuzesnachfolge, wenn es um die gläubige Grundbeziehung zu Gott und um den Nächsten als Menschen geht. Es gibt keinen irdischen Vorteil oder Wert, der die Preisgabe Gottes oder die unmenschliche Behandlung des Mitmenschen aufwiegen könnte. Der Mitmensch darf nie, auch nicht unter Druck, unmenschlich behandelt werden.[155] Das ist die christlich-abendländische Logik, auch gegenüber wehrlosen Ungeborenen. Ihr Dasein darf nicht zugunsten eines behaupteten Lebensvorteils der Mutter angetastet werden, denn die größere Lebensbequemlichkeit der Mutter kann mit dem Lebensgut des Kindes auch nicht nur entfernt verglichen werden. Für ein christliches Gewissen kann es auch nie einen hinreichenden Grund geben, unter dem Druck der Partei aus der Kirche auszutreten. Hier war die Grenze christlicher Konsequenz unerbittlich erreicht.

2. Ideologie der Vernichtung der «Minderwertigen»

2.1 Terror und NS-Ideologie

Was kennzeichnet nun den totalenStaat neben dem Terror, von dem bisher die Rede war? Als zweites Merkmal ist eine den totalen Staaten verordnete Weltanschauung eigentümlich, in der die führende Partei die letztgültige Wahrheit des Lebens und der Geschichte unfehlbar verkündet. Sie gibt den Antrieb zum Handeln. Unsere Generation hat drei solcher totaler Staaten und deren Unterganges erlebt: Die Sowjetunion mit Lenin († 1924) und Stalin (†1953), Italien mit Mussolini (†1945) und Deutschland mit Hitler († 1945). Das den Parteien verfügbare, «unfehlbare» Wissen ermöglichte es, die Zukunft gleichsam hochzurechnen, deren Dynamik zu fördern und sich ihr anzuschließen (in der Sowjetunion hieß das Grundstichwort «Klassenkampf», in Deutschland «Rassenkampf»). Hier wie da hat der physisch Stärkere «Recht». Wer sich der Wahrheit der Partei anschließt, d. h. ihre Thesen als eine Art Religionsersatz annimmt, segele in eine vom Weltsinn vorgegebene Zukunft der menschlichen Erfüllung, wer sich dem NS verweigert, könnte nur an der «Müllkippe der Geschichte» enden. Dabei dürfen die Schädlinge bedrängt, ja ausgerottet werden. Insofern war der Holocaust durch das weltanschauliche Programm einbezogen.

2.2 Die SS mußte zu diesem blutigen Handwerk aufgemuntert werden

In einer Rede in Posen vom 4. 10. 1943 führte Himmler vor SS-Männern aus: «Von euch werden die meisten wissen, was es heißt, wenn 100 Leichen beisammen liegen, wenn 50 daliegen, wenn 1000 daliegen. Das durchgestanden zu haben und dabei ... anständig geblieben zu sein, das hat uns hart gemacht. Dies ist ein niemals geschriebenes und niemals zu schreibendes Ruhmesblatt unserer Geschichte.» [156] Die SS hatte den Auftrag, Massen zu liquidieren.

2.3 Das biologische Gesetz der Auswahl der Vitalsten ist höchste Norm

Durch Auswahl der Natur blieben die Gesündesten erhalten. Das sei der Sinn von Welt und Leben. Recht primitiv wird dabei das Gesetz des Überlebens, das auf freier Wildbahn gilt, auf den Menschen übertragen. Damit sind auch die Inhalte von «Gut» und «Böse» neu bestimmt: Das (völkisch) Gute liege auf der Ebene des Biologischen. Hier herrscht ein Biologismus, der keine Geistseele mehr kennt und folgerichtig Recht und Unrecht rein biologisch bestimmt. Das biologisch Starke und Gesunde ist *das* Gute, das biologisch Kranke, Schwache, Rassenfremde ist das Minderwertige und das Böse. Es gibt also – wie es gegenwärtig verdeckt in der Diskussion um sittliche Beurteilung der Abtreibung zum Ausdruck kommt – lebenswertes und lebensunwertes Leben. Hitler war in seiner Weltanschauung nur folgerichtig, wenn er «lebensunwertes» Leben zu töten gestattet, wenn die SS ihren «Lebensborn» pflegte, in dem rassisch gesunde Kinder gezeugt wurden oder, wenn die Mädchen für die Ferien den Wunsch mitnehmen, dem «Führer» ein Kind zu schenken. Der neue, in Wirklichkeit menschenfeindliche Sittenkodex wurde in Deutschland schon praktiziert. Hinsichtlich der Abtreibung möchten heute noch viele über ein empfangenes Kind verfügen, wie Hitler über die Opfer von Auschwitz.

Heydrich (SS) macht sich schon früh darüber Sorgen, der NS-Zeit könnte später einmal der Vorwurf gemacht werden, sie hätte durch Menschlichkeit, Objektivität und Rücksicht im alten Sinne die eigentliche Aufgabe der Zeit versäumt.[157]

2.4 Nicht nur Terror des Tyrannen, sondern auch ideologischer Antrieb zu Liquidation, Mord und Vernichtung

Die Verbindung von Terror und dessen ideologische Rechtfertigung ist das Merkmal totalitärer Gebilde. Man steht nicht nur der Grausamkeit einer Tyrannei, sondern auch der ideologischen Entschlossenheit zur physischen Vernichtung der Opfer gegenüber. Die ehrlichen Gegner der Kavaliers-Kriege vor 1914 sind zum zu vernichtenden Schädling geworden. Man muß ihn vernichten, um vor der «Geschichte» anständig dazustehen.

3. Der deutsche Widerstand gegen Hitler

3.1 Allgemeines

Der Widerstand gegen den Nationalsozialismus (NS) ändert seine Gestalt und Intensität mit der Entwicklung des NS selbst. Er mußte anders aussehen, als Hitler noch pseudo-demokratisch in der sterbenden Weimarer Republik um die Macht kämpfte, anders als dieses Ziel erreicht war, als alle Rechtspositionen zum Schutz vor einer Diktatur systematisch abgebaut worden waren.[158]

So wandelte sich der Widerstand gegen Hitler von der entschiedenen, demokratischen Opposition zum illegitimen Kampf durch bewußten Non-Konformismus und innere Emigration, oft genug getragen vom Protest des Gewissens gegen die Zumutungen des Regimes. Es waren auch solche Persönlichkeiten darunter, die sich in den NS-Staat hineinschlichen, um in ihm eine zentrale Stellung zu erreichen, die gegebenenfalls einen Staatsstreich ermöglichte.

Seit 1935 erwies sich der disziplinierte Widerstand als unwirksam.

Die Gründe: Einmal schlug das Regime brutal zurück (KZ, Lager, Gefängnis, Zuchthaus, evtl. Todesstrafe), dann schien der Lauf der Dinge ihm durch die «Erfolge» recht zu geben. Die Arbeitslosigkeit schwand, die Westmächte nahmen die Schritte gegen das Diktat von Versailles hin, ohne einzugreifen. Bei vielen legte sich in dieser Phase der Widerstandsgeist, da die Sieger begannen, sich anzubiedern.

3.2 Entschiedener Widerstand gegen den Versuch, das wache Gewissen zu vergewaltigen

Radikaler Widerspruch zum Regime erwachte, als der Staat anfing, im privaten Bereich die Gewissen zu vergewaltigen und mit seiner neuheidnischen Weltanschauung zu behelligen. Diese bedrohte das Christentum in seinen Wurzeln.

Man spürte immer deutlicher, daß der NS die menschliche Person in ihrem unvertauschbaren Eigenstand und in ihrer unmittelbaren Verantwortung vor Gott bedrohte, weil Hitler danach strebte, dem Gewissen eine von Gottes Ordnung unabhängige, oft genug auch ihr widerstreitende Gestalt zu geben, in der alles erlaubt ist, was die staatliche Machterweiterung fördert. Dagegen stand das Wort im Neuen Testament: «Man muß Gott mehr gehorchen als den Menschen.»[159]

In der katholischen Kirche

suchte man zunächst, durch das Reichskonkordat[160] eine Bewahrung der fundamentalsten Rechtsgrundlagen zu sichern. Als das enttäuschte, setzte der Widerstand ein. Dankbar gehört wurden die Fastenpredigten des Kardinals Faulhaber, München,[161] über das Alte Testament, die Päpstliche Enzyklika «Mit brennender Sorge»[162] und die Predigten des Bischofs Graf von Galen[163] gegen die «Tötung unwerten Lebens». Noch ehe der Leiter der Katholischen Aktion, Erich Klausener, den systematischen Kampf um die bedrohten Kinder im Mutterleib auf dem Katholikentag 1934 in Berlin beginnen konnte, wurde er im Röhmputsch [164] ermordet. Nach der «Machtergreifung» diente der Art. 24 des Parteiprogramms der NSDAP mit der Erwähnung des «positiven Christentums» dazu, die Wahrheit zu vernebeln. Das gleiche Ziel hatte die Erklärung Hitlers von den christlichen Kirchen «als wichtigsten Faktor der Erhaltung unseres Volkstums». Tatsächlich ging es aber nur um einen vorläufigen modus vivendi (bis zur Endabrechnung nach dem Kriege nach dem Modell «Warthegau»). Goebbels, Rosenberg, Ley und Bormann bekämpften dagegen das Christentum schon damals frontal. Eine Fülle von Gesetzen, Verordnungen und Erlassen nahmen der Kirche den freien Atem. Aus einem gespannten Verhältnis erwuchs schließlich ein Kirchenkampf. 1936 folgten die

Devisenprozesse vor einer Gerichtsbarkeit, die bereits weitgehend das Gesetz der Gewaltenteilung zertreten hatte, und fast nur noch politisch, nicht inhaltlich juristisch, urteilt. 1937 schrieb P.Pius XI. die Enzyklika «Mit brennender Sorge» (cura flagranti), in der das der Kirche angetane Unrecht gegeißelt wird. 1939 wurden die Konfessionsschulen aufgehoben. Am 28. 6. 41 klagte ein gesamtdeutscher Hirtenbrief: «Es geht um Sein und Nichtsein des Christentums und der Kirche in Deutschland.» Am zerstörendsten wirkt sich dieser Kampf im «Warthegau» aus, der als Modell der Möglichkeiten kirchlichen Lebens in der Sicht der NSDAP nach dem Kriege galt. Terror und Widerstand nahmen erst mit der Niederlage 1945 ein Ende.[165]

In der evangelischen Kirche

Auf protestantischer Seite wurde bei den «Deutschen Christen» (DC) ein von Hitler akzeptierter «Reichsbischof» Ludwig Müller[166] eingesetzt, der dort bald Neuerungen an der Grenze des vom Evangelium her Möglichen einführte.[167] Dagegen erhoben sich Karl Barth[168] und Martin Niemöller.[169] 1933 wurden die «Bekennende Kirche», der «Pfarrernotbund» und die «Bruderräte» (zur Wahrung und zum Schutz der Ordination) organisiert. Sie kämpften kompromißlos gegen Verfälschung der biblischen Lehren.

Ein gemeinsames Bekenntnis vieler Einzelkirchen und Gruppen, die sich nun bewußt hinter das Evangelium stellten, legte im Münster zu Ulm am 22.4. 1934 ein gemeinsames Bekenntnis zur Hl. Schrift und zu Jesus Christus als dem einzigen Herren der Kirche ab.

Die weltweit bekanntgewordene Bekenntnissynode von Barmen[170] wies auf das granitene Grundgestein des Glaubens hin: Neben Jesus Christus gibt es keine anderen Grundlagen des Glaubens. Neben ihm kommen keine anderen Mächte und Ereignisse als Gottes Wort in Frage. Das richtete sich deutlich gegen die vom NS protegierten DC und die «nordische Weltanschauung».

Ämter in der Kirche begründen keine Herrschaft, zu deren Ausübung das Führerprinzip helfen könnte, sondern Dienst. Die Kirche darf sich nicht zum Organ des Staates machen lassen, was bei den DC unter dem staatlich protegierten «Reichsbischof» Müller durchaus der Fall war.

Der Höhepunkt des Widerstandes gegen die Verfälschung des

kirchlichen Glaubens lag in dem Entscheid, daß «die 2. Bekenntnissynode v. Berlin-Dahlem Okt. 1934 … kraft kirchl. Notrechts Reichsbischof Müller mit seinen Anhängern (DC) in den Bann tat …».[171]

Einige Monate später führte der «Anspruch, die legitime, rechtmäßige ev. Kirche zu sein … auch in der Entdeckung u. Wahrnehmung des ‹prophet. Wächteramtes› gemäß Ez 3, 17 ff … » zu folgendem Faktum: «Die Preußensynode v. Berlin-Dahlem verurteilte zum Schutz der Jugend März 1935 die neuheidnischen Glaubenssätze des Nationalsozialismus (Vergötzung v. Rasse, Volk, Blut u. Boden) … »[172]

Niemöller war seit 1937 im KZ, von wo er vergeblich zum militärischen Einsatz drängte. 1945 Mitbegründer der EKD und Vertreter der Kollektivschuld-Theorie. Er war auch der Hauptbefürworter des Stuttgarter Schuldbekenntnisses der Evangelischen Kirche vom 18./19. 10. 1945. Ihm ging es wohl entscheidend um die Bewahrung vor religiöser Verfälschung durch den Nationalsozialismus.

In der Politik

Im politischen Bereich begann der Widerstand nach anfänglichem Mitgehen, als die unübersehbare Vorbereitung auf einen Krieg durch energische Aufrüstung deutlich wurde. Der Einspruch kam zunächst von innen, von Reichswirtschaftsminister Hjalmar Schacht[173], ferner, immer deutlicher ethisch untermauert, von C.-F. Goerdeler[174]. Dieser war nach dem Gelingen eines Putsches gegen Hitler als Preuße bereit, Reichskanzler zu werden. Er entstammte alt-preußischer Beamten-Tradition, war 1930–1937 Oberbürgermeister von Leipzig, seit 1939 führender Kopf im Widerstand gegen Hitler, wurde verhaftet und am 2. 2. 1945 hingerichtet.

Friedrich-Dietloff Graf von der Schulenburg[175] hatte die NSDAP bereits 1940 verlassen und war seit 1942 als Verbindungsmann zwischen einzelnen Widerstandsgruppen tätig.

1938 wurde das Oberkommando der Wehrmacht gegründet, um die geplante kriegerische Expansion intensiver betreiben zu können. Dagegen erhob sich der Chef des Generalstabes, Ludwig Beck[176], als militärischer Fachmann, aber auch in der Sorge um Deutschland. Sein Nachfolger als Generalstabschef Franz Halder[177] sah in Hitler «die Verkörperung des Bösen schlechthin». Die Sorge um Deutschland trieb ihn auch während des Krieges dazu an, mit den Kriegsgegnern die Verbindung aufzunehmen, um einen erträglichen Frieden vorzubereiten.

Immer mehr mußten sich die Männer des Widerstandes[178] mit dem Gedanken, daß eine Niederlage Deutschlands das geringere Übel sei, vertraut machen. Die Chancen Deutschlands erschienen dabei als um so größer, je schneller das Blutvergießen ein Ende nehmen konnte. Während der ruhigen Zeit nach dem Polenfeldzug (1939) und vor Beginn der Invasion in Frankreich im Mai 1940 wurden heimliche Fäden mit den Westalliierten über die Schweiz gesponnen und Verbindungen mit dem Vatikan hergestellt.

Die Generäle Halder und K.-H. v. Stülpnagel[179] versuchten, die Westoffensive 1940 zu verhindern. Admiral Wilhelm Canaris[180] und General Hans Oster[181] wagten sich am weitesten vor. Der letzte sah schon im Krieg das Ende Deutschlands voraus. In einem möglichen Triumph Hitlers aber ein noch größeres Unglück.[182]

Erschütternde Privatinitiativen gegen das Dritte Reich
In tiefer Gewissensnot rief die Widerstandsgruppe «Weiße Rose»[183] an der Universität München auf, sich zu schämen, die Opfer zu rächen und zu sühnen. Dieser zarte Widerstand konnte leicht zermalmt werden. Das Regime saß noch fest im Sattel.

3.3 Nur ein Staatsstreich konnte Deutschland retten

Das war auch die bedrückende Erkenntnis deutscher Militärs[184], deutscher Zivilverwaltung [185] und deutscher Gewerkschaftler[186].

Am 9. Nov. 1939 wurden die Deutschen davon überrascht, daß Hitler im Münchener Hofbräuhaus durch «glückliche» Umstände dem Tod durch ein Attentat[187] entgangen sei. Mehrere Versuche, Hitler, auch mit persönlicher Bereitschaft sich zu opfern, zu töten, führten nicht zum Ziele. Auch die Absicht, Hitlers Flugzeug durch eine Zeitbombe abstürzen zu lassen, scheiterte.

Vom Herbst 1943 an kam Claus Schenk Graf von Stauffenberg[188], Abteilungsleiter im Allgemeinen Heeresamt, in den Kreis der militärischen Opponenten. Ihm schwebte ein Attentat zur Rettung Deutschlands vor, nach welchem zunächst das Militär die Regierung übernehmen sollte, bis die SS ausgeschaltet sei und eine zivile demokratische Regierung errichtet werden könnte. Im sog. Kreisauer Kreis in Niederschlesien kamen u.a. Goerdeler, Beck, der frühere Botschafter in Moskau, Graf v.d. Schulenburg, mit Stauffenberg zusammen, dem es auch unter Einsatz seines Lebens darum ging, den entscheidenden Akt der Tötung Hitlers bei einer Lagebesprechung im Hauptquartier Wolfsschanze bei Rastenburg/Ostpreußen endlich zu vollbringen[189]. Danach flog er sofort nach Berlin zurück, nicht ahnend, daß Hitler nur leicht verletzt und der Nachrichtenapparat unberührt geblieben war.

Nur wer diese Zusammenhänge kennt, weiß, daß das deutsche Volk in allen «Rängen» nicht restlos dem «Führer» gehuldigt hat, daß dieser Typ der Kollektivschuld, nach dem alle Deutschen Hitler zugestimmt hätten[190] und alle persönlich schuldig geworden seien, einem einseitigen Feindbild entstammt, das eine Gesamtverderbtheit des deutschen Charakters erfunden hat.

Diese These haben die erschöpften Deutschen wie eine Droge eingenommen, um damit die militärische Kapitulation durch eine psychisch-geistige Unterwerfung zu vollenden.

Hier wird an die deutschen Männer und Frauen des Widerstandes gegen Hitler erinnert, die durch Hingabe ihres Lebens den deutschen Schild für ihren Teil jedenfalls rein erhalten haben.

Kapitel VI

Ein besonders belastender Verbrechenskomplex: Holocaust – Scho-ah

Vorbemerkung

Für die Massenmorde an Juden hat sich die Bezeichnung «Holocaust» (Ganzopfer) eingebürgert. Jüdische Mitglieder des Gesprächskreises «Juden und Christen» beim Zentralkomitee der deutschen Katholiken (ZdK) haben bei der Vorbereitung ihres gemeinsamen Wortes zum 50. Jahrestag der Reichspogromnacht[191] angeregt, die unpassende Bezeichnung «Holocaust» – sie stammt aus dem Opferdienst des AT und hat daher mit Huldigung vor Gott zu tun – durch das hebräische Wort «Scho-ah« (Vernichtung) zu ersetzen. Es trifft tatsächlich den grausigen Vorgang besser. Wunsch und Anregung werden gerne befolgt.

1. Strengste Geheimhaltung, technische Perfektion und moralische Entlastung anderer Deutscher

1.1 «Geheime Reichssache»

Dieses Stichwort, unter dem die Verbrechen betrieben worden sind, ist für die Schuld der Deutschen höchst bedeutsam. Die politischen Anordnungen standen unter strengstem Verschluß. Die technischen Anlagen waren abgesperrt und scharf bewacht. Das grauenvolle Geschehen unterlag einer entsprechenden Tarnung[192]. Die Verantwortlichen des Dritten Reiches selbst hatten diese Schrecklichkeiten der normalen deutschen Mitwelt rigoros entzogen. In Vernichtungslagern arbeiteten daher auch eigenständige Standesämter, Ärzte und Krankenpfleger. Sie waren unter schwerster Strafandrohung zur totalen Verschwiegenheit verpflichtet. Jede Zuwiderhandlung wurde barbarisch bestraft.

Die technisch perfekte Tötung der Juden, meist wohl durch Gas

(Kohlenmonoxyd), dürfte den größten Teilvorgang bei der Judenvernichtung darstellen.

Geplant und ausgeführt wurde sie seit 1942 für die Vernichtungslager Chełmno, Sobibor, Belec, Treblinka, Majdanek und Auschwitz-Birkenau – außer dem letzten sämtlich im Generalgouvernement gelegen und damit deutschen Blicken weit entzogen. Wir können in den Streit um die Höhe der Schreckenszahlen hier nicht eintreten. Die Ziffern werden bis 6 Millionen angegeben. Anfänglich hatte die SU noch höhere Angaben gemacht. Welche Instanz sollte solche Schätzungen objektiv-wissenschaftlich überprüfen? Höhere Zahlen von Opfern konnten auch als Hebel für höhere Wiedergutmachungs-Leistungen dienen. Ein amtlicher Bericht an den Amerikanischen Hochkommissar McCloy gibt z. B. eine Zahl von zwei Millionen vor allem durch die SS ermordete Opfer an.[193]

McCloy erklärt: «Die Beseitigung der Juden (erfolgte)... im allgemeinen durch unmittelbare Tötung. Dieser organisierte, geschäftsmäßige Mord lag hauptsächlich in den Händen der SS-Formationen..., um Juden, Zigeuner und alle, die auch nur im Verdacht standen, Partisanen zu sein zu liquidieren.» Dann folgt die hier einschlägige Zahlenangabe: «Nicht weniger als 2000000 hilflose Menschen wurden bei diesem Unternehmen umgebracht.»

1.2 Die Entlasteten und die Schuldigen (Täter und Helfer)

Die Unkenntnis und Ohnmacht der breiten Massen

«Unverschuldete Unwissenheit bewahrt vor Schuld», obwohl die unmenschlichen Verbrechen als solche hier ihren grauenvollen Gipfelpunkt erreicht haben. Was aber ihren Bekanntheitsgrad im Volke angeht, so darf man von der geringsten Ahnung der einfachen Menschen ausgehen. Natürlich sickerte auch etwas von der Scho-ah in nebuloser, gerüchteartiger Form durch. Die normalen Deutschen waren schon darüber schockiert und «erschlagen». Sie spürten aber auch ihre absolute Ohnmacht gegen solche Verbrechen und bangten wegen ihrer eigenen Gefährdung um ihr Leben, da sich jeder Protest sehr schnell tödlich auswirken konnte. Ahnungslose und Ohnmächtige haben keine unmittelbare Verantwortung.[194] Zur Schuldanlastung genügt nicht die Zugehörigkeit zu dem Volk, dem die Verbrecher entstammen. Wohl wird die nachträgliche Kunde von den in deutschem Namen bewirkten Schandtaten jeden gesund Fühlenden erschrecken und seelisch schwer verwirren. Die Betroffenen dürften in einer Form reagieren, die sie ähnlich wie sittliche Schuld «würgen» mag, ohne aber eine solche zu sein, es sei denn, sie hätten früher den NS schuldhaft erstarken lassen.

Die Schuldigen

Schuldig sind hier zunächst die Spitzenvertreter der obersten Reichs- und Parteidienststellen, die u. a. in der sog. Wannsee-Konferenz Beschlüsse gefaßt haben. Sie wurde von Reinhard Heydrich geleitet. Hitler als Hauptverantwortlicher war am 20. 1. 1942 dort nicht zugegen. Die Tatsache, daß Hitler selbst nicht daran teilnahm, ist für ihn kein Alibi. Man hat in den letzten Jahrzehnten viel über die inneren Kämpfe des nicht zu Unrecht als «autoritäre Anarchie» beschriebenen Dritten Reiches erfahren. «Es ist angesichts der straffen Parteiorganisation Hitler zu unterstellen, daß er die Grundentscheidungen selbst traf.»[195]

«Was auch immer die Hoffnungen von manchen gewesen waren, Hitlers Kurs zu modifizieren oder ihren eigenen Zielen dienstbar zu machen, diese Hoffnungen waren 1937 längst aufgegeben.»[196]

Bis «Wannsee»[197] war die Auswanderung als «Endlösung» ins Auge gefaßt worden. Es gab in Auschwitz aber von vornherein Gaskammern und tödliches Gas, das der Desinfektion der Kleider und der Vernichtung des Ungeziefers diente. Die Schuldanklage wegen brutaler, zum Tode führender Behandlung und direkter Vergasung ist für eine bis in die Millionenhöhe reichende Zahl von Opfern aller Art belegt.

Gleichzeitig wurde am Wannsee wohl die technische Zusammenarbeit bei der Durchführung geklärt.[198] Mit den an der Durchführung auf allen Stufen Beauftragten treten weitere Kreise Schuldiger ans Licht.

Zusammenfassend ließe sich sagen: Es gab zwar bis zum Schluß immer wieder einmal auch gegenläufige Trends. Dennoch steht außer Frage, daß die Judenverfolgung durch das Deutsche Reich und seine Verbündeten im Zweiten Weltkrieg sich von Jahr zu Jahr verschärfte, immer gnadenloser gehandhabt wurde, sich in ihrem Umfang und in ihren Methoden immer weiter radikalisierte. Sogar manche vorübergehende Lockerungen dienten, internen Erläuterungen zufolge, nur dem Zweck, die Juden in Sicherheit zu wiegen, um ihnen ein Entrinnen in der Folge erst recht unmöglich zu machen. Alles tendierte letztlich in Richtung auf eine Fremdbestimmung, wie sie totaler nicht gedacht werden konnte. Es begann mit der lückenlosen statistischen Erfassung des jüdischen Bevölkerungsteils durch Beauftragte der Besatzungsmacht, setzte sich fort in der unterschiedslosen Abrichtung der zu bloßen «Untermenschen» deklarierten, zu spottbilligen Arbeitssklaven der eigenen Rüstungsindustrie und endete mit der frühzeitig ins Auge gefaßten, möglichst vollständigen physischen Vernichtung aller in den Statistiken erfaßten Juden ohne Rücksicht auf Alter und Geschlecht.[199]

Keine Verharmlosung der NS-Regierungskriminalität (technisierter Massenmord)
Damit wird – das sei hier nochmals betont – nicht der Versuch gemacht, die Regierungskriminalität zu mindern oder zu verharmlosen. Es geht nur um die Erforschung ihres Bekanntheitsgrades, um den Kreis der unmittelbar Schuldigen und ihrer wohl informierten Helfer und die Ahnungslosen.

1.3 Angepaßte Reaktion der Späteren gegenüber den Nachfahren der Ermordeten

Auch die unbeteiligten und ahnungslosen Zeitgenossen und deren Nachkommen können über das Furchtbare der Scho-ah nicht wie über andere harte Vorgänge des Krieges hinweggehen, denn es handelt sich um besonders zu verabscheuende Verbrechen, die nach deutschen Plänen und oft genug auch durch deutsche Hände verwirklicht worden sind, aber dem Volk als Ganzem unbekannt geblieben waren. Derart extraordinäre Verbrechen sollten unter zivilisierten und solidarisch sensibilisierten Menschen die Erinnerungskraft mit scharfer Pflugschar aufreißen und diese «Wunde» aus Mitmenschlichkeit offenhalten. Die Angehörigen der Opfer und die überlebende jüdische Gemeinde haben ein moralisches Anrecht auf eine von Herzen kommende «Annahme» im weitesten Sinne, durch Wiedererstattungen materieller Art und durch menschliche Gewährung dessen, was den so tief Verletzten Deutschland noch einmal zu einem Ort der Geborgenheit und Heimat machen kann. Diese Pietäts- und Solidaritätspflichten haben aber nichts mit einer alle Deutschen bedrückenden Kollektivschuld zu tun. Als eine Antwort auf eine solche ist auch das Werk des Oberamtsgerichtsdirektors Günter Keim «Beiträge zur Geschichte der Juden in Dieburg».[200] Quellen sind weithin Berichte überlebender Juden aus Dieburg, die auf der ganzen Welt zerstreut leben. Hier sprechen Einzelschicksale, die oft bei Gesamtdarstellungen zu kurz kommen. Dem Verfasser, der durch das Vorwort in das erschütternde Thema einführt, herzlichen Dank, auch namens der Zahllosen, die unter der Erde ruhen.

1.4 Von Vorurteilen gereinigtes Bedenken der Verbundenheit mit den Juden

Fr. Mußner mahnt treffend eine «Katechese nach Auschwitz» an[201] und erinnert an die «Hinweise» des Römischen Einheitssekretariates vom 24. 6. 1985 über «Die richtige Darstellung von Juden und Judentum». H. Henrix spricht dort[202] von einer «katechetischen Selbstkorrektur». Auch die Katechese (und wohl auch die Predigt) sei durch Jahrhunderte nicht frei vom Antijudaismus gewesen. Ohne Berücksichtigung der tieferen psychologischen Zusammenhänge hat die Vergangenheit dem Judentum den «Gottesmord» kollektiv angelastet.

Diese die Möglichkeit von Kollektivschuld entschieden abweisende Arbeit verlöre an Glaubwürdigkeit, wenn sie beim Stichwort «Auschwitz» nicht auch mit dem christlichen Kollektivschuld-Vorwurf gegen das jüdische Volk radikal aufräumen wollte.

«Unwiderruflich sind die Gaben und die Berufung Gottes.»[203] So hat das jüdische Volk auch heute noch eine Verbindung eigener Art mit Gott. Entschieden muß die pharisäische These aus den Angeln gehoben werden, nach der die Juden ein von Gott bestraftes Volk seien.[204]

In nächsten Punkten (2) werden Kontroversen im Anschluß an die Scho-ah-Verbrechen dargelegt.

2. Keine sittliche Mitschuld des ganzen deutschen Volkes an der Scho-ah

Aus begreiflichen Gründen sind solche Verbrechen nach Kräften geheimgehalten worden. Sie liefen amtlich als «Geheime Reichssache». Die gut organisierte Abschirmung vor der deutschen Öffentlichkeit, das Schweigen der Alliierten bis Mai 1945 weisen darauf hin, daß das deutsche Volk als Ganzes in Unkenntnis dieser Verbrechen gehalten worden ist.

Sittliche Schuld setzt aber persönliche Kenntnis und das Wollen des Bösen voraus. Das hat auch das IMT, Nürnberg 1946/47, betont. Nur die Unterstellung einer anthropologisch unmöglichen Kollektivschuld «baut» eine sittliche Belastung aller Deutschen auf. Nach dieser Theorie genügt ja die bloße Zugehörigkeit zum Volk, um sittlich für dessen Regierungskriminalität verantwortlich zu sein, eine Theorie, die das IMT für die Urteilsfällung als ungerecht abgelehnt hat.[205]

3. Funktionalisierung des Holocaust (Scho-ah)

Die große geschichtliche Tragödie der Juden, die Scho-ah, wird auch für außerreligiöse Zwecke betont funktionalisiert. Sie gilt auch als ein weltliches, die Identität der Juden verbürgendes «Heiligtum». Israel hat sich seit der Versklavung in Ägypten, dem Auszug unter Moses und der Landnahme am Jordan als Volk Gottes verstanden. Die harten Schicksale bis zur Landnahme, die Kämpfe und auch Niederlagen, die ihnen die Philister, Amoniter, Edomiter und Moabiter beigebracht hatten, die Vernichtung des nördlichen Israel im Jahre 721 und die Zerstörung des Tempels in Jerusalem durch die Babylonier 586 v. Chr. sowie die in der Verbannung folgenden Drangsale hat das alttestamentliche Bundesvolk Gottes religiös zu interpretieren und aufzuarbeiten versucht. Das Volk hat sich ergeben unter Gottes Führung, aber auch unter Gottes Zuchtrute gestellt. Sein Gott Jahwe hatte ihm Treue zugesagt.

Dieses religiöse Bewußtsein hat dem Volke seine Identität geschenkt und die Fragen: Was sind wir? Wo wollen wir hin? Wo haben wir unseren Halt? tröstend beantwortet.

Aber die Verweltlichung hat auch vor dem jüdischen Volke nicht haltgemacht. Die religiös begründete Identität des Volkes ist geschwächt, ja zum Teil geschwunden. An deren Stelle ist – profanisierend – die Scho-ah getreten, um eine profane Identität aller Juden zu schaffen. Sie verstehen sich als die, die aus der Hölle der Scho-ah entronnen sind, bzw. als die, die überlebt haben. Die Scho-ah bildet die starke profane Klammer der Identität im Staate Israel. Der Staatsgründer Ben Gurion wollte 1947 eine jüdische Selbstbestimmung im Sinne des traditionellen religiös-jüdischen Geschichtsbewußtseins. Er lehnte eine auch nur akzidentelle Bestimmung der Identität durch die Scho-ah ab. Aber er hatte keine Nachfolger, die seiner prophetischen Linie eine Chance gegeben hätten. Der Unterschied zwischen den aus dem Orient stammenden und den aus Euro-Amerika eingewanderten Juden hat tatsächlich, dank der Identifizierung beider Gruppen mit der Scho-ah, abgenommen. Die gesamtjüdische Verbindung zur Scho-ah ist aber bei den Sabbarim, d. h. den in Israel Geborenen, am schwächsten. Eine gewisse Fixierung auf die Scho-ah mit einer möglichst hohen Zahl von Opfern kann natürlich die an Deutschland zu richtende Wiedergutmachungsforderung nur in die Höhe treiben.[206]

4. Die Scho-ah aus der Sicht von Bubis und Wolffsohn

Einen in diesem Kontext fast wohltuenden, gleichsam alttestamentlichen Kontrapunkt bildet Ignatz Bubis. Es geht ihm u. a. darum, seinen im Dritten Reich so exzessiv verletzten Glaubensgenossen wenigstens wieder ein «Zuhaus» in Deutschland zu schaffen, aus dem vielleicht später doch einmal eine «Heimat» werden kann. Bei Bubis ist die leidenschaftliche Ablehnung Deutschlands einer neuen behutsamen Offenheit gewichen. Eine kollektive Schuldentlastung für das deutsche Volk dürfte ihm fernliegen. In einem Arbeitslager bei Tschenstochau konnte er der «Verlegung» nach Auschwitz knapp entgehen. Selbstverständlich ist sein leiderfahrenes und daher wachsames Auge gegen die Möglichkeiten und Neuansätze eines brutalen Antisemitismus gerichtet. Was diese seine Wachsamkeit angeht, werden wir ihn gut verstehen und ihm beistehen. Er ist als Breslauer wohl von Geburt her deutscher Staatsbürger jüdischen Glaubens, wie die Selbsteinschätzung bei den meisten deutschen Juden vor 1933 war; wie wir sie auch bei Edith Stein (Volljüdin) und dem renommierten Kirchengeschichtler, Dr. Hubert Jedin (Halbjude)[207], feststellen können. Für sie war Deutschland «ein Stück von mir». Um so unbegreiflicher erschien Menschen diesen Typs die Scho-ah, die sie einfach als Feinde zerstampfen wollte.

Michael Wolffsohn ist ein in Israel geborener deutscher Jude, der in aller Ehrlichkeit sagt:

«Ich bin weder in meinem Judentum noch in meinem Deutschtum gebrochen ... Ich bin ein deutsch-jüdischer Patriot ... Meine Eltern und Großeltern standen auf der Seite der Opfer ... Ich bin fest verwurzelt in der deutschen Kultur, aber ich bin kosmopolitisch und vielsprachig genug, daß ich notfalls meine Koffer packen könnte ... Was ich ... an Provokationen von Rechten und Linken ... erlebt habe, hat mich nicht unbedingt darin bestärkt, in alle Ewigkeiten hierzubleiben.»[208]

Bubis und Wolffsohn lassen mit Vertrauen auf die stufenweise Ausheilung der durch die Scho-ah geschlagenen Wunden bei den Hinterbliebenen hoffen.[209]

Es wirkt wie ein Frühlingswind, wenn «der Ehrenpräsident des ‹American Jewish Committee› Theodore Ellenoff» in einer Vorlesung in Frankfurt/M im Okt. 1993 den Deutschen rät, «Nicht die Liebe zur (eigenen) Nation (zu) verdrängen», die «tiefe Entfremdung» ihrem Vaterland gegenüber zu überwinden und sich mutig «als Deutsche», nicht nur «als Europäer» zu bezeichnen. Die «Liebe zum eigenen Land (habe) auch eine helle Seite ... « (Die Deutschen) «hätten Leistungen vollbracht, auf die sie mit Recht stolz sein dürften ... «, darin auch «die Wiedergutmachung von Schäden, welche die Nationalsozialisten angerichtet hätten». [210]

Das sind Töne, die hoffen lassen.

Kapitel VII

Die Kollektivschuld im weiteren Sinne

1. Das deutsche Volk hätte sich wie ein geschlossener Block für Hitler entschieden

1.1 Eine Behauptung

Die dem gesamten deutschen Volk in der USA-Kriegspropaganda angelastete «Verschwörung» gegen Weltzivilisation und Weltethos ging davon aus, daß die Deutschen mit erdrückender Mehrheit die NS-Verbrechen gekannt und gebilligt hätten. Weil alle Deutschen Hitler zugestimmt und ihn gestützt hätten, glaubte man, Grund zu haben, eine Kollektivschuld, die alle Deutschen einholt, als für die Propaganda gesichert ansehen zu dürfen. Eine solche Schuld gab es aber nur – so stellen schon die deutschen Bischöfe in ihrem später nicht veröffentlichten Entwurf vom August 1945 fest (Kap. IV) – wenn sich alle in einem, die eigene Person engagierenden Akt hinter den «Führer» gestellt hatten. Hitler hat seine Grundentscheidungen nach dem Modell eines absoluten Fürsten in dem von ihm zusammengestellten Kabinett gefällt. Schon seine Räte konnten oft genug nur raten, was er entschieden hatte.

Auf dem Boden einer aufdringlichen, parteiischen Propaganda durch gleichgeschaltete Medien wurde dabei ein «Aufstand des Gewissens» gewöhnlich im Keime erstickt. Wenn es nicht zu einer Zustimmung, so kam es dann doch bei vielen zu einer Hinnahme, die alles wieder grade bügelte (d. h. betäubte).

Um aber eine Kollektivschuld aller unterstellen zu dürfen, wäre auch eine äußere Zustimmung aller erforderlich gewesen. Diese Beweislücke mußte durch Ablenkung und überlaute Töne in anderen Punkten aus dem Bewußtsein gedrängt werden. Mit Hilfe der vorbereitenden und weiterführenden Informationsarbeit der einseitigen Medien ließ sich wohl bei vielen die Zustimmung nachträglich erreichen. Aber von einem einhelligen Beifall aller Deutschen, die Voraussetzung einer Kollektivschuld wäre, kann nicht die Rede sein. Den letzten Anhaltspunkt dafür bieten die Wahlen vom 5. 3. 1933, bei denen Hitler schon der Regierungsbonus zu Hilfe kam, sowie die beginnene Fesselung der Opposition. Diese Wahl ist deswegen von großem Gewicht, weil hier das letzte Mal noch annähernd frei und geheim gewählt worden ist. Wir müssen das Ergebnis von 43,7 % für Hitler als wichtigen Hinweis im Gedächtnis bewahren, um alle Insinuationen, die erdrückende Mehrheit des Volkes hätte sich im Grundsatz für ihn entschieden, als unwahr zurückweisen.

Wir haben hier von der Kollektivschuld im weiteren Sinne gesprochen. Aber die für Hitler Votierenden können nicht – nach demokratischer Vorstellung – als «in etwa das ganze Volk» gelten. Daher wird am Maßstab dieser Wahl weit über 50 % der Deutschen zu Unrecht die Kollektivschuld angelastet. Weit über die Hälfte waren den Parolen des «Führers» nicht gefolgt.

1.2 Der falsche Eindruck einer fast absoluten Geschlossenheit hinter dem Führer wurde durch die Propaganda gesteuert und schien sich zu bewahrheiten.

Tatsächlich waren es die imponierenden Funktionärstypen und die äußerlich disziplinierten Massen der Partei. Sie konnten leicht absolute Geschlossenheit vortäuschen, zumal die, die nicht anwesend oder dagegen waren, nicht in Erscheinung traten. Es fehlte jede Vergleichsmöglichkeit. Die relative Mehrheit konnte sich daher leicht als absolute geben und Geschlossenheit im Sinne von «Ein Reich, ein Volk, ein Führer» demonstrieren. Wer tiefer blicken konnte, wird den NS-Terror und die aufdringliche, einseitige Berieselung in ihrer die Freiheit stark einschränkenden Kraft nicht übersehen. Die erwähnten Wahlergebnisse widerlegen die Zweckbehauptung der Sieger, daß das deutsche Volk sich in all seinen Gliedern hinter Hitler und die NSDAP gestellt hätten. Doch das äußere Auftreten bes. bei Massenkundgebungen, wo es keine kritische Stimme gab, konnten schon den Eindruck von erstaunlicher Geschlossenheit hervorrufen. An die Wahlergebnisse zugunsten der einzigen Partei, der NSDAP, in späterer Zeit haben kritische Deutsche nicht geglaubt. Goebbels selbst wohl auch nicht. Sie hatten reinen Propagandawert und erschienen bald als unglaubwürdig.

1.3 Sittlichkeit wird auf den Parteigehorsam reduziert.

Daß Hitler nach außen eine imponierende Geschlossenheit von Partei und Volk demonstrieren konnte, ist nicht nur durch terroristischen Druck, sondern auch durch die ihm entgegenkommende sittliche Schwäche und oberflächlichen Opportunismus vieler Deutscher möglich gewesen.

Der Funktionärstyp, d. h. der von der Partei Umerzogene und für diese Wirkende, hat eine neue Wertewelt , in der die Unterwerfung unter den Führer das höchste menschliche Gebot ist, angenommen Stufenweise sind die sich abschwächenden Rufe seines Gewissens verblaßt. Solange solche Funktionäre als soziologischer Typ unter der Suggestion der totalitären Gesellschaft stehen, ist auf eine Rückkehr zur Wahrheit schwer zu hoffen, es sei denn durch große Lebenskatastrophen oder umstürzende Erfahrungen. «Funktionärshaltung ist unfähig zum Aufstand des Gewissens. Sie untergräbt die Tapferkeit, den Freimut und die Bereitschaft zum Dialog.»[211] Auch viele Getaufte dürften «unbesorgt» in einen solchen Prozeß der Aushöhlung des Glaubens gekommen sein. Aber nicht jede Ahnungslosigkeit befreit von Schuld. Am wenigsten dann nicht, wenn man sich leichtfertig in diesen beklagenswerten Zustand gebracht hat.

Jedenfalls sorgten sich die «reinen» Funktionärstypen ausschließlich darum, ihren irdischen Partei-Autoritäten zu Gefallen zu sein, ohne sich noch um die Ordnung Gottes und der Natur zu kümmern. Die Frage des bekehrten Paulus: «Was willst du, Herr, das ich tun soll?»[212] lag völlig außerhalb der ihnen noch möglichen Perspektiven.

Hier wird eben menschliche Sittlichkeit, die doch personale Freiheit und Verantwortung einschließt, auf Parteigehorsam reduziert. «Der Führer hat immer recht», dieses Wort ist die primitive, aber zunächst «beruhigende» Entlastungsformel, die viele in Schuld gebracht hat.

Hitler selbst zur Unterwerfung des Gewissens

Sein Ziel war es, die Menschen zu befreien vom Zwange eines zum... «Selbstzweck gewordenen Geistes, von der schmutzigen und erniedrigenden Selbstpeinigung einer Gewissen und Moral genannten Chimäre und von den Ansprüchen einer Freiheit und persönlichen Selbständigkeit, denen immer nur ganz wenige gewachsen sein können. Der christlichen Lehre von der unendlichen Bedeutung der Einzelseele und der persönlichen Verantwortung setze ich mit eiskalter Klarheit die erlösende Lehre von der Nichtigkeit und Unbedeutsamkeit einzelner Menschen und seines Fortlebens in der sichtbaren Unsterblichkeit der Nation gegenüber. An die Stelle des Dogmas von dem stellvertretenden Leiden und Sterben eines göttlichen Erlösers tritt das stellvertretende Leben und Handeln des neuen Führungsgesetzgebers, das die Masse der Gläubigen von der Last der Entscheidung entbindet»[213]. Der NS wollte gefügige Funktionäre, die ihr Gewissen der politischen Autorität ausgeliefert haben, die auf Anweisung «funktionieren», ohne nach Gottes Willen zu fragen. Es genügt, daß sie melden können «Befehl ausgeführt!», statt die Menschen im Sinne des Christentums zu ermutigen, die Gebrochenheit zu überwinden, senkt er den Normpegel und proklamiert den geistig hinkenden, fast infantilen Funktionär zum Idealbild.

Die NSDAP war bemüht, das kollektivistische Denken und Fühlen mit Mitteln aller Art konsequent zu verwirklichen

Ihre Kader sollten das «bürgerliche Gewissen» preisgeben und sich in das Lebensgefühl eines reinen Exponenten des NS-Ganzen hineinleben, in dem nur noch Führer und Partei Weisungen zu geben haben. In makabrer Weise hat sich das im Hauptkriegsverbrecherprozeß in Nürnberg 1945–1946 widergespiegelt. Von der Anklagebehörde befragt, was sie zur Entlastung zu sagen hätten, erklärten alle: «Es ist uns befohlen worden.»[214] Diese «Ausbildung» hatte ihren persönlichen geistigen Grundbestand verkümmern lassen. Sie wußten nicht mehr die Konsequenz aus den Zehn Geboten. Sie hatten sich einem verbogenen Parteimenschen-Bild verschrieben. Das Verhältnis des einzelnen zur Autorität ist also anders zu bestimmen, als es der (gescheiterte) Kollektivismus, von Terror unterstützt, sei es in der NS-Gestalt, sei es in kommunistischer Ausführung, zur Praxis der Politik gemacht hat.

Diese die menschliche Person entwertende Tendenz steckt in dem abwegigen Satz «Du bist nichts, dein Volk ist alles». Es war nach meiner Erinnerung den Ein-Mark-Stücken aufgeprägt.

Hitler hat versucht, das christliche Gewissen auszutreten, damit Platz für eine konkurrenzlose Partei-Autorität werde. Wer tiefer schaut, wird den NS-Terror und die aufdringliche, einseitige Berieselung in ihrer die Freiheit stark einschränkenden Kraft nicht übersehen.

Das Ziel der NSDAP, die Deutschen zu einem geschlossenen Block hinter dem Führer zusammenzuschweißen, hat die Propaganda auch nicht entfernt erreicht, trotz Zuckerbrot und Peitsche
Die Kernschar bildeten die Parteiaktivs und Gliederungen wie SS und SA, als Gipfel der Parteischulung galten die Ordensburgen. Das Erziehungsprogramm zeigte in idealer Überhöhung auf, in welcher Richtung sich auch der einfache Mann bewegen müßte: «Führer befiehl, wir folgen!» Die weltanschaulich-politische Geschlossenheit war aber durch die Wirklichkeit nicht gedeckt. Gleichwohl wurden nach dem Zusammenbruch 1945 daraus der Vorwurf der Kollektivschuld gestützt.

2. Nach dem Zusammenbruch 1945: Rigorose Normen im Geist dieses Kollektivschuld-Denkens

Zu eng gefaßte Normen machen Unschuldige zu Schuldigen. Die Kollektivschuld im weiteren Sinn greift fehl, weil sie zu grobe Maschen in ihrem Netz hat. Manche Schuldige werden nicht gestellt, andere Unschuldige werden zu Unrecht bestraft. Richtig wäre die These in der Formulierung «viele Deutsche sind vermöge ihrer eigenen sittlichen Fehlentscheidung schuldig geworden». Der Satz wird durch rigorose Übertreibung dadurch falsch, daß alle Deutschen, auch die, die ethisch integer geblieben sind, mit den persönlich Schuldigen in eine Linie gestellt werden.

Typisch ist für diese nach der Struktur der Kollektivschuld i. w. S. vorgehenden Normen, daß sie an einem Punkte zu grob oder zu eng sind, d. h. die Betroffenen nicht individuell beurteilen und andererseits Unschuldigen anlasten, was diese nicht zu verantworten haben. Zwei derart strukturierte Normen werden im Zusammenhang mit der Kollektivschuld im weiteren Sinne kritisch vorgestellt.

2.1 Wer den Krieg beginnt, haftet moralisch für alles weitere Unrecht, das durch den Krieg erwächst

Wem hat das sittliche Bewußtsein des Normalbürgers im Laufe des Krieges vollzogenen Verbrechen angerechnet? Allein und ausschließlich dem, der das Feuer vor Jahren eröffnet hat? Wer trägt z. B. die Schuld für die Ermordung der 4142 polnischen Offiziere, deren Massengrab 1943 in Katyn entdeckt worden ist? Offensichtlich doch der sowjetische KGB. Wer ist für die Zerstörung Dresdens haftbar? Wer für die Torpedierung der als Rot-Kreuz-Schiff gezeichneten «Wilhelm Gustloff» mit ca. 5000 Flüchtlingen am 30. 1. 1945? Die entscheidende Schuld wird mit Recht bei den unmittelbaren Tätern gesucht, obwohl sie in einem von Hitler begonnenen Krieg vollzogen worden waren. Der Urheber des Krieges haftet freilich moralisch für alles, was er selbst plant oder voraussieht, aber nicht für das von anderen Urhebern Geplante und Bewirkte.

Sind die Deutschen trotz Eröffnung des Krieges durch Hitler wirklich an allen durch die späteren Sieger provozierten Freveln, einschließlich der Vertreibung, schuldig? Hier hat der jeweils aktuell Schuldige für seinen Teil einzustehen. Sonst könnten alle Kriegsverbrechen auf den abgewälzt werden, der – vielleicht vor Jahren – mit dem Blutvergießen begonnen hat. Das führte doch zu einer falschen Schuldverteilung. Die späteren Kommandanten hätten keine Verantwortung mehr.

Ähnlich steht es mit der oberflächlichen Behauptung «im Krieg ist das eben so» oder «das ist eben eine Folge des Krieges». Hier muß auch bemerkt werden, daß der, der zunächst einen gerechten Verteidigungskrieg führt, Schuld auf sich zieht, wenn er exzessiv zurückschlägt, wie es bei der Vertreibung der Fall war. Nun folgt noch eine zweite nach der Kollektivschuld (i. w. S.) strukturierte «Norm» als Beispiel.

2.2 Wer keinen tätigen Widerstand gegen Hitler geleistet hat, ist durch pflichtwidrige Unterlassung schuldig geworden

Es gibt Nationalmasochisten, denen jedes Scheinargument gewichtig genug vorkommt, um möglichst viele Deutsche der Kollektivschuld im weiteren Sinn zu bezichtigen und in deren Schatten zu stellen. Nur in ahnungsloser, kaum mehr entschuldbarer Unkenntnis des im Dritten Reich herrschenden Terrors kann der obige Satz behauptet werden. Damit wäre fast jeder, der überlebt hat, schuldig und hätte seine Pflicht zum Widerstand nicht erfüllt. So wollten es tatsächlich die Umerzieher: den Deutschen ein böses Gewissen schaffen, um sie selbst unsicher zu machen.

Dahinter steht ein rücksichtsloser ethischer Rigorismus, der aus einer im Rechtsstat gesicherten Position heraus ahnungslos andere verurteilt. Geboten ist nur ein sinnvoller, kluger und erfolgversprechender Widerstand der auch das eingegangene Risiko in etwa aufwiegt.

Wer das bedenkt, wird unschwer die in solchen Forderungen liegende Heuchelei und Lebensfremdheit auf Kosten derer erkennen, die die schwere Last des NS-Alltags zu bewältigen hatten. Man wird nicht dadurch ein besserer Mensch, daß man andere nach rigorosen Maßstäben beurteilt, nach denen man aber selbst nicht zu handeln braucht. Im Terrorstaat sollte sich niemand durch Unvorsichtigkeit oder Unklugheit ans Messer liefern.

3. Rückblick und Ausschau

Die Kollektivschuld-These (im weiteren Sinn) stützt sich auf den von der Partei bewußt hervorgerufenen, aber falschen Eindruck von der inneren Geschlossenheit hinter dem «Führer». Wir haben es hier mit einer reinen Propaganda-Behauptung zu tun. Wer konnte zwischen äußerlich «Mitmaschierenden» und innerlich «Überzeugten» sicher unterscheiden? Sicher gab es auch Millionen überzeugter, ja fanatischer Nazis. Aber konnten sie quantitativ für die Beurteilung des ihnen ausgelieferten Volkes maßgeblich sein? Die Behauptung, daß (fast) alle Deutschen dem Nazismus innerlich ergeben waren, ist nicht zu beweisen. Man mußte einen anderen Grund suchen, um alle Deutschen sozusagen ex definitione belasten zu können. Dafür bot sich die Kollektivschuld im strengen Sinn als Argument an (Kap. VIII).

Kapitel VIII

Die Kollektivschuld im strengen Sinne

1. Zum Grundverständnis

1.1 Die Spannung von Individuum und Sozietät (Gemeinschaft, Gruppe)

Die zwischen beiden Polen obwaltende Spannung ist nicht gerade einfach auszugleichen. So erklärt sich die Neigung, die Gesellschaft jeweils nur von einem Pol her zu erklären. Das sind die bekannten Einseitigkeits-Theorien des Individualismus und seines Widerparts, des Kollektivismus. Der erste erklärt: Die Gesellschaft ist für das isolierte Individuum da. Der Kollektivismus lehrt dazu umgekehrt, nur die Gemeinschaft sei existierend und wirkend. Werfen wir einen Blick auf beide Extreme.

1.2 Der Kollektivismus: sein Wesen

Er baut die Gesellschaft von der Sozietät her auf: «Das wahrhaft Wirkliche, geschichtlich Wirksame, rechtlich Urtümliche ist ihm das Ganze, die Gemeinschaft, der einzelne aber nur deren Exponent, nur aus dem Wesen des Ganzen zu begreifen.» Das Individuum sei aber als Glied gänzlich in diesen übergreifenden «Zusammenhang hineinverflochten; ein Produkt der Gesamtheit, eine Spielart der Gattung». Der derart bestimmte einzelne «ist für die Gesellschaft da, deren Interessen ... die entwertete Persönlichkeit ... sich opfern muß».[215]

Wenn es der Gesellschaft nutzt, kann der von vornherein ontisch abgewertete einzelne auch im Dienste der Gesellschaft wie ein Ding gebraucht bzw. mißbraucht und verbraucht werden. Das tritt bei unmenschlichen Aufträgen deutlich hervor. Denken wir an die extremen Aktionen der SS-Sonderkommandos, z. B. in Oradour-sur-Glane (10. 6. 1944) und Lidice (9. 6. 1942), an die Scho-ah, an die gezielte

Bombardierung von Wohngebieten, an harte Terrormethoden und schließlich an die Vertreibung. Und doch hat nur der einzelne eine sittliche Verantwortung und eine substantielle Seele, die er nicht an das Kollektiv abtreten kann. Wer das Individuum mißachtet, zerstört den Menschen. Er darf niemals nur wie eine Sache ohne Würde «gebraucht» oder «verbraucht» werden.

Folgen aus dem verfehlten kollektiven Grundansatz
Der Unterschied zwischen Schuldigen und Nichtschuldigen wird um so nachhaltiger verwischt, je umfassender man das Kollektiv – zuletzt ist es das ganze Volk – ansetzt. Die Grenze zwischen Gut und Böse verläuft danach zwischen Gruppen, Völkern usw. In Wirklichkeit geht sie jedoch durch die Einzelperson, die aber Macht hat, mit Gottes Gnade die Neigung zum Bösen zu überwinden. Da die Einzelseele entwertet wird, muß eine Kollektivseele postuliert werden. Hegel hat den Begriff eines überpersonalen «Volksgeistes» entwickelt.[216] Aber dieses postulierte Ersatzphänomen vermag nicht als Träger menschlicher Schuld zu fungieren und war von Hegel auch so nicht gemeint. Es gibt eben kein kollektives Pendant zu der den Menschen von Gott eingeschaffenen Einzelseele und ihrem Gewissen. Die Gesellschaft ist zwar wirklich, aber nicht substantiell wie die Individuen, sondern nur in diesen real existent, deren Mitte das «Herz» und das Gewissen ist.

Das farblose «Man» beherrscht das kalte gesellschaftliche Klima
Die Verkümmerung des Individuums, des personalen «Ich», führt zur Aufwertung des unpersönlichen «Man». Was ein mitfühlendes Herz und ein unbestechliches Gewissen geleistet haben, soll nun im Kollektivismus die Unterwerfung unter eine (meist ideologisch verbogene) Autorität bringen. Dadurch wird das allgemeine, mitmenschliche «Klima» kälter und unpersönlicher. Ein Herz und ein Gewissen hat nur der einzelne, nicht eine Sozietät. Diese steht nur über die Gewissen der einzelnen Glieder mit dem Gewissen überhaupt in Verbindung.

Im Kollektivismus wird das Individuum aus dieser Spitzenstellung verdrängt. Es nähert sich der unpersönlichen Sache an, die keinen Selbstwert und Selbstzweck hat, die für die Zwecke der Gesellschaft gebraucht und verbraucht werden kann. Hier leuchtet das Geheimnis der Würde des Menschen, die auch unserem Grundgesetz vertraut ist, auf. Die Kollektivisten rühren also auch an die Würde des Menschen, die unmittelbar nur im einzelnen gegeben ist. Dieser einzelne wird zum Teil einer ihn total bestimmenden Sozietät, deren Schuld ihm dann organisch angelastet wird. Er wäre kein Eigenverantwortlicher mehr, wenn er an seinem eigenen Gewissen vorbei mit sittlicher Schuld belastet werden könnte.

Das gleiche Zielbild des sowjetischen Menschen: der perfekte Funktionär

Mein Kollege, Prof. Dr. Romuald Rak aus Katowice/Warszawa (KUL), schreibt mir über den Versuch, dem polnischen Volk unter dem Kommunismus das Idealbild des homo sowjeticus («Sowjetmensch») einzuprägen:

«Dieser sollte ein gewissenloser, restlos höriger, harter Parteisklave werden. In diesem Konzept sollte der Einzelne auch in seiner ethischen Entscheidung durch Gleichschaltung weltanschaulich ein Stück des Ganzen werden... Die höchste Moral besteht gerade in der restlosen Selbsthingabe zugunsten der Gesellschaft, wobei alle denkbaren Grenzen... menschlicher Moral ausradiert werden. Wie strukturverwandt in Unmenschlichkeit doch totale (Systeme) sein können.»[218]

Die NSDAP war bemüht, das kollektivistische Denken und Fühlen konsequent zu verwirklichen

Ihre Kader sollten das «bürgerliche Gewissen» preisgeben und sich in das Lebensgefühl eines reinen Exponenten des NS-Ganzen hineinleben, in dem nur noch Führer und Partei Weisungen zu geben haben. In makabrer Weise hat sich das im Hauptkriegsverbrecherprozeß in Nürnberg 1945–1946 widergespiegelt. Das Verhältnis des einzelnen zur Autorität ist also anders zu bestimmen, als es der (gescheiterte) Kollektivismus, von Terror unterstützt, sei es in der NS-Gestalt, sei es in kommunistischer Ausführung, zur Praxis der Politik gemacht hat.

1.3 Der Individualismus als entgegengesetzte Einseitigkeitsthese

War für den Kollektivismus das Individuum nichts, so bedeutet es für den Individualismus alles. Es «ist allein wirklich, in sich selbst vollendet ... », nach innen geschlossen, nach außen abgegrenzt. «Selbsterhaltung ist sein erstes Gebot, Freiheitsbetätigung das höchste Recht, Persönlichkeitsentfaltung (meist im materialistisch angekränkelten Sinne) die ... letzte Bestimmung.» Diese Doktrin anerkennt keine «die Individuen überragende ... gesellschaftliche Wirklichkeit.» Die Sozietät ist für sie «nicht ein Zusammenbestehendes, sondern ein nur Zusammengedachtes, ein Konstruiertes. Zweck jeder Vergesellschaftung ist demgemäß die Wohlfahrt der einzelnen ... « meist im hedonistischen Sinne.[220] Bindungen werden nur eingegangen, wo es letzten Endes der (materielle) Nutzen oder primitive Sinnenfreude verlangt. «Die stets kündbaren Rechte der G. sind Zugeständnisse» an die Sozietät, im Kern «Selbstverpflichtungen des (seinen Nutzen suchenden) Individuums, ‹Prämien, durch deren Zahlung es sich die Vorteile der G. sichert› ... »[221] Der einzelne darf der Sozietät im Individualismus theoretisch alles abfordern, ohne ihr gegenüber echte Verbindlichkeiten zu haben (Grundsatz der sog. Ellbogengesellschaft).

Was der Individualismus dabei übersieht: (1) Einmal die Notwendigkeit der Gemeinschaft für das körperliche und geistige Wachstum des Menschen, der lange Zeit der Geborgenheit in dem Schutz der Familie als Ursozietät bedarf. (2) Ferner, der Mensch ist lange auf eine Ausbildung angewiesen, die nur von der organisierten Gesellschaft geboten werden kann. (3) Die weitgehende Hilfsbedürftigkeit auch Erwachsener, Einsamer und Kranker. Der Mensch kommt nicht als Einsiedler, sondern als sich selbst schrittweise Sozialisierender zur eigenen Reife.

Die urtümliche, hier übersehene fundamentale Hinordnung auf Gemeinschaft gibt auch dieser Recht und Würde. «Denken wir an die sittlichen Güter der Eltern-, Gatten- und Kindesliebe, die ohne Lebensgemeinschaft nicht möglich sind ... Hier sehen wir wirkliche Werte, die schlechthin außerhalb jeglicher Reichweite absoluter Individuen liegen.»[222] So besitzt die Gemeinschaft über den Wert und die Bestimmung des Einzelmenschen hinaus Eigenstand und Bestimmung.[223] Daher darf die Sozietät zur Sicherung ihres Allgemeinwohl-Auftrages auch Beiträge einfordern, gewöhnlich Steuern und Dienst, beim Militär oder in einer Ersatztätigkeit, sei es in der allgemeinen Verpflichtung, dem Nächsten, bes. in Not, beizustehen.

Wenn das Gemeinwohl nicht mehr verbürgt werden kann[224], treten die Privateigentumsrechte zurück. Niemand darf verhungern oder erfrieren, weil der, der helfen müßte, die Hilfe mit Berufung auf sein Privatwohl verweigert. Hier gilt der Satz «Gemeinnutz geht vor Eigennutz». Besonders deutlich zeigt er seine Kraft in extremer Not. Insofern ist auch der einzelne der Sozietät verpflichtet.

Das Gewissen des einzelnen hat auch zu filtern, ob das, was die Sozietät anfordert, vor der Ordnung Gottes Bestand hat. Der Intimbereich des Menschen mit Gott im Gewissen ist für die Sozietät grundsätzlich unverletzlich.[225] «Auch jene umfassenderen und höheren Werte, die nicht vom Einzelnen, sondern nur von der Gemeinschaft verwirklicht werden können, sind vom Schöpfer letzten Endes um des Menschen willen gewollt zu seiner... Entfaltung und Vollendung.» [226]

Nach den beiden Einseitigkeits-Theorien werfen wir nun den Blick auf das christlich-abendländische Pendant.

1.4 Der abendländisch-christliche Universalismus als Synthese

Die Lösung der Spannungen zwischen den beiden Einseitigkeits-Theorien liegt im Universalismus, der den wahren Anliegen beider schwer zu vereinbarender Extreme zu entsprechen sucht.

Beide Pole, Individuum und Sozietät, sind im Universalismus wirklich und wirksam

Der eine kann nicht auf Kosten des anderen gekürzt oder verdrängt werden. Beide stehen sich nicht feindlich gegenüber, sondern müssen, «aufeinander angewiesen», vorgehen.Der ganzheitlich betrachtete Mensch ist nämlich sowohl individuales wie soziales Lebewesen, und das «kraft derselben Menschennatur», die auf Gemeinschaft beider Momente ausgerichtet ist. Hier «sind Wirklichkeit,Wert u.Würde der individuellen Persönlichkeit ebenso gesichert wie die Realität einer Gemeinschaft mit besonderen Rechten u. Aufgaben... Das berechtigt dazu, auch den gesellschaftl. Verband als eine (moralische, nicht ontische) Persönlichkeit zu bezeichnen».[227] Diese Lehre gibt der Gesellschaft das ihr vom Individualismus verweigerte Recht, für alle über das Individualwohl hinausgehenden Zwecke ein übergreifendes Gemeinwohl aufzuzeigen und für dieses Beiträge einzufordern.

Aber ebenso findet der einzelne hinreichende Bewegungsfreiheit für seine Unternehmungen, «... indem der Reichtum an kraftvollen Individualitäten, die ihr Bestes für das Ganze hergeben, auch die Gemeinschaft reich macht, u. umgekehrt».[228] Erfüllung sozialer Aufgaben beglückt den einzelnen und senkt ihn tiefer in die Sozietät ein. Mit diesem Zusammenwirken wird ein Mit- und Füreinander der gesellschaftlichen Glieder grundgelegt. Zwanglos wird auch der unantastbare Bereich des Gewissens vor aller äußeren Bedrängnis geschützt. Es bleibt Aufgabe des Gewissens, auch die Verfügung der Sozietät auf ihre Übereinstimmung mit der Ordnung Gottes und der Staatsgesetze zu überprüfen. Es kann Fälle geben, in denen der Christ mit Martin Luther[229] erklären muß: «Gott helfe mir!»

Der christliche Universalismus auf dem Hintergrund der Gottebenbildlichkeit des Menschen

Schon auf der ersten Seite der Bibel[230] wird der Mensch als «Ebenbild Gottes» bezeichnet. So wird am Anfang der Hl. Schrift die herausragende Sonderstellung des Menschen in der Schöpfung, d. h. seine Würde, eindrucksvoll betont. Entsprechend läßt sich ahnen, daß die menschliche Gemeinschaft[231] auch nur in den einzelnen Individuen vermöge der ihnen eingehauchten Seele existiert. Ontologisch stellt sie sich als reales Beziehungsgefüge dar, das aber in den substantiellen Individuen wurzelt. Gesellschaft ist damit nur in den vielen einzelnen substantiell gegenwärtig, nicht neben oder über ihnen. Und das, obwohl sich die gesellschaftlichen Beziehungen nicht erschöpfend aus dem Individuum ableiten lassen, so sehr es für diese Verflechtungen offen ist. Durch die Ablehnung eines selbständigen, abgelösten substantiellen Seins für die Gemeinschaft wird jeder kollektivistischen Deutung der Gemeinschaft ein Riegel vorgeschoben.

Unter 1. ist umrissen worden, wie Kollektivismus, Liberalismus und Universalismus das Verhältnis zwischen dem einzelnen und der Sozietät sehen. Nun beschränken wir uns auf den hier zu widerlegenden Kollektivismus. Die zentrale Frage lautet: Kann es ein kollektives Gewissen, das vorbei am personalen Gewissen Schuld anlastet, geben?

2. Typische Verfechter der Kollektivschuld-These

Die These von der Kollektivschuld im strengen Sinn unterstellt ein falsches, entpersönlichtes Menschenbild.[232]

Kollektivschuld:
Den Verbrechen gegen Juden, Zigeuner, Homosexuelle u. a. wurde nach dem Zusammenbruch 1945 fast eine Schlüsselfunktion zur moralischen Ächtung des ganzen deutschen Volkes zugesprochen. Es spielte dabei keine Rolle, ob der Beschuldigte mit den Verbrechen irgend etwas in persönlicher Verantwortung zu tun hatte. Gegebenenfalls wurde ein solches Verbrechen konstruiert. Allen Deutschen wurden die Untaten der Regierungskriminalität ethisch angelastet. Es genügte die Feststellung: «Du bist ein Deutscher.» Mit ihr war die moralische Ächtung automatisch verbunden.

Die praktischen Verfügungen der Besatzungsmächte erschienen in der ersten Besatzungszeit als stimmige Folgerung aus der Kollektivschuldbelastung. Deutsche wurden als Verbrecher angesehen, mit denen es keinen gesellschaftlichen Umgang geben durfte (Fraternisierungsverbot).[233]

Welche hysterisch-verzerrte Gestalt solche «Überzeugungen» annehmen konnten, zeigt Menachim Begin.

2.1 Erschütterndes Präludium: Emotionaler Ausbruch Menachim Begins

Dazu berichtet Michael Wolffsohn, ein 1947 «in Israel geborener, in Deutschland lebender Jude» über M. Begin[234]: « ‹Es gibt keinen Deutschen, der nicht unsere Eltern ermordet hat. Jeder Deutsche ist ein Nazi. Jeder Deutsche ist ein Mörder. Adenauer ist ein Mörder› tobte Ben-Gurions stärkster Widersacher, Menachem Begin, am 7. Januar 1952 vor einer erregten Menschenmenge in Jerusalem und drohte sogar mit einem Bürgerkrieg, um Wiedergutmachungsverhandlungen mit und Geldannahmen von Deutschland zu verhindern.»[235]

Der eben erwähnte Dr. Adenauer wird in seiner sittlichen Erfahrung bei scharfem Nachdenken kaum auch nur entfernt Erinnerungen daran haben, daß er ein Mörder sei. Es wird ihm (propagandistisch) etwas angelastet, womit er nichts zu tun hat, nur weil er ein Deutscher ist, weil der Begriff «Deutscher» mit Mörder gleichgesetzt wird. Entspricht das der geschichtlichen Wahrheit?

2.2 Jürgen Habermas und die Kollektivschuld-These: Kein Deutscher könne sich da herausstehlen

Neben Theodor W. Adorno und Max Horkheimer ist Jürgen Habermas führender Vertreter der kritisch-dialektischen Soziologie der Frankfurter Schule: «Nach wie vor gibt es die einfache Tatsache, daß auch die Nachgeborenen in einer Lebensform aufgewachsen sind, in der das möglich war. Mit jenem Lebenszusammenhang, in dem Auschwitz möglich war, ist unser eigenes Leben nicht etwa durch kontingente Umstände, sondern innerlich verknüpft... Niemand kann sich aus diesem Milieu herausstehlen, weil mit ihm unsere Identität als Individuen wie als Deutsche unauflöslich verwoben ist. Aber was folgt aus dieser existentiellen Verknüpfung mit Traditionen und Lebensformen, die durch unaussprechliche Verbrechen vergiftet worden sind? Für diese Verbrechen konnte einmal eine ganze zivilisierte, auf Rechtsstaat und humanistische Kultur stolze Bevölkerung haftbar gemacht werden – im Jaspersschen Sinne einer kollektiven Mithaftung.»[236]

Jaspers unterschied vor 40 Jahren zwischen der persönlichen Schuld der Täter und der kollektiven Haftung derer, die es aus verständlichen Gründen unterlassen hatten, etwas gegen das Regime zu tun.

In abstrakter Gelehrtensprache verkündet Habermas die Kollektivschuld aller Deutschen. Das Verknüpftsein mit den Verbrechen sei in die Deutschen innerlichst derart eingedrungen, daß kein einzelner davon mehr loskommt. Da der Schatten des Verbrechens und dessen verbrecherischer Qualität über dem ganzen deutschen Volke laste, müßte – das ergibt sich – das ganze Volk einschließlich der kommenden Generationen eine demütigende Büßerrolle akzeptieren. Alle seien in den trüben Strudel (der Scho-ah) hineingezogen. Die Buße für einzigartige Verbrechen sollte dann auch wohl zur deutschen Staatsräson erhoben werden. Überträgt sich etwas von dieser Haftung auf die nächste und übernächste Generation? Habermas antwortet: «Wir sollten diese Frage bejahen.»[237]

Neben der «geschuldeten ... Erinnerung» (Trauerarbeit) geht es Habermas um die Einstellung zu den Traditionen unseres Volkes, die nicht «unkritisch», sondern nur «gefiltert» übernommen werden dürften.

«Nach Auschwitz können wir unser nationales Selbstbewußtsein allein aus den besseren Traditionen unserer ... kritisch angeeigneten Geschichte schöpfen. Wir können unseren nationalen Lebenszusammenhang ... einzig im Lichte solcher Traditionen fortbilden, die einem durch die Katastrophe belehrten, argwöhnischen Blick standhalten.»[238]

Aus Habermas' Position folgt, daß Deutschland kein Recht habe, auf das Unrecht anderer hinzuweisen, weil das eigene so erschlagend, einzigartig sei, daß es seine nationalen Traditionen und Verhaltensweisen, die zur Katastrophe unter Hitler geführt hätten, lassen müsse.

Praktisch entspricht das der Pflicht, jedes politische Unrecht widerstandslos hinzunehmen, sich den Siegern kompromißlos zu unterwerfen und die völkerrechtswidrigen Theorien, Tabus und Schwarz-Weiß-Darstellungen der anderen Seite, d. h. die Kollektivschuld-These und den Verlust Ostdeutschlands, büßend zu schlucken. Das kommt den Zielen der von den Siegern auferlegten «Umerziehung» sehr nahe. Deutschland habe ja in seinem «nationalen Lebenszusammenhang ... eine unvergleichliche Versehrung der Substanz menschlicher Zusammengehörigkeit zugelassen»[239].

2.3 Die Botschaft der evangelischen Kirche vom 18./19. Okt. 1945 in Stuttgart

Die Tage vor der Verkündigung brachten in aufgeregtem Hin und Her keine volle Klarheit darüber, ob der Rat der EKD sich im Sinne des ÖRK entscheiden würde. Er tat es schließlich. (vgl. S. 69–73)

Weiterführung und Vertiefung der Position durch die Ostdenkschrift der Evangelischen Kirche 1965

Großer Erfolg war im Jahre 1965 der Denkschrift über «Die Lage der Vertriebenen und das Verhältnis des deutschen Volkes zu seinen östlichen Nachbarn» beschieden. Sie vermied zwar (noch) eine direkte Empfehlung der Oder-Neiße-Linie als Grenze. In öffentlichen Debatten darüber bahnte sie aber der Verzichtsposition und der Bereitschaft den Weg, im Trend der Zeit Fakten, trotz ihrer eindeutigen völkerrechtlichen Mängel, den Zuschlag zu geben. Die traditionelle Begründung zugunsten Deutschlands wurde als steril empfunden.[241]

2.4 Dokumentation des Zentralkomitees deutscher Katholiken (ZdK) vom 29. 2. 1988 anläßlich des 50. Jahrestages der Reichs-Pogromnacht[244]

«Die bösen Taten einzelner hinterlassen oft tiefe Spuren im Leben der Gemeinschaft, deren Mitglieder sie sind, oder für die sie gar handeln. Wir können uns nicht einerseits zu einer Gemeinschaft bekennen, uns aber andererseits der Mitverantwortung für das entziehen, was im Namen der Gemeinschaft getan oder unterlassen worden ist, indem wir uns auf unsere Unschuld berufen.»[245].

Hier drängt sich die Frage nach der Möglichkeit einer kollektiven Belastung – an den persönlichen Instanzen vorbei, nur vermöge einer Zugehörigkeit zu einer natürlichen Sozietät – besonders quälend auf.

2.5 Hans Jürgen Karp,

der früher die «Zeitschrift für die Geschichte und Altertumskunde Ermlands» herausgegeben hat, hat[246] mein Werk «Zwischen Staatsräson und Evangelium – Kardinal Hlond und die Tragödie der ostdeutschen Diözesen»[247] umfassend rezensiert, sich als versierten Kenner der Einzelheiten erwiesen und sich um Sachlichkeit bemüht. Sein Beitrag trägt den Titel: «Kardinal Hlond und das schwierige deutsch-polnische Verhältnis. Zur Anfrage von Franz Scholz… « Mit Berufung auf das ZdK[248] schreibt er:

«So kann man sagen, daß es einen Schuldzusammenhang gibt, in dem alle Glieder der Gemeinschaft stehen, nicht nur die, die persönliche Schuld auf sich geladen haben.»

Klar wird hier die Kollektivschuld-These formuliert. Grund der Schuldanlastung ist nicht eine in Freiheit bewirkte Fehlentscheidung, sondern der Zusammenhang mit einer schuldbeladenen Gemeinschaft. Der Einzelne wird soweit ein bloßes Teil des Ganzen, das damit der individuellen Eigenverfügung entzogen wird. Durch den engen Schuldzusammenhang mit dem Ganzen werde die individuelle Verantwortung verdrängt. Ist der Zusammenhang wirklich so eng, daß diese tiefen Folgen eintreten?

3. Analyse der Kollektivschuld-These – Gibt es auch ein kollektives Gewissen?

Die Vertreter der Kollektivschuld-These treffen sich alle darin, daß es eine am persönlichen Gewissen vorbei aufgelegte Kollektivschuld gäbe, in der sich die Vergehen der eigenen Sozietät als Kollektivschuldlast reflektiere, ohne aber daß der so Belastene mit der abwegigen Tat selbst etwas zu tun hatte. Wir hätten dann fast ein Stück Schicksal und Tragik vor uns, das aus der offensichtlich zu eng verstandenen Verbindung mit der Sozietät stammt. Kann es eine derartige sittliche Belastung geben?

3.1 Nähere Analyse der Kollektivschuld. Ein kollektives Gewissen existiert nicht

Zur Analyse kommen wir, wenn wir die von den Autoren still unterstellten, aber noch nicht ausgesprochenen Voraussetzungen suchen. Sie unterstellen mit der Behauptung von Kollektivschuld auch ein kollektives Gewissen, das im sozialen und geschichtlichen Bereich die gleiche Funktion hätte, wie das persönliche im individuellen Lebensraum. Wenn es nun am Individualgewissen vorbei auch Kollektivschuld geben soll, dann muß auch eine Instanz existieren, die als Träger des kollektiven Gewissens Schuld anlastet.

Kein Ansatz einer Klärung des Verhältnisses beider «Gewissen»
In mir zugänglichem Material bin ich auf keine Bemühung gestoßen, das Verhältnis und die Funktionsweise beider «Gewissen» zu klären. Es wird im Nebel gelassen, wie zwei ethische Instanzen den einen Menschen leiten können, ohne ihn in ethischer Hinsicht aufzuspalten. Kann nun eine die Einheit der sittlichen Person bedrohende These zu einer menschlichen Lösung führen?

Wann ist welches Gewissen zuständig?

Das ist die Kernfrage. Auch über die Zuständigkeit der beiden Gewissen, falls in einer Handlung sich individueller und sozialer Bereich überschneiden, findet sich keine Auskunft. Hat es denn in der Vergangenheit nicht eine durchdachte Sozialethik gegeben, ohne Unterstellung einer Kollektivschuld – am individuellen Gewissen vorbei? Über ein Jahrtausend ist verflossen, in dem niemand daran gedacht hat, die einheitliche Gewissensinstanz auf dem Umweg über eine behauptete Kollektivschuld auf den Individualbereich zu beschränken. Karp bemerkt, daß die Kollektivschuld «geschichtliche und gesellschaftliche Dimensionen» hätte und daß man sich bei der Annahme der Kollektivschuld nicht mehr auf «Aussagen über individuelle Schuld beschränken» müsse. Das klingt so, als ob es bis zur Aufstellung der Kollektivschuld-These keine adäquate Sozialethik gegeben hätte. Man braucht nur bei den alttestamentlichen Propheten zu lesen, oder in der klassischen Moraltheologie, um leicht festzustllen, daß aufgrund der unangefochtenen Einheit des Menschen als sittlichem Wesen, alle Welt soziale Verstöße über das individuelle Gewissen aufgearbeitet hat, ohne eine Kollektivschuld ins Spiel zu bringen. War man denn überhaupt je hinsichtlich des sozialen Bereiches unter der von Karp erwähnten Beschränkung? Hat nicht schon immer das eine personale Gewissen auch die sozialen Fehlgriffe «gestellt», demaskiert und aufgearbeitet? Die theoretische Aufspaltung des einheitlichen Gewissens in ein individuelles und soziales mit zwei Funktionsträgern läßt sich im Denken durchführen, stößt aber auf den Widerspruch bei intakten, nicht gespaltenen Personen, die wissen, was ihnen ihr einziges, niemals an irdische Autoritäten zu verfremdendes Gewissen bedeutet.

Wo sollte der Ort des kollektiven Gewissens in der Gesellschaft sein?

Es müßte eine überpersonale, die jeweilige Sozietät durchwaltende Macht sein. In der Spekulation der Geistesgeschichte finden wir den «Staatsgeist», den allumfassenden Weltgeist, den Gruppengeist – Aussagen, die mythische Züge tragen. Dann aber ist vor allem der «Volksgeist» zu erwähnen als verdichtender Wille eines als unfehlbar erklärten Führers, dem man sich gehorsam zu fügen hat. Irgendwie wird man zur einzigen praktikablen Lösung greifen und den

«Sozietätsgeist» an eine mächtige staatliche Autorität anbinden, so daß sich die Bitte «Führer befiehl, wir folgen dir» organisch auf die Lippen drängt.

Solche «Geister» werden die Individualsphäre zunächst dem einzelnen überlassen. Der Träger des Kollektivgewissens, z. B. ein überragender Führer, wird das Einzelgewissen (weil es nach Voraussetzung auf die Leitung des sozialen Bereiches verzichtet hat) zunächst nicht antasten, aber dann zu Gegenmaßnahme greifen, wenn es nach Meinung der Autorität die Grenze überschreitet und feststellt, daß die Anordnungen des im Führer personifizierten Kollektivgewissens mit der Ordnung Gottes nicht übereinstimmen. Diese Freiheit wird in totalen Organisationen dem Einzelgewissen grundsätzlich nicht zugestanden. Es muß also seinen kritischen Maßstab für alles menschliche Tun und Lassen gegen ungerechte Staatsansprüche der kollektiven Autorität verteidigen. Dabei gerät es leicht in die Fallstricke des Terrors, der den von Gewissens wegen Widerständigen unbarmherzig trifft.

Die Kollektivisten machen denWeg zum Verzicht auf die Ordnung Gottes im gesellschaftlichen Leben frei

Das kollektive Gewissen ist dann positivistisch ungebunden und kann leicht sittliches Unrecht als positives «Recht» verkaufen.

Man wundert sich, daß das ZdK und andere ihr huldigen. Das alles beginnt, wenn die Möglichkeit eines sittlichen Verstoßes am privaten Gewissen vorbei – als möglich erklärt wird. Das ist aber in der Annahme von Kollektivschuld, die es ohne kollektives Gewissen nicht geben kann, enthalten. Wir haben keinen Grund, von der abendländisch-christlichen Überzeugung abzugehen und weisen die Kollektivschuld-These als unmenschlich zurück.

3.2 Rückschau und Ergänzung zur Position von Habermas

Alle Kollektivisten behaupten ohne Begründung, daß die Einbindung des einzelnen in die Sozietät der des Gliedes in eine organische Ganzheit vergleichbar sei. Die Glieder seien nun mit dem Ganzen, nach Habermas, organisch (innerlich), nicht nur zufällig (akzidentell) und äußerlich verbunden. So nimmt das Glied ungefragt am Schicksal des Ganzen Anteil, im guten wie im bösen. Wäre die Aussage richtig, so hätte der Aufruf Begins am 7. 1. 1952 in Jerusalem seine Richtigkeit: «Es gibt keinen Deutschen, der nicht unsere Elten ermordet hat. Jeder Deutsche ist ein Nazi, jeder Deutsche ist ein Mörder, Adenauer ist ein Mörder.»[249] Die Behauptung ist so massiv, daß sie schon als verdächtig erscheint, noch ehe man die Gegengründe bedenken kann. Gleichwohl hat sie im Klima des Hasses gegen Deutschland weltweit Glauben gefunden. Nicht geprüfte Voraussetzungen haben zu abwegigen Folgerungen geführt und unendlich viel Unrecht bewirkt.

Unter den «Kollektivisten» befindet sich auch J. Habermas. In seiner etwas gehobenen und schleierhaften Sprache müßte er eigentlich ähnlich wie Begin argumentieren. Doch ich habe keinen solchen Schluß bei ihm gefunden. Er könnte doch klären, wie weit er Begin folgt, und wann er weitere Gefolgschaft versagen würde. Die Beziehung des einzelnen zur deutschen Ganzheit ist für ihn «innerlich», nicht nur durch äußere, «kontingente Umstände» verknüpft. Er könne sich nicht davon lösen. Niemand dürfe sich aus diesem Milieu «herausstehlen». Es handelt sich also um eine nichtlösbare Wesensverknüpfung. Habermas spricht nicht vom Ganzen, sondern vom «Milieu» des Ganzen, in dem der einzelne geformt werde. Seine Folgerung: Jeder Deutsche, und wohl auch die kommenden, stünden in einem Lebenszusammenhang mit Auschwitz. Vergiftet seien vor allem die Traditionen, Lebensformen der Zeit, in der Auschwitz möglich war. In diesem Zusammenhang werde jeder Deutsche schicksalhaft hineingerissen. Er werde dadurch (angeblich) schuldig, auch wenn er persönlich nicht gesündigt hat. Dieses Konzept ist oben widerlegt worden. Hier ging es darum, die eigentümliche tiefe Betroffenheit atmendenWorte Habermas' zu entzaubern. Im Grunde besagt er wohl nicht mehr als das, was der gängige Kollektivismus behauptet.

4. Zeugnisse für den abendländischen Universalismus

4.1 Papst Pius XII. († 1958)

«Die Gemeinschaft ist das große naturgewollte ... Mittel, den gegenseitigen Austausch zu regeln, indem die Bedürfnisse sich wechselseitig zur völligen Entfaltung der Persönlichkeit ... ergänzen. Die Gemeinschaft als Ganzes ist keine physische Einheit, die in sich besteht, und ihre Glieder sind keine Seinsteile dieses Ganzen. Der physische Organismus der Lebewesen, ob Pflanze, Tier oder Mensch, ist als Ganzes eine in sich bestehende Einheit. Jedes einzelne Glied, wie Hand, Fuß, Auge, bietet je einen Seinsteil, der seinem ganzen Sein nach dazu bestimmt ist, sich in das Ganze des Organismus einzufügen. Außerhalb des Organismus hat er seiner Natur nach keinen Sinn und Zweck; er wird vom Ganzen des Organismus, dem er verbunden ist, vollständig absorbiert.

Ganz anders liegen die Dinge in der moralischen Gemeinschaft, in jedem rein moralischen Organismus. Hier handelt es sich nicht um eine für sich bestehende (Seins-)Einheit, sondern (nur) um eine bloße Wirkeinheit. In der Gemeinschaft sind die einzelnen Menschen Mitarbeiter und Wirkmittel nur zur Verwirklichung des Gemeinschaftszweckes.»[250]

4.2 Kollektivschuld in der biblischen Überlieferung (Ezechiel)

Gegen die unmenschliche Konsequenz hat schon der Prophet Ezechiel[251] unter den nach Babylon verschleppten Juden (als ein Vorbote der späteren abendländischen Ethik) entschieden polemisiert. In der Ausweglosigkeit der Verbannung bewegte die Verschleppten die Frage, wer denn diese nationale Katastrophe verschuldet hätte. Als Antwort darauf kolportierte man ein Wort, das die Schuld ihren Vorfahren anlastete: «... ‹Die Väter aßen unreife Trauben, und den Söhnen wurden die Zähne stumpf› ... Bei meinem Leben – Spruch des Gebieters und Herrn – fürderhin soll man dies Sprichwort in Israel nicht verwenden ... Nur wer da sündigt, soll persönlich sterben.»[252]

Nun folgt die klare Zurückweisung jeglicher Kollektivschuld: «... der Sohn darf nicht an der Schuld seines Vaters, und der Vater soll nicht an der Schuld seines Sohnes tragen ... »[253]

Der Prophet lehnt die primitive, in der Religionsentwicklung überwundene ungerechte Kollektivschuld-These leidenschaftlich ab. Zum Sündigen gehören Erkennen und Wollen. Somit ist eine Schuld, die man nicht persönlich auf sich geladen hat, etwas Widersprüchliches. Daher drängt Ezechiel darauf, daß das obengenannte Wort, das den unschuldigen Nachfahren die Schuld ihrer Väter auferlegt, nun endlich verstummen sollte. Es verrät ein falsches Gottesbild, dessen Überwindung dem Propheten sehr am Herzen lag.

4.3 Die Kollektivschuld-These, ein Rückfall in eine Phase der Schuldanlastung

Wollen die Neuerer wieder auf die vom Propheten bekämpfte primitive Stufe zurückfallen? Ezechiel vollzieht hier für das ethische und rechtliche Denken eine säkulare Weichenstellung. Mit der Entlastung von Kollektivschuld-Vorwürfen wird auf der anderen Seite das Gewicht persönlicher Schuld betont. Eine archaische Vorstellung von dem Verhältnis des Einzelmenschen zur Sozietät ist der Quellgrund dieser unmenschlichen, oberflächlichen Behauptung. Die Prophetenkritik aus dem 6. Jh. v. Chr. hat aber diese Theorie demaskiert, sie als strukturell verfehlt und als Gottes Gerechtigkeit widersprechend erwiesen.

Der scheinbar dagegensprechende Text[254], wonach Gott die Sünden der Väter bis in die vierte Generation heimsuche, besagt keine Belastung der Nachfahren mit den Sünden der Vorfahren, sondern ist nur Auswirkung der natürlichen Folgen der Sünde der Väter. Für die Sündenschuld hat der Täter allein vor Gott einzustehen. Die Kinder freilich sind mit Übeln belastet, die aber ihr Gottverhältnis nicht stören.

Abendländische Ethik kann sich nur im Rahmen folgender Grundsätze bewegen:

4.4 Keine Schuld ohne persönliche Sünde

(1) «Sünde und Schuld im theologischen Sinne ist ein ... ursprüngliches Phänomen. Das nicht auf Depression zurückgeht. Schuld ist nicht dasselbe wie Krankheit, ‹böse› nicht dasselbe wie ‹neurotisch› usw.»

(2)« Sünde und Schuld gibt es im theologischen Sinne nur dort, wo der von Gott angesprochene Mensch Gottes Willen widersprechend handelt.»

(3) «Weil Schuld letztlich ... ein Nein gegen Gott, (und) seinen Willen (ist), kann Schuld nur im Bewußtsein und in Freiheit begangen

werden ... Man ist auch frei in Handlungen, in denen die Freiheit nicht vorher eigens Gegenstand der Reflexion gewesen ist.»

(4) «Unbewußte und unfreiwillige Schuld im Sinne persönlicher Schuld vor Gott gibt es nicht, kann es nicht geben».

(5) «Es kann eine vergessene Schuld, eine verhohlene und verdrängte Schuld, aber keine «Schuld», die unwissentlich und unfrei begangen wurde (wie es bei der behaupteten Kollektivschuld der Fall ist) geben.»

(6) «Eine Tat kann die verhängnisvollsten Folgen haben, ohne doch vor Gott Schuld zu sein», wenn die subjektiven Voraussetzungen fehlen oder sehr stark behindert sind.[255]

4.5 Das Zweite Vatikanische Konzil (1961–1965) über das menschliche Gewissen

«Im Innern seines Gewissens entdeckt der Mensch ein Gesetz, das er sich nicht selbst gibt, sondern dem er gehorchen muß, dessen Stimme ihn anruft: Tu dies, meide jenes. Denn der Mensch hat ein Gesetz, das von Gott seinem Herzen eingeschrieben ist, dem zu gehorchen eben seine Würde ist und gemäß dem er gerichtet werden wird. Das Gewissen ist die verborgenste Mitte und das Heiligtum im Menschen, wo er allein ist mit Gott, dessen Stimme in seinem Innersten zu hören ist. Im Gewissen erkennt man in wunderbarer Weise jenes Gesetz, das in der Liebe zu Gott und dem Nächsten seine Erfüllung hat. Durch die Treue zum Gewissen sind die Christen mit den übrigen Menschen verbunden im Suchen nach der Wahrheit.»[256]

Dieses Gewissen ist also ein einheitliches, das nicht nur für die persönliche Dimension zuständig ist, sondern für alle sittlich bedeutsamen Bereiche: für die Beziehung zu Gott, zu sich selbst, zum Nächsten und zur Sozietät. Der soziale Raum ist damit auch dem persönlichen Gewissen zugeordnet.

5. Das Internationale Militärgericht gegen die Kollektivschuld-These

Das Internationale Militärgericht (IMT) in Nürnberg lehnte es 1946/47 ab, auf dieser Basis Recht zu sprechen. Und das in einer Zeit, in der die Siegerpropaganda in den Medien das besiegte Deutsche Volk vor allem durch die Kollektivschuld-These fast völlig rechtlos stellte.

Manchmal kommt völlig unerwartet eine Hilfe. Dazu gehört der jetzt folgende Bericht, den der Leser erst richtig schätzen kann, wenn er sich die zeitgeschichtlichen Umstände 1945/46 als Hintergrundkulisse vor Augen stellt.

5.1 Die deutsche Situation nach dem Zusammenbruch 1945

Der Morgenthau-Plan war noch in allen Köpfen. Er hätte vermutlich zusätzlich zwanzig Millionen Deutschen das Leben gekostet – durch Chaos und Hunger. Die letzte deutsche Regierung war am 23. 5. 1945 völkerrechtswidrig verhaftet worden. Deutschland war ohne Sprachrohr, ohne diplomatisches Kontaktorgan mit den Siegern, ein Ausdruck der Einseitigkeit, die jeder Willkür den Weg öffnete. In Potsdam war die Teilung Deutschlands in vier Besatzungszonen und die Vertreibung von vielen Millionen Ostdeutscher und dreieinhalb Millionen Sudetendeutscher beschlossen und bald (mancherorts schon vorher) brutal durchgeführt worden. Die Kollektivschuld-These wurde durch alle Medien aufdringlich eingeträufelt. Ein zerschmettertes Land wartete auf die Verfügung seiner harten Sieger. Dieser argumentierte der Sache nach mit der alle Deutschen belastenden Kollektivschuld.

In diesem Trend wirkten nun einige Anordnungen des Internationalen Militärgerichtes wie verirrte Fremdkörper. Einige entstammten deutlich human-rechtlichem Denken: Die Bestrafung der Kriegsverbrecher sollte nach den Grundsätzen menschlicher Gerechtigkeit erfolgen. Ein alle Angeklagten gleichsam von vornherein «erledigendes» Argument lag dagegen im publizistisch durch die Sieger propagandistisch eingehämmerten Kollektivschuld-Vorwurf.

Dabei hätte es ex definitione keine Freisprüche geben können, die es aber gab. Die grundsätzliche Ablehnung der Kollektivschuld-Theorie – im Gegensatz zur amtlichen politischen Feindpropaganda – ist ein mehr als erstaunliches Phänomen für USA-Rechtsprechung in Nürnberg 1946/47.

5.2 Ein unerwarteter Rest von unbestechlicher Gerechtigkeit

Im März 1950 hatte der Hohe Kommissar für das amerikanisch besetzte Deutschland, McCloy (USA), drei sachverständige amerikanische Fachleute als Berater bei der Entscheidung der indes eingegangenen Gnadengesuche betreffend die Nürnberger Todesurteile 1946 berufen. Dieser Ausschuß war ab 1950 in Washington und München tätig geworden und richtete einen Bericht an den Hochkommissar, in dem er die geltenden Rechtstheorien darlegte. Hier interessiert die Einstellung der Mitglieder des Ausschusses zur Frage, ob angelastete Kollektivschuld Grundlage für eine Bestrafung werden kann. Mit Spannung liest man die überraschende Stellungnahme, die geradezu zur Stützung unserer Überzeugung geschrieben sein könnte. Doch zuvor sei dankbar der Männer gedacht, die in diesem beratenden Ausschuß ein Stück menschlich-rechtlicher Tradition dem Zeittrend entgegen unbestechlich durchgehalten haben.

Zu nennen sind: David W.Pech, Präsident einer Berufungs-Kommission des Staates New York (Vorsitzender); Frederik A Moran, Vorsitzender des Gnadenausschusses in New York und General Konrad Snow, Rechtsberater im Amerikanischen Außenministerium.

Ende Sommer 1950 legte der Ausschuß, der in Washington und München acht Monate tagte, dem Hochkommissar McCloy den Bericht vor. Dieser hat seine Entscheidung über die Gnadengesuche am 31. 1. 1951 verkündet und in dem Heft «Landsberg» amtlich veröffentlicht.[257]

Der Inhalt des Berichtes ist im traditionellen Rechtsdenken verankert: Der einzelne darf nicht für die Sünden anderer bestraft werden. Daher wird das gemeinsame Tun strukturell scharf durchleuchtet.

Der Gnadenausschuß erklärt dazu deutlich als obersten Grundsatz:

«... Wir haben bereits erwähnt, und wir betonen es nochmals, daß der Einzelne nicht für die Sünden anderer verantwortlich gemacht werden darf. Eine Schuld durch Zugehörigkeit gibt es nur in einem beschränkten Maße. Wer einer verbrecherischen Organisation beitritt und sich in Kenntnis ihrer verbrecherischen Natur aktiv daran beteiligt, sollte bis zu einem gewissen Grade für die Handlung dieser Organisation verantwortlich gemacht werden. Seine Verantwortung als Mitglied der verbrecherischen Organisation bedeutet nicht, daß er für die Vergehen (Verbrechen) der Organisation büßen müßte, sondern ausschließlich, daß er für seinen Beitritt und seine eigene Beteiligung zur Rechenschaft gezogen wird. In dieser Hinsicht – bei der Anwendung des beschränkten Strafmaßes, welches wir hier für gut heißen – ... soll jeder Angeklagte nur aufgrund seiner eigenen Handlungen bestraft und verurteilt werden.»

Die Begnadigungs-Kommission sieht ihre Aufgabe also darin, die Verantwortung des einzelnen im Rahmen einer kriminellen Gruppe festzustellen. «Sorgfalt ist erforderlich, damit die Rolle, die ein Angeklagter bei einem Unternehmen gespielt hat, nicht entstellt wird durch die Ungeheuerlichkeit dieses Unternehmens. Wir haben in mehreren Fällen festgestellt, daß Angeklagte in untergeordneten Stellungen (Positionen) mit derart geringem Einfluß innegehabt haben – obgleich ihre Amtsbezeichnungen nach mehr geklungen haben mögen –, daß sie in Wirklichkeit kaum mehr als einfache Mitglieder einer verbrecherischen Organisation waren ... Wir haben nicht gezögert, dort ... einschneidende Herabsetzungen der Strafe zu empfehlen.»[258]

5.3 Exkurs über die Mängel des Internationalen Militärgerichtes (IMT)

Der hier herausgestellte humane Zug ist zweifellos ein Lichtblick in der Zeit allgemeiner Ächtung Deutschlands. Er kann aber nicht die beklagenswerten Mängel des IMT in anderer Hinsicht rechtfertigen. Folgendes bleibt zu beklagen:

1) Die Prozeßführung verstieß gegen die Grundregel: «Nulla poena sine lege.»[259] Keine rechtmäßige Strafe ohne vorheriges Strafgesetz. Die Strafnorm darf also nicht erst nach der zu beurteilenden Tat aufgestellt werden.

2) Beim IMT gab es nicht ausreichend Neutralität beim Suchen nach Recht bzw. Unrecht. Gericht, Staatsanwalt, aber auch die Verteidiger wurden einseitig von der Prozeßseite der Sieger gestellt, die mit ihrer Siegerallmacht auch vermeinte, das Recht ausschließlich auf ih-

rer Seite zu haben. Daher war der Prozeß unfair, wenn nicht ungerecht, weil den (besiegten) Angeklagten keine angemessene Vertretung ihrer Standpunkte zugebilligt worden war. Auch war es verboten, nach den gleichen Untaten bei den Siegern zu fragen. Die Rechtsgleichheit war also nicht gegeben.

3) Das IMT ist zur inappellablen Letztinstanz erklärt worden. Eine parteiische Urteilsbegründung hatte also keine Revisionsinstanz zu fürchten. Die Urteile waren auf dem Rechtswege nicht anzufechten. Es verblieb nur der Gnadenweg, den McCloy als Vorsitzender der Begnadigungskommission menschlich ausgenutzt hat.[260]

5.4 Nur der persönliche Schuldanteil kann einer Strafe unterliegen

Erst wer diesen Bericht von Männern, die über Leben und Tod anderer zu entscheiden hatten, gelesen hat, dürfte alle Voraussetzungen mitbringen, um in der Frage «Kollektivschuld» ein kompetentes Urteil abzugeben.

Nach der Überzeugung des beratenden Ausschusses führt die Kollektivschuld-These dazu, daß vielen integren Persönlichkeiten massives Unrecht widerfährt, nur weil sie als Deutsche mit Verbrechen belastet werden, mit denen sie im Erkennen, Wollen und Ausführen nicht das Geringste zu tun hatten. Das Band der Gemeinschaft ist für sie also im Hinblick auf die personale Autonomie nicht so intensiv, daß es ohne persönliche Entscheidung ein Gewissen mit fremder Schuld ethisch belasten könnte.

6. Das mutige Verhalten des Ausschusses von McCloy

Die Grundsätze des Ausschusses verlangen nach unbestechlicher Anwendung durch jeden Sieger in ähnlichen Situationen, wenn Kollektivschuld ohne persönliches Vergehen auferlegt wird. Nach Überzeugung der drei tapferen amerikanischen Juristen werden Unschuldige willkürlich an Stelle von Schuldigen «über den Tisch gezogen» und bei Anerkennung von Kollektivschuld erbarmungslos «fertiggemacht». Nach unverbogenem, natürlich-sittlichem Empfinden ist das ein schreiendes Unrecht.

Ethisch gilt dieses Postulat nicht nur für die Justiz, sondern für alle menschlichen Lebensbereiche, auch für die Information und Propaganda durch die Medien.

6.1 Ist die Kollektivschuld-These je erfolgreich begründet worden?

Sie scheint nicht aus dem Rechtsdenken, sondern dem Rache- und Vernichtungsdenken zu stammen. Wo man nach ihr «Recht» spricht, gilt die alte Erfahrung «Summum jus, summa injuria»[261], denn Unrecht wäre positivistisch zum «Recht» umfunktioniert worden. Zum Recht umfunktioniertes Unrecht ist das verletzendste Unrecht. Aurelius Augustinus[262] († 430) bemerkt in Anlehnung zu solcher Mentalität: «Läßt man die Gerechtigkeit aus den Augen, was sind dann Königreiche? Nichts anderes als Räuberhöhlen.»[263]

Ob die Kollektivschuld-These nicht etwa ein Marterinstrument aus solchem «Räuberhöhlen»- Denken unserer Zeit ist?

6.2 Rückblick

Der Satz, daß es im politischen Bereich eine sittliche Schuld gebe, die gesellschaftlich angelastet werden dürfe, ohne daß ein persönliches Versagen vorliegt, ist also unmenschlich.

Leuchtet hier nicht nebenher ein Stück Sündenbock-Mentalität durch? Man hat *einen*, gleich, ob den Falschen oder Richtigen, und rechnet zur Beruhigung der erregten Gemüter und zur Ablenkung vom eigentlichen Thema mit ihm drastisch ab.

6.3 Frage eines Ethikers

Als Ethiker frage ich die Neuerer, wie sie das durch ihre «Überzeugungen» geförderte Unrecht gegen Menschen, die ohne Grund mit Schuld belegt worden sind, wiedergutmachen wollen?

Es wäre peinlich, wenn sich Politiker ihrer heute noch direkt oder indirekt bedienten, bzw. wenn sie Abkommen, die auf diesem Hintergrund abgeschlossen worden sind, als sittlich und rechtlich fundiert ausgeben wollten. Wer denkt dabei nicht an Potsdam, die Vertreibung und später schamlos nachgezogene Parallelen.

7. Fragen an die Partner der Zwei-plus-Vier-Verhandlungen 1990

Beim Studium der Erklärungen des beratenden Ausschusses für McCloy drängt sich die Frage auf, wie wohl die Zwei-plus-Vier-Verhandlungen 1990 verlaufen wären, wenn auf alliierter Seite wieder Partner gestanden hätten, die, wie damals 1951, nicht dem politisch-pragmatischen Trend, sondern dem Gedanken der Gerechtigkeit unbestechlich den Vorrang eingeräumt, also Menschlichkeit über die Staatsräson gestellt hätten. Das säkulare Verbrechen der Vertreibung wäre nicht als berechtigt hingenommen worden.

Kapitel IX

Zur Umerziehung der Deutschen

Die USA-Sieger zielten auf die Umerziehung der besiegten Deutschen zu einer psychologischen Bewußtseins- und Neigungsumstellung. Sie macht sich dadurch bemerkbar, daß die Deutschen – umgepolt – die Interessen und Wünsche der Alliierten sich selbst zu eigen machen und sich demgemäß entscheiden. Der einfache Mann auf der Straße weist darauf hin, wenn er einen früheren deutschen Minister als «besten Außenminister Polens» apostrophiert. Solche politischen Bewußtseinsumstellungen in den Köpfen der Deutschen selbst zu bewirken, haben die Sieger ihrer Psychologie zugewiesen. Sie entwarf das Konzept der Bewußtseinsänderung.[264]

1. Vom Werden des Siegerkonzeptes

Es trug etwas vom missionarischen Geist der «Mental-Health-Bewegung»/USA von»Clifford Beers» [108][265] in sich, die einer korrigierten Marx-Freudschen Psychologie huldigte.

An Freud wurde bemängelt, daß er in seiner Lehre «unwandelbare biologische Triebe» [110] angenommen habe, denen gegenüber der Neo-Freudianer Erich Fromm († 1980) lehrte:

«... Triebe, welche die Unterschiede im Charakter der Menschen ausmachen, wie Liebe, Haß, Machtgier, Unterwürfigkeitsdrang, Sinnenfreude und Sinnenfurcht, sind dem Gesellschaftsprozeß unterworfen und resultieren aus ihm.» [110]

Marx wurde vorgehalten, daß die Klassenkampftheorie sich angesichts des seit 1930 deutlich anwachsenden Nationalsozialismus in Deutschland nicht verifiziert, und er die Wandelbarkeit des menschlichen Charakters durch kulturelle und gesellschaftliche Prozesse nicht berücksichtigt habe.

Diese Erkenntnisse trieben in den USA dazu an, Deutschland durch Charakterwäsche psychisch umzuformen.

Die Ergebnisse der «Kulturanthropologie» [111] trugen zusätzlich zum konkreten Umerziehungskonzept für Deutschland bei. Diese hatte entdeckt, daß einige menschliche Eigenschaften ihre Existenz der Kultur, nicht der Natur, zu verdanken hätten.

2. Arapesh (Neuguinea) und Zuni (Neumexiko) als charakteristische Vorbilder für die Besiegten

«... die Arapesh (sahen) ihr Ideal im milden und umgänglichen Mann... lehnten Aggression, Wettbewerb und starke Gefühlsäußerungen ab; sie straften ihre Kinder nie.» [111]

«Der Zuni... versuche jedes Rennen zu verlieren und habe eine höllische Angst, ein Amt zu übernehmen.» [111]

«Was lag näher, als aus den kriegerischen Deutschen Arapesh und Zuni zu machen, da die menschliche Natur ja wandelbar sei?» [111]

Die «folgenreiche Politisierung der Psychoanalyse» [112] wurde im Ansatz schon seit 1930 in dem von Max Horkheimer[266] gelenkten «Institut für Sozialforschung» [113] (Frankfurt/M) betrieben, wo auch die «Kritische Theorie» [113] gegen Ende der Weimarer Zeit entwickelt wurde. «1933 wurde das Frankfurter Institut wegen ‹staatsfeindlicher Umtriebe› geschlossen» [113/114] und nach den USA verlegt.

In Horkheimers «Zeitschrift für Sozialforschung» [114] «(förderte) vor allem Erich Fromm... die Synthese von Marx und Freud. Seine Aufsätze... und sein Beitrag zu dem... erst 1935 in Paris gedruckten Band ‹Studien über Autorität und Familie› gelten als die ‹Gründungsdokumente› der amerikanischen neo-freudianischen Schule.» [114]

3. Freigabe der Sexualität

Gleichzeitig entwickelte «Wilhelm Reich ... in Wien Freuds erster Assistent» [116] eine «sex-ökonomische Massen-Hygiene»[267] [118] mit der Lehre, «daß die Massen infolge jahrhundertelanger Unterdrückung unfähig zur Freiheit sind, und dies wegen der «Unterdrückung des genitalen Liebeslebens in Kindern, Heranwachsenden und Erwachsenen.» [117]

Die Familie habe sich als die «zentrale reaktionäre Keimzelle» [118] für die Erhaltung des Faschismus (im weitesten Sinn totalitärer Staatlichkeit) erwiesen. «Die Mutter ist die Heimat des Kindes und die Familie die Nation en miniature.» [118] Sie zeichne sich durch «Sex-Negation» [118] aus. «Realistisches, nicht metaphysisches Denken... geht Hand in Hand mit der Lockerung der Familienbande» [118] und nimmt Abstand von dem asketischen Sexual-Konzept des Abendlandes.

«... die sexualkulturelle Revolution (sei) auch das politische Heilmittel.» [118] Darum «sei eine kollektive Atmosphäre sexueller Bejahung zu schaffen, die eine neue sexökonomische Moral zur Folge habe.» [118] Das ist nur durch Schwächung der Familie erreichbar.

Fundamentaler kann man Besiegte kaum «umstellen». Ein doppelter Abschied, von der Familie und von der zuchtvollen Beherrschung der Sexualität, wird hier programmatisch verordnet.[268]

4. Ersatz durch sekundäre Bindungen – Der autoritäre Charakter

Die Auflösung der Familie usw. mache nun zwar «freier, aber auch einsamer.» [119] Daher «... versuche» ein solcher Mensch «in die sekundären Bindungen zu entfliehen.» [119] Diese nähmen die masochistische[269] oder sadistische[270] Gestalt an. Beide Pole, der aktiv-sadistische und der passiv-masochistische, «gehören jedoch zusammen als ‹aktiver und passiver Pol des symbiotischen Komplexes›» [119], d. h. der Wille, selbst autoritär zu herrschen, ist mit dem Streben, sich anderen Menschen vollständig zu unterwerfen, verbunden. Dieser symbiotische Komplex bestimme den «autoritären Charakter...» [119].[271]

«Die Lehre vom autoritären Charakter bot den Schlüssel zur ‹Psychologie des Nazismus›...» [120], d. h. für die Realisierung des psychologischen Konzeptes, das Deutschland gegenüber anzuwenden ist.

5. Der jüdische Kongreß in den USA übernimmt dieses Konzept für Deutschland

Der «American Jewish Congress» [121] übernahm dieses auch von Horkheimer erstellte Konzept. Horkheimer wurde in diesem «Congress» die «Leitung» der Abteilung «für wissenschaftliche Forschung» in den USA «übertragen» [121].

«Als erstes Resultat der... Forschungsabteilung wurden 5 Bände ‹Studies in Prejudice›[272] herausgebracht...» [121].

In Horkheimers Vorwort zur Gesamtreihe der ‹Studien über Vorurteile›... [IV] ist zu lesen: «Unser Ziel ist nicht nur, das Vorurteil zu beschreiben, sondern es zu erklären, um bei seiner Ausrottung zu helfen. Ausrottung meint Umerziehung, die wissenschaftlich geplant wird...» [121].

Aus den o. g. 5 Bänden «(ragt) vor allem die zweibändige Arbeit von Theodor W. Adorno[273]... über die ‹autoritäre Persönlichkeit› heraus...»[274] [121].

Von der «Ausrottung» sind auch die traditionellen, auf Autorität gegründeten Institutionen und Verhaltensweisen betroffen.

Zunächst war es wichtig, die psychischen Voraussetzungen zu erforschen, «unter denen Massen für eine Politik gewonnen werden können, die ihren eigenen vernünftigen Interessen widerspricht [121/122]. «Konventionelle Werte, wie äußerlich korrektes Benehmen, Erfolg, Fleiß, Tüchtigkeit, physische Sauberkeit, Gesundheit und konformistisches unkritisches Verhalten ‹verbergen› eine tiefe Schwäche des eigenen Ichs...» [122].

Die Kinder seien in der Familie «... häufig ‹durch einen strengen Vater oder durch Mangel an Liebe überhaupt gebrochen und wiederholen, um überhaupt seelisch weiterleben zu können, ihrerseits, was ihnen selbst einmal widerfuhr» [122].

Die den «Autoritären» zugeordneten traditionellen Verhaltensweisen fallen hier unter die «Vorurteile», die abgebaut werden müssen.

6. Ziel: die Zerstörung des Gleichgewichtes der traditionellen, gesellschaftlichen und psychischen Kräfte

«Daher sei die ‹restlose Zerstörung› der Kräfte, die das alte Gleichgewicht aufrechterhielten, die erste Aufgabe der Umerziehung. Wer Mord und Totschlag ablehne, weil er ‹Chaos› vermeiden wolle, der werde die Wiederherstellung des alten Gleichgewichts mitverschulden.» [123][275]

Zu den restlos zu zerstörenden alten Kräften gehören also Ehe und Familie, sexuelle Kultur und die abendländisch-christliche Ethik in Lebenslehre und Lebenspraxis.

«Man müsse... auf Summer Welles Vorschlag... einen unbegrenzten Zeitraum verstreichen lassen, ohne einen Friedensvertrag zu unterzeichnen. In diesem Zeitraum könne der Patient Deutschland einer Behandlung[276] unterzogen werden. Der geeignetste Zeitpunkt für den Beginn der Behandlung sei der Tag nach dem Zusammenbruch, da dann die ‹(tiefgetroffene und gebeugte)› deutsche Seele am empfänglichsten sei.» [125/126]

Das Chaos, die o. g. Fluidität, ist eben erforderlich, um das alte sozial-psychische Gleichgewicht zu zerstören.

6.1 Auswirkung der Umerziehungstendenzen in Deutschland: Die Schule kann nicht die Reparaturwerkstätte für die Fehlgriffe der Umerziehung sein

Diese Erziehungsziele der Sieger für Deutschland sind längst von deutschen Vermittlern übernommen worden. Sie wenden sich stark an das «Sinneswesen» Mensch und wirken durch alle Medien. Sie sind angestrebt worden, um das deutsche Volk von innen her seelisch und charakterlich zu schwächen. Das ist weithin gelungen.

Ein schockierendes Zeugnis dafür bietet das Editorial der «Stimmen der Zeit»[277], also einer wissenschaftlichen, allen Sensationen abholden Zeitschrift. Dort steht unter «Mangel an Erziehung»:

«Vor wenigen Wochen brachte eine angesehene deutsche Tageszeitung dieses Thema. Das Versagen der Erziehung wurde festgemacht in Undankbarkeit, überzogenen Ansprüchen, Egoismus, pflichtscheuem Vorteilsstreben, Mißgunst, bedenkenloser Brutalität gegen andere ... Adressat dieses nachdenkenswerten Beitrages war die vom Staat verantwortete Schulpolitik.»

Der Bericht wirkt wie ein Fanal, endlich der einseitig permissiven Erziehung, dem Spiel ohne Grenzen, die alles gestattet und keine Verzichte mehr einübt, den Abschied zu geben und um menschliche Kultur besorgt zu sein, die ohne Verzicht, d. h. ohne Frustrationstoleranz, nicht eingeübt werden kann. Das permissive Gewährenlassen ohne Grenzen kann nicht für ein Leben voller Widerstände vorbereiten. Eher wird der Typ des egoistischen Tyrannen vorbereitet.

Die Gesellschaft müßte im Chaos enden, die bei ihren Nachfahren nur Selbstbehauptung mit allen Mitteln fördert, ohne zu einer Verzicht erfordernden Sozialisierung zu befähigen. Die moderne hedonistische Lebenspraxis ist überzeugt: Alles ist gut, was aktuell Sinneslust bringt. Sie meldet hier schon ihr Versagen an. Ohne die Fähigkeit, Entbehrungen zu ertragen (Frustrationstoleranz), kann das Leben nicht gelingen. Wenn dann die Familie aufgerufen wird, diese Grunderziehung vor und neben der Schule zu übernehmen, wird genau das Gegenteil dessen, was uns die Sieger befohlen haben, als menschlich richtig erkannt, nämlich die Stärkung der Familie, ihre erziehliche Ausstrahlung. Einfach unersetzlich ist die durch sie erlebte Geborgenheit, die mit erlebtem Lebenssinn zusammenzubringen ist.

Der Artikel schließt: «Die Schule kann nicht die große Reparaturwerkstatt der Nation sein.» Tatsächlich setze die Schule eine familiäre Erziehung voraus, um den genannten chaotischen Entartungen vorzubeugen. Und gerade die Familie, der Grunderziehungsfaktor, soll durch die von den Siegern auferlegte Umerziehung aus der Lebensvorbereitung ausgeschaltet werden.

6.2 Ein Bericht der «Frankfurter Allgemeinen Sonntagszeitung» illustriert den Werteverfall[278]

«In Frankfurt bedroht ein Achtzehnjähriger einen Sechzehnjährigen ... Nachdem er dessen gesamtes Geld (DM 20,00) herausgepreßt hat, ersticht er den Schüler ... und gibt zu Protokoll: ‹Ich weiß nicht, warum ich zugestochen habe› ... Täter sind (in solchen Fällen) meistens Jugendliche zwischen 14 und 23 Jahren; ihre Anschläge sind von brutaler Gewalt ... In jeder Gesellschaft gibt es einen Bodensatz krimineller Gewalttäter. Vor ihnen zu schützen, ist Aufgabe der Polizei ... Daneben wächst immer stärker jene Gewalt heran, die mitten unter uns aufbricht, in den Wohnungen, Schulhöfen usw. ... Die Ursachen liegen hier tiefer. Denn es ist etwas Elementares verlorengegangen, wenn selbst die letzte Schwelle, die Achtung vor dem Leben ... überschritten wird. Liegt es nicht auch daran, daß jungen Menschen weisgemacht wurde, es sei alles möglich, alles erlaubt und letztlich alles egal? Viele haben sich daran beteiligt, Grenzen niederzureißen, die Vermittlung von Werten und Tugenden als obsolet [279] zu erklären. Sie haben damit den jungen Menschen ... in die Halt- und Orientierungslosigkeit getrieben ... (‹Pädagogisches Spiel ohne Grenzen›) ... Die Geringachtung von Werten und Tugenden, das Nichteinfordern der Bürgerpflichten ... entfalten jetzt eine verheerende Wirkung ... Ziel muß es sein, das Wertbewußtsein zu schärfen ... und den unauflöslichen Zusammenhang von Freiheit und Verantwortlichkeit zu vermitteln.

‹Wenn die Irrtümer verbraucht sind›, so schrieb einst Bertold Brecht, ‹sitzt als letzter Gesellschafter das Nichts gegenüber›.»

6.3 Ein konträres Phänomen in Rußland

Am 25. Januar 1992 brachte die «Frankfurter Allgemeine Zeitung» in der Beilage «Ereignisse und Gestalten» einen Bildbericht über ein humanistisches Gymnasium in St. Petersburg, das nach Grundsätzen abendländischer Humanität arbeitet. Nicht ohne Bewegung stellt man fest, daß in manchen höheren Schulen Rußlands vor dem Unterricht gebetet wird und daß man ein Schulsystem nach dem Vorbild Preußens anstrebe. Auf dem Großfoto trug eine junge Dame eine Losung in Latein. Man lese und staune: «Bis vincit, qui seipsum vincit».[280]

Eine Erziehung, die die Freude des Sieges über sich selbst nicht mehr kennt, beraubt die Jugend der eigentlichen Freuden und verurteilt sie zu einem oberflächlichen, auf kurzfristige Sinnenbefriedigung ausgerichteten «Dünenleben» ohne Grund und Verwurzelung, aber auch ohne Sinn und tiefere Freude.

Vom christlich-abendländischen Standpunkt aus ist die Absicht der Sieger und ihrer deutschen Helfer, in genannter Weise das deutsche Volk sich selbst zu entfremden, ein Verbrechen am jungen Menschen.

Dem Besiegten darf seine Identität nicht durch moralische Verführung genommen werden.

7. Mit Hilfe der UNESCO sollte das Umerziehungskonzept in Deutschland populär gemacht werden

«... der Neo-Freudianer, Harold D. Lasswell, (wurde) mit der Leitung der Arbeitsgruppe ‹War Communications› beauftragt. Das Ziel der von der Rockefeller-Stiftung finanzierten Gruppe war für Deutschland die Rekrutierung und Ausbildung von Personal für die Propaganda-, Informations- und Nachrichtenstellen ... » [127].

Mit Hilfe des Lizenzsystems wurde «durch die Besatzung» über alle verfügbaren Kanäle versucht, «eine Änderung des deutschen Volkscharakters» im dargelegten Sinne «zu bewirken ... » [132]. Nach eigener Theorie waren dazu am besten die bisherigen «autoritären» Persönlichkeiten geeignet. Bei ihnen erschien der Erfolg der Charakterwäsche am wahrscheinlichsten. Freilich mußten sie zur Kenntnis nehmen, was ihre eigene Unsicherheit wesentlich verstärkte, daß ihre eigenen Tugenden, sog. «konventionelle Werte», nur Ausfluchtsreaktionen seien, die abgebaut werden müßten. Ein möglichst früher «freier» Geschlechtsverkehr wird dabei als Positivum für Demokratie verbucht.

8. Politische Wissenschaft als Medium der Umerziehung

Das neu eingeführte Universitätsfach «Politische Wissenschaft» sei «... jenes Medium der Charakterwäsche ... das zur Zeit mit die besten Resultate zeitigt.» [149] Und das alles im Dienste der Umpolung der besiegten Deutschen.

Die hessische Regierung war einer Anregung der amerikanischen Militärregierung gefolgt und hatte über tausend repräsentative Fachleute nach Waldleiningen 1949 (10.–11.9.) eingeladen. Bei dieser Gelegenheit wurden Gastprofessoren aus den USA gratis angeboten. Neue Lehrstühle sollten errichtet werden.[281]

Die Lehrstühle wurden mit den Siegern politisch ergebenen Professoren, meist aus der linken Szene, besetzt. Sie informierten die Studentenschaft im Sinne der Sieger.

9. Umerziehung zur «Siegerwahrheit» – letzte Auswirkung der Kapitulation

Die Umerziehung zur Bewußtseinsveränderung im Sinne des Siegers hat ihr Ziel «zufriedenstellend» erreicht. Die «Wahrheit der Sieger» ist als neue «Wahrheit» eingeträufelt worden. Die Umerziehung betraf nicht nur die «Befreiung» der Triebbereiche, sondern auch die gefühlsmäßige Übernahme der Verdikte der Sieger über Deutschland.

Nun kommen die ersten Ergebnisrückmeldungen, die uns ungeschminkt mit den katastrophalen Ergebnissen dieses Siegerprojektes konfrontieren. Auf dem Boden der Umerziehung wurden die Anlastung von Kollektivschuld und die Preisgabe Ostdeutschlands durch die Deutschen selbst betrieben.

Der amerikanische Präsident Roosevelt forderte 1943 in Casablanca die Beendigung des Krieges durch eine bedingungslose Kapitulation Deutschlands. Was das konkret bedeuten sollte, wurde erst nach dem Zusammenbruch klar.

Der erste Schritt war die Besetzung ganz Deutschlands mit den Truppen der siegreichen Alliierten, dann die völlige Entmündigung der Deutschen, nachdem die Sieger am 5.6. 1945 in Berlin die gesamte Exekutive auf den Ebenen des Reiches, der Länder, der Kreise und der einzelnen Gemeinden in eigene Hände übernommen hatten. Als Begleitmusik dazu diente die völkerrechtswidrige Verhaftung der Regierung Dönitz am 23.5. 1945 und in Potsdam am 2.8. 1945 die ebenfalls völkerrechtswidrige Besetzung Ostdeutschlands zur Verwaltung an Polen bei gleichzeitiger Anordnung der Vertreibung der gesamten Bevölkerung.[282]

Zu dem von den Siegern verursachten unnötigen Leid und Unrecht gehörte die ebenfalls völkerrechtswidrige Zurückhaltung der deutschen Kriegsgefangenen, zumal das gesamte deutsche Heer in Gefangenschaft geraten war. In vielen Lagern dieser Gefangenen kam es wegen Mangels am Notwendigsten zu einem Massensterben, das man hätte verhindern können. Gleichzeitig schwebte das Gespenst des Morgenthau-Plans über Deutschland, dessen Rest-Industrie total demontiert werden sollte, mit der Folge, daß in einem reinen Agrarstaat in den nächsten Jahren bis 20 Millionen Menschen an Hunger und Chaos zugrunde gehen würden. Die besiegten Deutschen spürten bald, daß sie in allen Bereichen den Siegern auf Gedeih und Verderb ausgeliefert waren. Sie waren durch ihre angebliche Kollektivschuld reine rechtlose Objekte geworden.

Der frühere polnische Außenminister Skubiszewski hat seine Theorie über die Unterwerfung Deutschlands 1945 in der den polnischen Bischöfen nahestehenden Wochenzeitung «Tygodnik Powszechny»[283] in dem Artikel «Über die polnische Westgrenze» dargelegt. Als Ergebnis der Kapitulation seien die Besiegten ohne alle Rechte gewesen, auch ohne die Ansprüche, die ihnen das Völkerrecht verbürgt, also auch ohne «völkerrechtliche Grundausstattung».

Die Deutschen waren damals, ähnlich wie die von Kolumbus am 12. 10. 1492 entdeckten Einwohner Amerikas (Indios), der Willkür und der Grausamkeit der Sieger wehrlos ausgeliefert. Die Indios waren nach damaliger, leider auch christlicher Zeitüberzeugung rechtlos, weil sie noch nicht getauft waren; die Besiegten 1945 deswegen, weil sie Deutsche waren.[284]

Eine noch unmenschlichere Form der Unterwerfung zeichnete sich aber in der durch die USA generalstabsmäßig geplanten Umerziehung der Deutschen ab. Sie sollten psychisch gebrochen werden, also aufhören, deutsch zu denken, deutsch zu fühlen, d. h. sie sollten ihre nationale Identität aufgeben und möglichst, ohne daß sie es merkten, sich selbst, ihrem Vaterland und ihrer Nation entfremdet werden.

Je mehr sich der Morgenthau-Plan verbot, desto wichtiger wurde nun die Umerziehung zur Wahrnehmung der Interessen der Sieger. Die sog. «Bewältigung der Vergangenheit» basierte auf der Anlastung der Kollektivschuld, mit der Folge, daß die Sieger das Geschichtsbild bestimmten und regelten, wie es ihrem politischen Vorteil entsprach.

Das neue Geschichtsbild wurde den Deutschen durch alle Medien eingeflößt. Dabei ergab sich eine unkontrolliert-emotionale, gegen die eigene Nation gerichtete Einstellung mit seelisch krankhaften Merkmalen. Alles Deutsche erschien als häßlich, minderwertig, befleckt. So bildete sich etwas wie ein neues Feindbild heraus, das sich aber gegen die eigene Nation richtete. In dem Ausruf «Deutschland verrecke!» drückt es sich aus.

Die deutsche Geschichte wird nur durch die Brille der Sieger dargestellt unter Verdrängung all der Elemente, die für die Besiegten als Rechtsbasis benutzt werden könnten. In Feindbildern ist es üblich, die dunklen Seiten des Gegners ins Maßlose zu überhöhen und die Lichtseiten einfach zu verschweigen.

Ein solches Geschichtsbild wurde den schon unter Hitler geschichtlich verwirrten Deutschen eingeimpft, machte sie neurotisch und unsicher und ließ sie in dem Nachgeben gegenüber dieser feindlichen Infiltration das geringere Übel sehen.

9.1 Fragen eines Ethikers

Den Ethiker überfällt angesichts solcher Verwirrung und Vermischung von Wahrheit und Lüge, von Recht und Unrecht die Sorge um die Zukunft des werdenden Europa.

Werden in den maßgeblichen Fragen die alten Sieger von 1945 auch fernerhin positivistisch, bürokratisch festlegen, was Recht und Unrecht ist? Werden weitere Völkerrechtsbrüche geduldet, statt der bedrängten, angegriffenen Bevölkerung in Bosnien wirksam durch Entmachtung der Serben beizustehen? Begnügt man sich – als Alibi – mit dem Abwurf von Lebensmitteln, wobei es den Serben gelingt, täglich mehr an Land zu gewinnen, die Bevölkerung zu vertreiben und andere anzusiedeln? Ist es wirklich passend, auf solches Vorgehen nur mit Protesten und Lichterprozessionen zu reagieren?

So wird deutlich, welche Wirkung die bedingungslose Kapitulation von 1945 zur Folge hatte. Die Deutschen haben die inneren natürlichen Vorbedingungen, ihrem Vaterland zu dienen, weithin eingebüßt und die Überzeugungen der Sieger angenommen.

10. Einschneidender Wandel der gesellschaftlichen Grundwerte im Rückenwind der Umerziehung

Die Umerziehung wirkte sich allgemein durch einen auffallenden Wandel in individuellen und gemeinschaftlichen Wertesystemen aus mit besonderer Anlehnung an USA–»Vorbilder».

Mit diesem «Wertewandel» befaßt sich im gleichlautenden Artikel Felix Philipp Lutz.[285] Er stellt eine Hinwendung zur individuell interpretierten Selbstverwirklichung – in deren Rahmen die Abwehrrechte des GG gegen Eingriffe in persönliche Freiheit stark betont sind – und zu Freizeitansprüchen, bei gleichzeitiger Abkehr von traditionellen Pflicht-Werten fest, wie sie vor allem durch die Familie und die Kirchen eingebracht werden. Am spürbarsten wird die Abkehr von früher üblichen gesellschaftlichen und individuellen Integrationswerten im Bereich der Nation erlebt. Unter den öffentlichen Sinndeutungsangeboten ist die Nation eine wenig beachtete Randerscheinung geworden.

Die von den Umerziehungsstrategen geplante Bewußtseinsänderung hat auf die genannten Felder spürbar durchgeschlagen, also weg von Familie, weg von bürgerlichen Bindungen, die – wie z. B. die Einstellung zur Sexualität – angeblich auf Vorurteil beruhten, Abkehr von den Kirchen, die das Angebot einer letzten Deutung des Lebenssinnes anbieten, hin zu den vordergründigen Sinnenbereichen als täuschenden Surrogaten. Der Letztsinn wird durch oberflächliche Sinnenbefriedigung abgelöst.

Da der Staat diesen Letztsinn, der allein eine Gesellschaft auf die Dauer stabilisiert, nicht vermitteln kann, ist die festgestellte Abkehr von den Sinn und Geborgenheit vermittelnden Autoritäten um so bedrohlicher.

Als besonders wirksam für den Schrumpfungsprozeß, dem Familie und Kirche unterliegen, erwies sich die indirekte Strategie über Schulen, Universitäten und Medien. Der weiche Terror mit dem abendlichen Fernsehfilm über deutsche Untaten tut nach wie vor seine Dienste. Die amerikanischen Besatzer nannten ihre Methode untertreibend «reeducation». Caspar v. Schrenck-Notzing bezeichnet sie 1965 treffender als «Charakterwäsche».

In diesem Zusammenhang ist eine Bemerkung Clemenceaus über

den amerikanischen Lebensstil anzuführen, der durch die Umerziehung bei uns eingepflanzt werden soll: «L'Amérique? C'est l'évolution de la barbarie à la décadence, sans toucher la culture.»[286]

Soweit es die Deutschen angeht, handelt es sich bei dieser «Fortsetzung des Krieges mit anderen Mitteln» um die dauerhafte Zerstörung von Geist und Seele des besiegten Volkes.[287] Eine weitere Facette davon bietet E. Anrichs Buch «Leben ohne Geschichtsbewußtsein». Dort werden die erschütternden Linien eines Daseins, dem nur ein «entmannter», durch ideologische Verkümmerungen umfunktionierter Geschichtsunterricht vergönnt war, umrissen.[288]

Das leistete die deutsche Schule bald selbst «bis zu dem Ziel, dessen Formulierung dem amerikanischen Propagandisten Walter Lippmann zugeschrieben wird: ‹Erst wenn die Kriegspropaganda der Sieger Eingang in die Geschichtsbücher der Besiegten gefunden hat und von der nachfolgenden Generation auch geglaubt wird, dann erst kann die Umerziehung als wirklich gelungen angesehen werden› ... «[289]

Die ideologische Verbogenheit der deutschen Vermittler ließ bald – ganz im Sinne der Umerzieher – unpassende, störende Fragen nicht mehr zu und erstickte damit auch die Neigung und Fähigkeit, solche treffend zu stellen. Man reagierte noch, aber, wie gewünscht, an der objektiven, zu verheimlichenden Wahrheit vorbei.

Vorläufig scheint es die Umerziehung weitgehend geschafft zu haben. Es verwundert nur, daß die christlichen Kirchen einer solchen Systematik der Zersetzung ziemlich tatenlos zusahen. Wie konnte die von außen auferlegte Umerziehung so tiefgehend wirken?

Drei Teilgründe zeigen sich deutlich: 1) Die von Anrich betonte Geschichtslosigkeit führte zu einer Abwürgung der eigenen Gründe. In der Fortführung der bedingungslosen militärischen Kapitulation nach innen sollten sich die Deutschen in Kopf und Herz, also in ihrer geistigen Mitte, verlieren. 2) Während es früher darum ging herauszufinden, was Wahrheit ist, gilt heute eher: höchster Gesichtspunkt ist das, was Lust verschafft und den Medien die höchsten Einschaltquoten bringt. Sie ist weithin das neue Kriterium für erfolgreiche Medienarbeit. 3) Diese Medien, stärkste politische Mächte in unserem Land, sind außerhalb jeder demokratischen Kontrolle. 4) Wer sich darüber beklagt, wird es umso schwerer haben, Zugang zu Redaktionen zu finden.[290]

Kapitel X
Vertiefung der Schuldfrage

1. Ziel dieses Buches

Dieses Buch hat sich nicht zum Ziele gesetzt, die zweifellose Mitschuld der Sieger zu thematisieren. Sein Ziel ist bescheidener. Es will nur den Art. 239 von Versailles (Deutsche Alleinschuld und ihre spätere Hochstilisierung zur Kollektivschuld) aus den Angeln heben und für eine deutsche *Mit*schuld plädieren. In diesem Zusammenhang lohnt es sich, noch einmal die Schuldanklagen der Sieger von 1918/19 (im Kapitel II) zu studieren. Das Gleiche gilt für das Ende des Zweiten Weltkrieges, bei dem die Besiegten bald zu sprachlosen Heloten ohne eigene Regierung gemacht worden sind, und der unwiderstehliche Siegerwille sich zur Quelle neuen Rechtes herausbildete, besonders durch die Anlastung von Kollektivschuld, die jeden Deutschen bis ins Privatleben diffamierte und ihn jeder Strafe aussetzte. Er sei vor allem selbst minderwertig, weil er einem «Verbrechervolk» angehöre. Die anthropologischen und psychologischen Voraussetzungen solcher Haßbehauptungen demaskieren die Kollektivschuld-These als ein Gespenst, das das Leben aller Deutschen moralisch mindert und überdies selbstunsicher machen will. Im Sinne der Umerziehung sollen dadurch umso gefügigere Besiegte erstehen.

Hier wäre der Ort, die große Schuld der Sieger an den Deutschen zu nennen, die mit Hitlers Verbrechen nichts zu tun hatten und zu Unrecht kollektiv angeklagt wurden und werden. In der Absicht des Buches wird diese Anklage nicht formuliert. Daher wird auch auf weitere Detaillierungen der deutschen Schuld, die letztlich nur Einzelschuld sein kann, verzichtet. Im Hirtenbrief der deutschen Bischöfe (August 1945) sind typische Einzelverfehlungen genannt. Freilich gibt es genug gewissenslose Opportunisten, die nur nach dem Vorteil des Augenblicks fragen, es gibt eine graue Masse der Mitläufer. Sie hätten, soweit der persönliche Schuldvorwurf eine Berechtigung hatte, zur «Aufarbeitung» angeregt werden sollen.

2. Menschliche Schuld im Ursinn

Sie wird schon bei den klassischen Dramatikern als eine den inneren Menschen zerstörende Macht, eine psychische Reaktion auf einen Angriff auf das eigene Wesen erlebt. Diese Erfahrung der Schuld ist der Existenzangst verwandt. Das sittliche Menschenwesen wird in seinem Kern angegriffen und bedroht. Wer unmenschlich handelt, ist tatsächlich in Gefahr, sich auch selbst zu verlieren. Im abendländisch-christlichen Denken ist dem Menschen aufgegeben, sich selbst durch seine Entscheidung für das Gute zu bejahen. Die Frucht ist der innere Frieden, das Echo darauf, daß der Mensch ausgewogen mit sich und seinem ihm aufgegebenen Soll lebt.

Maßstab rechten Handelns ist subjektiv das nach Kräften gebildete Gewissen, objektiv das Sittengesetz. Mit Recht wird auch ein gesundes und krankes Schuldgefühl unterschieden. Im ersten Falle liegt ein wirklicher Verstoß gegen menschliche Werte vor. Er reflektiert sich in der Schulderfahrung wie ein Warnlicht. Die Schuldbedrückung ist der natürliche Widerhall auf einen menschlichen Wesensverstoß, gegen Gott, den Nächsten oder gegen sich selbst. Denken wir an das Erröten bei einer Lüge. Gleichzeitig möchte der Schulddruck zur «Rückkehr» aufrufen, um die quälende Selbstzerrissenheit zu beenden. Echte Schuld wird also nicht von außen verordnet, sondern innerlich als Folge menschlichen Versagens erfühlt.

Die Schere zwischen der von den Siegern auferlegten kollektiven Schuldlast und echter persönlicher Schuld ist allzuweit geöffnet, als das sie greifen könnte. Von kollektiver Schuld kann dabei nur die Rede sein, wenn «Schulddruck» durch persönliche Verantwortung erwächst. Millionen waren ethisch von den Verbrechen des Dritten Reiches nicht berührt. Für solche ist die Kollektivschuldbehauptung im strengen Sinn eine Verleumdung und Beleidigung. Schuld im Ursinn kann nur aus persönlichem sittlichen Versagen stammen.

3. Die deutsche Schuld

Durch die deutsche Regierungskriminalität – nicht durch das ganze deutsche Volk – ist im Inland und im besetzten Ausland maßloses Unrecht geschehen: durch die Verletzung der Friedenspflicht; durch Mißachtung der Souveränität anderer Völker und durch willkürliche Teilung fremden Staatsterritoriums, die bei Polen am 23. 8. 1939 zur Überlassung Ostpolens an die SU führte und wenig später bis zur Zerstörung des Staates ging; durch Kriegsverbrechen, mit denen sich nach Kriegsschluß das IMT in Nürnberg, z. T. leider wieder parteiisch, befaßt hat; durch Ausrottung der Juden[291] aus verblendeter Ideologie; durch Vertreibung von Zivilbevölkerung aus den dem «Großdeutschen Reich» zugeschlagenen Territorien; diese Vertriebenen konnten nach dem Kriege in ihre Heimat zurückkehren.

Tief in das Gedächtnis der unterworfenen Völker haben sich die Exzesse gegen die Zivilbevölkerung eingeprägt: in der ČSR 1942 in Lidice, in Frankreich 1944 in Oradour-sur-Glane. Sie geschahen auf bloßen Verdacht hin, der in Kulturnationen zur Verurteilung und Bestrafung nicht ausreicht, und zeigten der erschütterten Welt, wohin es kommt, wenn das alte abendländische Rechtsaxiom mißachtet wird: Nemo malus habeatur donec probatur.[292] Schließlich ist hier auch an die Zerreißung der Familien durch Zwangsverschickung nach Deutschland zur Arbeit in der Rüstungsindustrie und Landwirtschaft zu denken.

4. Das maßlose Unrecht darf dem deutschen Volke nicht kollektiv angerechnet werden

All dieses gewaltige Unrecht kann nicht dem ganzen deutschen Volke als Kollektivschuld angelastet werden. Die grundsätzliche, anthropologisch begründete Zurückweisung der Kollektivschuld darf aber auf der anderen Seite nicht etwa zu einem Leichtnehmen der erdrückenden individuellen Schuld führen. Deutsche Schuld, die nicht verdrängt werden darf, ist letztlich immer Schuld des Einzelnen.

Kollektivschuld käme auf Verwerfung eines ganzen Volkes vor Gott hinaus. Aber ein solches Verdikt hat Gott sich selbst vorbehalten.

Sieger können es nicht aussprechen, ohne in den Bereich von Gottes Eigenrechten einzudringen. Darum freveln die, die über ein anderes Volk die Kollektivschuld verhängen, gegen Gott, in dessen Alleinrecht eingebrochen wird, um andere über das Maß der Gerechtigkeit hinaus zu demütigen und zu erniedrigen. Schweres, willkürliches Unrecht widerfährt denen, die grundlos unter den Vorwurf der Kollektivschuld gestellt werden.

Deswegen konnten die deutschen katholischen Bischöfe auch an die, die treu geblieben sind und sich nicht haben verleiten lassen, ein Wort des Dankes richten.[293] Es gab auch Millionen ähnlich Eingestellter außerhalb der Kirchen, denen dann kaum jemand gedankt hat, weil es bei der üblicherweise unterstellten Kollektivschuld keinen einzigen Deutschen gegeben hätte, der durch sie nicht betroffen wäre.

5. Menschen in seelischer Schieflage

5.1 Das Ausbleiben einer informierenden Auseinandersetzung mit der Macht in der Republik

Eine rechtzeitige geistige Auseinandersetzung mit der politischen und militärischen Macht war gesellschaftlich vor dem 30. 1. 1933 leider ausgeblieben und konnte nachher kaum noch geleistet werden.

Im Bewußtsein der Deutschen hätte die Unterscheidung zwischen «Militär» und «Militarismus», zwischen «national» und «nationalistisch» dargestellt und die Fähigkeit, beides kritisch auseinanderzuhalten, vorher aufgebaut werden müssen.

Nun wirkte der allgegenwärtige bedrohliche Terror[294], die allgemeine Bespitzelung und das Abgeschnittensein von sachgerechten Informationen; die wirtschaftliche Not in millionenfacher Arbeitslosigkeit, die zu überwinden dem «Führer» durch Autobahnbau und Aufrüstung zu gelingen schien; das Bewußtsein, daß zur Überwindung von Unbotmäßigkeit unübersehbare Marterinstrumente, vor allem das KZ, bereitstanden und einen «geradlinigen» Weg der Repression gewährleisteten; bedenken wir die strenge Geheimhaltung der Greueltaten der SS; aber auch die Achtung, die Deutschland wiedergewann; den viele Menschen berauschenden Weg der offziellen Wiederbewaffnung; die innen- und außenpolitischen «Erfolge», später die Siegesfanfaren bis 1942.

Der einfache Deutsche war eben im Terrorstaat überfordert und wurde unbewußt in Richtung des NS disponiert, überflutet von der einseitigen Parteipropaganda und geblendet von den «Fortschritten». Er war überfordert, wenn er sich ein objektives Urteil hätte bilden sollen, das gegen die pausenlose Beeinflussung durchstand.

5.2 Scheinverifizierung von Hitlers Weg durch seine «Erfolge» – Der Anschluß Österreichs

Vor allem trug dazu die im «Weimarer System» durch Rachsucht der Sieger[295] bewirkte Vereitelung fast allen politischen Erfolgs bei. Deutschland war ein entmutigendes, alle Hoffnung nehmendes Friedensdiktat in Versailles bzw. für Österreich in St. Germain auferlegt worden. Bei dem Anschluß Österreichs an das Deutsche Reich am 13. 3. 1938 stand das deutsche Volk mit überwältigender Mehrheit hinter dem Ergebnis, das die Sieger hartnäckig verweigert hatten, und damit hinter Hitler.

Die Sieger hatten auch Österreich gegenüber das Selbstbestimmungsrecht zum Prinzip der Friedensverhandlungen erklärt. Daher fühlte sich die provisorische Nationalversammlung am 12. 3. 1919 auf einem realistischen Weg, als sie sich nach der politischen Katastrophe des k. k. Österreich-Ungarn als einen Bestandteil des zur Republik gewordenen Deutschland erklärte. Die verfassunggebende Nationalversammlung bekräftigte und bestätigte das einstimmig (!).

Später legten die Sieger ihre «Karten» ohne Bedenken auf den Tisch und ließen den Anschluß trotz der Zusicherung des Selbstbestimmungsrechtes und des geschlossenen Votums des Volkes nicht zu, ebenso wie die Bezeichnung «Deutsch» vor Österreich versagt wurde. Das hat die Massen seelisch verwundet.

Was Österreich 1919 empfunden hatte, zeigte sich 19 Jahre später, als diesmal Hitler, diese Schranken brechend, am 13. 3. 1938 in Wien den Anschluß Österreichs an das Deutsche Reich verkündete. Es ist schwer zu beschreiben, was sich damals in Österreich tat. Die Ergriffenheit fand zu unserem Staunen bis in hohe kirchliche Kreise Ausdruck.

Aber, und das ist in unserem Zusammenhang das Wichtige: die Siegerhärte von St. Germain hatte das Verlangen nach dem Zusammenschluß zur geballten Kraft gestaut. Ein kollektiver nationaler «Glücksrausch» erfaßte Österreich, und alles war dem «erfolgreichen Führer» zu verdanken, der manchmal – wohl um seine Glaubwürdigkeit zu steigern – von «Vorsehung» sprach. Er hat ohne Krieg gebracht, was das Siegerdiktat 1919 verweigert hatte.

Was nun Deutschland anging, so bemerkt B. Jährig:[296] «Es sei... angemerkt, daß sich die Deutschen unabhängig von der jeweiligen Parteizugehörigkeit in der Ablehnung der aufgezwungenen Österreichgrenze einig waren. Diese Grundstimmung nutzten Hitler und seine Helfer für ihre Pläne geschickt aus. Die Appeasement-Politik der Westmächte, der vergebliche Versuch, Hitler, einen totalitären Herrscher, durch Zugeständnisse und Wohlverhalten zu beschwichtigen, ihm in der Revision des Vertragswerkes von Versailles entgegenzukommen, um damit weiteren Ansprüchen zu wehren... haben Hitler... nur in (seinen) Zielsetzungen bestärkt. Mehr oder weniger bereitwillig gaben die Westmächte (dann) dem Diktator das, was sie einst den demokratischen Politikern der Weimarer Republik verweigert hatten.»

Nur tiefer Blickende konnten ahnen, daß möglicherweise dies als höchst beglückend empfundene Ereignis[297] die Startrampe für exzessive, ungerechte politische Expansion werden könnte. Doch das war 1937/38 durchaus nicht eindeutig.

5.3 Kritiklose Gefolgschaft durch pseudoreligiöses Vertrauen auf den Führer

Im weiten Volk ist auch an die zu denken, die sich mit den Verbrechen, soweit sie bekanntgeworden sind, solidarisiert haben. Ein strammer Parteimann, ein früherer Katholik, war dem Führer mit fast religiöser Verehrung zugetan. Als das Gerücht von den Judenmorden durchsickerte, stellte ich die Frage, ob denn der Führer das auch tun dürfe; ihm sei sicher von früher her das Fünfte Gebot bekannt. Er antwortete mir ungeniert: «Unser Führer wird schon wissen, was er tut. Und wenn er es wirklich getan hat, dann war es notwendig und ist damit gerechtfertigt.»

So konnte Solidarisierung mit dem System aussehen. Ehe freilich so primitive Anhänglichkeit erreicht wurde, war ein langer, von der Partei gut betreuter und geförderter Abfallprozeß nötig. Jeder einzelne Mensch hat seinen Weg im Nationalsozialismus vor Gott zu verantworten.

5.4 «Mitarbeit» der Sieger an dieser Einstellung durch die Härten von Versailles und St. Germain

Die bitter empfundene Machtpolitik der Sieger von 1918 hatte vorexerziert, daß es nicht genug ist, recht zu haben und auf die Abstellung harten Unrechtes zu drängen, man muß auch die Macht dazu haben. Diese Macht fehlte Deutschland bis zu Hitlers Machtübernahme total. Darum waren jetzt weite Volkskreise verhältnismäßig leicht bereit, sich von den Parolen der NSDAP betören zu lassen. Macht erschien nach der existentiellen deutschen Erfahrung nach 1918 als das legitime Mittel zur Durchsetzung hartnäckig versagter Lebensrechte eines Volkes.

5.5 Der falsche Eindruck absoluter deutscher Geschlossenheit

In sich wertneutrales Mitwirken, das man als «geringeres Übel» leistete, z. B. Teilnahme an einer Veranstaltung der Partei unter Druck, steigerte den irrigen Eindruck absoluter geistiger Geschlossenheit der Deutschen. Dieser Eindruck hat später die abstruse Anlastung von Kollektivschuld (im weiten Sinn) begünstigt. Auch die in vielen Fällen begründete, nur materielle Mitwirkung konnte den eigenen Willen, etwas zu riskieren, schwächen. Der vorsichtig-feige Typ im Hinblick auf das Regime verbreitete sich. Die dem Regime noch nicht Verfallenen lebten oft wie in einem drückenden Schatten, den man vielleicht als Vorform einer Panik bezeichnen kann, in der die einfache physische Existenzsicherung die absolute Vorhand hatte. Für sie war man bereit, auch das zu tun, was man in normalen Zeiten strikt verweigert hatte.

5.6 Die vielen Mitläufer: meist Schwache, Ratlose und Verführte, Haltlose, aber keine Verbrecher

Bis 1939 waren die Insassen der KZ fast nur Deutsche. Das Wort der deutschen Bischöfe vom August 1945, daß Deutsche nicht nur Täter, sondern auch Opfer waren, hat einen guten Sinn. Viele andere waren Verführte, hatten es aber natürlich zu verantworten, daß sie sich verführen ließen. Wenn man also für die breite Masse der Mitläufer eine Bezeichnung sucht, dann könnte man behutsam fragen, ob sie «Schwache und Verführte» waren, zum Verbrecher gehört mehr. Jedes andere Volk in seiner breiten Masse hätte unter ähnlicher «Last» ähnlich reagiert. Die Menschen bleiben schwache Menschen, besonders wenn sie sich in einer Falle wähnen.

6. Über das Aufrechnen von Schuld

Wer angesichts der von den Siegern behaupteten deutschen Allein- und Kollektivschuld als Historiker oder aus eigener Erfahrung – zur Abrundung des Gesamtbildes – auf entsprechende Untaten der Sieger hinwies, hörte, oft in erregtem Tone, die Worte:

«Was soll die Aufrechnung von Untaten? Die gegenseitigen Vorwürfe gehen ins Endlose und führen zu nichts.»

Aus dem Munde der Sieger und ihrer deutschen Adepten war das freilich eine Heuchelei. Nachdem Deutschland einseitig und über die Maßen belastet war, wollte man sich selbst gegenüber das gleiche Vorgehen ersparen. Der die Sieger belastende Teil der Geschichte sollte für alle Zeiten unter den Teppich gekehrt bleiben, damit man die Grundthese von deutscher Allein- und Kollektivschuld «glaubwürdig» – und angeblich um des Friedens willen – weiter vertreten konnte.

Eine Erwähnung von Verbrechen auf der Siegerseite könnte – bei oberflächlichem Vorgehen – die in deutschem Namen geschehenen Untaten als geringer und erträglicher erscheinen lassen. Dieser mögliche Verharmlosungseffekt ist freilich nicht auszuschließen, aber ohne die Erwähnung der der Gegenseite peinlichen geschichtlichen Tatsachen entsteht ein schiefes Bild der objektiven Geschichte, die die Dinge – nach Ranke – so darstellen muß, wie sie wirklich gewesen sind.

Nach dem Zweiten Weltkrieg wurde in der Umerziehung gleichfalls ein von oben verordnetes strahlendes Siegerbild eingeimpft, als dessen «beruhigenden» und einschläfernden Hintergrund man ein verkommenes, häßliches, abstoßendes und minderwertiges Deutschland brauchte. So rechtfertigte eine willkürlich behauptete Allein- und Kollektivschuld die Maßnahmen, zur Bestrafung der Besiegten auch jedes unmenschliche und völkerrechtswidrige Mittel einzusetzen, weil «Verbrecher» ja bestraft werden dürfen und müssen.

Die einseitige Information durch die Umerziehung hat der Kollektivschuldthese psychologisch in den Sattel verholfen.

Im Historikerstreit ist um dieses Thema heiß gerungen worden. Leider ist dabei nicht eindeutig klar geworden, daß Geschichte – zur Bestrafung der Besiegten – von den Siegern nicht einseitig belastend umfunktioniert werden darf. Sie darf sich nicht zur Hure der Machtpolitik mißbrauchen lassen. Sie muß unbestechlich von beiden Seiten berichten.

Ernst Anrich bringt[298] neunzehn Beispiele, die jeweils die Behauptungen von deutscher Alleinschuld durch genau entsprechende Gegenbeispiele aus den Angeln heben. Es gilt also, kriminelle Potentiale auf beiden Seiten offenzulegen. Als Historiker und Pädagoge hat Anrich auch das Anliegen des Ethikers trefflich wahrgenommen und begründet, welchen der Gesamtheilung dienlichen Sinn die Erwähnung – nicht die Aufrechnung – fremder Schuld haben kann. Er schreibt[299]:

«Es geht weder um Aufrechnen noch um Mindern der Schuld... (sondern darum), den Menschen des deutschen Volkes und dem deutschen Volk als solchem jenes *Ausgesetztsein* in eine einzige und einzigartige *nichtvorhandene Alleins*chuldhaftigkeit zu nehmen. Dieses Ausgesetztsein nicht nur bis in das zweite und dritte, sondern, «angeboren», bis in das vierte und fünfte Glied...

Das Aussetzen eines Volkes... in eine nichtvorhandene Alleinschuldhaftigkeit, gar in eine einzigartige Alleinschuldhaftigkeit unter den Völkern, ist zum ersten, da unwahr, ein Verbrechen an der Seele dieses Volkes... und seinem seelischen und geistigen Wiedergesundwerdenkönnen – es ist ein Holocaust eigenen Gepräges.»

Die so tiefreichende Disqualifizierung eines Volkes, bei gleichzeitigem Übergehen der Untaten der Gegner, «ist nicht nur *seine* Herausnahme aus jenem *großen Schuldzusammenhang*, der... die Geschichte immer *auch* durchzieht ... sondern auch die Herausziehung der *anderen*[300] Völker aus diesem Zusammenhang.»

Die Kollektivschuld läßt die anderen Untäter in den Hintergrund treten und entlastet sie dadurch zu Unrecht. Die ganze Geschichte mit ihrem Licht und Dunkel muß erst auf allen Seiten gelehrt werden, anders gibt es keinen Durchbruch in die Befreiung und Versöhnung.

Anrich schließt mit einem Zitat[301]: «Das besagt ganz einfach, daß niemand für seine eigene Zukunft frei wird, solange er nicht seine ganze Vergangenheit anerkennt, wie schmerzlich und wie demütigend dieser Prozeß auch sein mag, und sie dadurch ehrt, daß er ihr vollen Zugang zu seinem vollen Tageslicht selbst gewährt.»

Also hat die Erinnerung an die eigene dunkle Vergangenheit für beide Seiten, auch für die Sieger, die Funktion, eine entstörte Zukunft herbeizuführen. Der Ethiker wird diesem Wink des Pädagogen und Historikers, zumal im Zusammenhang mit Schuld, gerne folgen.

7. Abschließend Erklärungen

Wir bedauern

zutiefst die Untaten und schämen uns der Verbrechen, besonders an Juden und Polen, die Deutsche zu verantworten haben. Wir wenden uns, innerlich schwer getroffen, empört von solchen Unmenschlichkeiten ab und begrüßen eine besondere Solidarität zu den Opfern des unbarmherzigen Rassenwahns.

Wir bedauern oberflächliches, gewissenloses Mitläufertum und Feigheit und bekennen persönliche Einzelschuld.

Wir bestreiten

jedoch energisch die Existenz von deutscher Kollektivschuld, die mit Kollektivhaftung nicht verwechselt werden darf, und die Alleinschuld der Besiegten.

Eine kritisch-sensible Einstellung gegen die einseitig dargestellten «Siegerwahrheiten» ist dringend geboten. Manche der öffentlichen «Überzeugungen» sind überwiegend «Siegerwahrheiten», im besten

Falle «Halbwahrheiten», mit denen eine systematische Umerziehung des Besiegten zugunsten des Siegers betrieben wurde (und noch immer wird), aus der Kriegspropaganda der Gegner stammend.

Wir erinnern

an die ungerechtfertigte Härte der Sieger in Versailles, die Hitler die Schubkraft verlieh, an die Macht zu kommen.

Wir danken

den zahllosen Christen und Nichtchristen, die dem Evangelium und dem Humanum in schwerster Zeit die Treue gehalten haben.

Für ein solches Verhalten gibt es ein Vorbild in der griechischen Mythologie: Antigone, die dem Tyrannen Kreon zu widersprechen wagt, obwohl sie die Verlobte seines Sohnes ist.[302]

Durch ein offizielles Verbot will er sie an der Erfüllung ihrer Pflicht, der Bestattung ihres gefallenen Bruders, hindern, damit diesem auch im Hades[303] kein Friede zuteil werde.[304]

In Antigone und Kreon stehen sich unversöhnlich wehrloses Recht, das sich auf das Gewissen beruft, und rechtlose Macht gegenüber, die aus «Staatsräson» mit Terror arbeitet.

Obwohl ihr der Tyrann einen grauenvollen Tod androht, weiß sich die junge Frau in ihrem Gewissen – unausweichlich – an das natürliche Gesetz gebunden, das ihr die Götter ins Herz geschrieben haben. Sie antwortet ihm:

«So groß schien dein Befehl mir nicht, daß er die ungeschriebnen Gottgebote,

Die wandellosen, konnte übertreffen. Sie stammen nicht von heute oder gestern, Sie leben immer, keiner weiß, seit wann.»

Aus tiefster Überzeugung spricht sie zum Herrscher:

«Mitzulieben, nicht mitzuhassen ist mein Teil.»

Antigones letztes Wort: «Was ich leide, von was für Volk, weil ich Heiliges heiliggehalten!»[305]

Sittlich gebundenes Handeln auch im politischen Bereich hat im Abendland tiefe Wurzeln. Warum wurde und wird es noch in unserem Jahrhundert aufs schwerste verletzt?

ZWEITER TEIL

Um die Preisgabe Ostdeutschlands

Kapitel XI

Das Bensberger Memorandum
Der Treuebindung folgt eine grundsatzlose Preisgabebereitschaft

1. Aus dem Protokoll von Potsdam (1945)[306]

1.1 Polnische Verwaltung für die Ostgebiete – Die Rückstellungsklausel

Die Ostgebiete (die deutschen Gebiete jenseits von Oder und Neiße) werden von der Sowjetzone gelöst und kommen unter polnische Verwaltung (24 % des in Versailles bei Deutschland belassenen Bodens).

Die drei Unterzeichnenden «bekräftigen ihre Auffassung, daß die endgültige Festlegung der Westgrenze Polens bis zu der Friedenskonferenz zurückgestellt werden soll»[307] (sog. Rückstellungsklausel).

Dabei mindert ein wohl politischer lapsus linguae (Versprecher mit Absicht) sofort die Bedeutung dieser Zusage. Die alten ostdeutschen Landesteile werden schon jetzt, d. h. bevor die Würfel gefallen sind, im Text als «die früher deutschen Gebiete»[308] bezeichnet. Es wird nur den Sowjets eine endgültige Übergabe Nordostpreußens bei der Friedenskonferenz in Aussicht gestellt. Das Schicksal der Gebiete wird damit auf den Friedensvertrag verschoben. Aber der «Versprecher» hat schon erkennen lassen, daß ein Friedensvertrag materiell nicht viel ändern wird. Auch werden sich die machtmäßig geschaffenen Fakten gegen das Völkerrecht behaupten. Ohne Zustimmung der Westmächte fälschte Stalin die «vorläufige» Verwaltung bald in «endgültige» Übergabe um.

1.2 Die Ausweisungen der Deutschen aus «Polen», der Tschechoslowakei und aus Ungarn – Begriffsfälschung durch Stalin

Welches Gebiet ist mit Polen gemeint? Darüber wird hier nicht gesprochen. Das letzte Mal waren bei der Einteilung der Besatzungszonen am 5. 6. 1945 die Grenzen Deutschlands nach dem Stande vom 31. 12. 1937 zugrunde gelegt worden.

Weiter erklärten die Sieger, «... daß die Übernahme in Besatzungsgewalt ‹nicht die Annektierung Deutschlands› bewirkte»[309]. Die Oder-Neiße-Gebiete sind demnach ein Teil der früheren sowjetisch besetzten Zone, deren Verwaltungsbefugnis die Sowjets aber an Polen übertragen haben. Zweifellos in der Absicht, sie von dem anderen besetzten Deutschland abzusondern. Unter der Hand wird deutlich, daß die Sowjets das Potsdamer Protokoll nur formal als vorläufig ansehen, der Sache nach aber eine Souveränitäts-Übertragung meinen. Stalin hat bereits in Potsdam selbst zertreten, was er sieben Wochen vorher in Berlin (5. 6. 1945) unterschrieben hatte: Die Besetzung und Zonen-Einteilung Deutschlands bedeute keine Annexion. Gegen beide Festlegungen arbeitet Stalin unverfroren und mindert damit die deutschen Chancen fast bis ins Nichts.

Die Vertreibung erfolgte sofort (an der Neiße sogar vor den Potsdamer Beschlüssen vom 2. 8. 1945[310]) im vorauseilenden Gehorsam gegen Stalin und war von vornherein auf möglichste Unumkehrbarkeit angelegt. Stalin realisiert die Fälschungen meisterhaft, die der polnische Völkerrechtler A. Klafkowski als «diplomatische Interpretation»[311]bezeichnet und von der «traditionell-rechtlich-legale Interpretation» abgrenzt.[312]

Mit Hilfe der ersten sichert sich Stalin seine Beute durch einen leicht durchschaubaren Trick, den sich der Sieger auf Kosten der Besiegten leisten kann.[313]

1.3 Das wirkte sich mindernd auf die Restchancen für Deutschland aus

Bisher gibt es kein Modell zur Wiedergutmachung von Vertreibungsverbrechen. Das gibt einem grundsatzlosen Rechtspositivismus natürlich Auftrieb. Auch die Charta der UN, «am 26. 6. 1945 von den 51

Gründerstaaten in San Francisco unterzeichnet»[314], schlägt in die Kerbe, Alliierte der Sieger wegen gegen Deutschland gerichteter (Art. 107) Menschenrechtsverbrechen nicht zur Rechenschaft zu ziehen.[315]

Dazu kommt, daß in der Zwischenzeit den – wenn auch völkerrechtswidrig – angesiedelten Neubewohnern im alten Ostdeutschland eine menschliche Verbindung mit dem Boden, auf dem sie zwangsweise angesiedelt wurden, erwächst.

Die Wiedergutmachung erleichtern würde die Tatsache, daß der geräumige deutsche Osten Raum für beide Gruppen bietet und niemandem eine Vertreibung droht, weil alle irgendwie Berechtigten dort Raum finden könnten. Polen hat im Durchschnitt auf einen Quadratkilometer nur wenig mehr als die Hälfte der Einwohner, die in Deutschland auf einen Quadratkilometer kommen (Polen 129, Deutschland 246).

Im nächsten Punkt (2) sollen die Versuche der deutschen Seite, in dieser schwierigen Lage vielleicht doch noch etwas zu «retten», dargelegt werden.

2. Klares geschlossenes Eintreten der deutschen[316] Politik für ihre geschichtlichen und völkerrechtlichen Ansprüche in Ostdeutschland vor und nach dem Görlitzer Vertrag (1949–1953)

2.1 Das Grundgesetz (GG) vom 23. 5. 1949 erklärt in Art. 23

«Dieses Grundgesetz gilt zunächst im Gebiet der Länder Baden, Bayern, Bremen, Groß-Berlin, Hamburg, Hessen, Schleswig-Holstein, Württemberg-Baden und Württemberg-Hohenzollern. In anderen Teilen Deutschlands ist es nach Beitritt in Kraft zu setzen.»

Mit den «anderen Teilen Deutschlands» meint das GG eindeutig das Land in seinen Grenzen vom 31. 12. 1937 (also einschließlich seiner Ostgebiete) nach der Festlegung der Sieger am 5. 6. 1945 in Berlin.

2.2 Dr. Adenauer in der ersten Regierungserklärung[317]

«Wir können uns daher unter keinen Umständen mit einer von Sowjetrußland und Polen später einseitig vorgenommenen Abtrennung dieser Gebiete abfinden. Diese Abtrennung widerspricht nicht nur dem Potsdamer Abkommen, sie widerspricht auch der Atlantik-Charta vom Jahre 1941, der sich die Sowjet-Union ausdrücklich angeschlossen hat... Wir werden nicht aufhören, in einem geordneten Rechtsgang unsere Ansprüche auf diese Gebiete weiter zu verfolgen.»

2.3 Der Görlitzer Vertrag vom 6. Juli 1950

Im Gegenzug unterzeichnen die DDR und Volkspolen, zwei von Moskau abhängige Satelliten, «am 6. VI. 1950» die «Deklaration über die ‹endgültige Friedens- und Freundschaftsgrenze› an Oder und Neiße, und in dem am 6. VII. in Görlitz abgeschlossenen Grenzvertrag verzichtete die DDR vorbehaltlos auf das ehemalige Ostdeutschland... »[318].

Diese Verzichtserklärung fand in Görlitz-Ost in der dem Reichstagsgebäude nachempfundenen Ruhmeshalle am Ostufer der Neiße statt.

Moskau geht also hier souverän über die Potsdamer Rückstellungsklausel hinweg und macht die Fakten von sich aus zugunsten Polens endgültig. Damit sind, soweit es auf die Sowjetunion ankommt, die deutschen Chancen restlos dahin.

2.4 Das Kabinett der Bundesrepublik Deutschland reagiert[319]

«Die Entscheidung über die zur Zeit unter polnischer Verwaltung stehenden deutschen Ostgebiete kann und wird erst in einem mit Gesamtdeutschland abzuschließenden Friedensvertrag erfolgen. Die deutsche Bundesregierung wird sich niemals mit der allen Grundsätzen des Rechts und der Menschlichkeit widersprechenden Wegnahme dieser rein deutschen Gebiete abfinden.»

2.5 Gemeinsame Erklärung des Deutschen Bundestages durch den Alterspräsidenten Paul Löbe im Namen des Parlaments[320]

«... In der von einer Delegation der sogenannten provisorischen Regierung der Deutschen Demokratischen Republik und der Regierung der Republik Polen unterzeichneten Vereinbarung[321] vom 6. Juni 1950 wird die völker- und staatsrechtlich unhaltbare Behauptung aufgestellt, daß zwischen der *sowjetisch besetzten Zone Deutschlands und Polen eine sogenannte Friedensgrenze festgelegt worden ist.*[322]

Gemäß dem Potsdamer Abkommen ist das deutsche Gebiet östlich von Oder und Neiße als Teil der sowjetischen Besatzungszone der Republik Polen nur zur einstweiligen Verwaltung übergeben worden. *Das Gebiet bleibt ein Teil Deutschlands.*

Meine Damen und Herren, niemand hat das Recht, aus eigener Machtvollkommenheit Land und Leute preiszugeben und eine Politik des Verzichts zu betreiben.

Die Regelung dieser wie aller Grenzfragen Deutschlands, der östlichen wie der westlichen, kann nur durch einen Friedensvertrag erfolgen, der von einer demokratisch gewählten deutschen Regierung baldigst geschlossen werden muß.

... Die Mitwirkung an der Markierung der Oder-Neiße-Linie als angeblich ‹unantastbare› Ostgrenze Deutschlands, zu der sich die sogenannte provisorische Regierung der Deutschen Demokratischen Republik bereitgefunden hat, ist ein Beweis für die *beschämende Hörigkeit* dieser Stelle gegenüber einer fremden Macht.

Der Bundestag weiß, daß er bei der Zurückweisung dieser Handlung auch im Namen der Deutschen in der sowjetischen Besatzungszone spricht.»

2.6 Der Fraktionsvorsitzende der SPD Herbert Wehner im Deutschen Bundestag[323]

«Das deutsche Volk sieht in der Anerkennung der Oder-Neiße-Linie... in der Mißachtung des Schicksals und des Heimatrechts der Vertriebenen Verbrechen an Deutschland und gegen die Menschlichkeit.»

2.7 Aktionsprogramm des SPD-Parteitags in Dortmund[324]

«Die Regelung der Gebiets- und Grenzfragen Deutschlands bleibt diesem Friedensvertrag vorbehalten. Keine Regierung von Teilen Deutschlands darf durch Abmachungen mit den Besatzungsmächten Entscheidungen über diese Frage vorwegnehmen. Die Abtrennung von Gebieten, die 1937 zu Deutschland gehörten, hat nicht neues Recht, sondern neues Unrecht geschaffen. Die Sozialdemokratische Partei Deutschlands erkennt sie weder im Osten noch im Westen an.»

2.8 Regierungserklärung von Bundeskanzler Konrad Adenauer[325]

«Entsprechend den zahlreichen Erklärungen des Bundestages und der Bundesregierung wird das deutsche Volk die sogenannte Oder-Neiße-Grenze niemals anerkennen ... »

2.9 Der Vorsitzende der CDU/CSU-Fraktion Heinrich von Brentano[326]

« ... Das Recht der deutschen Menschen auf ihre Heimat auch jenseits der Oder-Neiße-Linie ist unverzichtbar ... Die Oder-Neiße-Linie wurde nicht als Grenze festgelegt.»

3. Der Deutschlandvertrag mit den Westalliierten[327] – Formale Bestätigung der Rückstellungsklausel (1952/55)

Im Artikel 7 heißt es:

«Die Unterzeichner-Staaten sind sich darüber einig, daß ein wesentliches Ziel ihrer gemeinsamen Politik eine zwischen Deutschland und seinen ehemaligen Gegnern frei vereinbarte friedensvertragliche Regelung für ganz Deutschland ist, welche die Grundlage für einen dauernden Frieden bilden soll. Sie sind weiterhin darüber einig, daß die endgültige Festlegung der Grenzen Deutschlands bis zu dieser Regelung aufgeschoben werden muß.»

3.1 Bemerkungen zum Text

Der Deutschlandvertrag wurde durch Konrad Adenauer mit den drei Westmächten abgeschlossen und gilt als der beste Vertrag, den Adenauer abschließen konnte. Man muß in ihm Chancen für Deutschland vermutet haben.

3.2 Als Gebiet und Grenzen Deutschlands

wurden... bis zum Abschluß eines Friedensvertrages die Grenzen vom 31. 12. 1937 bezeichnet... »[328]

Jedoch: «Damit haben die drei westlichen Siegermächte keine Garantie für die Grenzen Deutschlands nach dem Stande vom 31. 12. 1937 abgegeben; es sollte aber... weder... eine Zuteilung deutschen Staatsgebiets ohne Mitwirkung Deutschlands, noch ein Grenzdiktat geben.

– Diese Grundprämissen westlicher Deutschlandpolitik blieben auch von der 1969 einsetzenden neuen deutschen Ostpolitik unberührt.»[329]

3.3 Bedeutung dieser Texte

(1) Die Vier-Mächte-Verantwortung für Deutschland als Ganzes wird abgesichert. Deutlich sollten damit auch gegenüber der hartnäckigen sowjetisch-polnischen Behauptung von der Endgültigkeit der Potsdamer Beschlüsse gewisse Hoffnungen für die Deutschen gegeben werden.

(2) «Dieser gesamtdeutsche Vorbehalt» erschien «den für die Formulierung des Deutschlandvertrages mitverantwortlichen deutschen Unterhändlern ... als ... eine letzte politisch-völkerrechtliche, Deutschland als Ganzes umgreifende Klammer... »[330] Es war die griffigste «Klammer» der faktisch und theoretisch bedrohten bzw. zerstörten deutschen Einheit. Beide Seiten legten Bekanntes, aber vom Osten Geleugnetes, erneut fest.

(3) Hinsichtlich des deutschen Anliegens, Ostdeutschland als einen Teil der sowjetischen Besatzungszone behandelt zu sehen, ist im Deutschlandvertrag freilich nur eine formale Regelung zustande ge-

kommen.Über die materialen Inhalte einer Friedensvertragsregelung wird nichts angedeutet.

(4) 1952–55 konnte das niemand, außer Stalin und der polnischen Regierung, anders verstehen, als daß der Gebietsstand von 1937 zugrunde gelegt wurde.

(5) Die Heimatvertriebenen verbanden mit dem Deutschlandvertrag den Trost, daß die Bundesregierung auch an den Osten Deutschlands denkt und daß bei «freiem Aushandeln» sich doch die Möglichkeit eines Kompromisses zur Korrektur des Vertreibungsverbrechens bieten würde.

(6) Über die erhebliche Problematik solcher völkerrechtlich bestens fundierter Hoffnungen ist oben geschrieben worden. Gewinn lag darin, daß sich der Westen in dieser Frage (Rückstellungsklausel) nicht mehr der Sowjetunion anschließen konnte.[331]

4. Weiteres Eintreten deutscher Politiker für die Wahrung des Völkerrechts (1956–1964)

4.1 Außenminister Dr. H. v. Brentano im Namen der Bundesregierung am 1. 7. 1956 in Bochum vor der Landsmannschaft Oberschlesien (Auszüge)

«In der großen Anklagerede, die Herr Chruschtschow am 25. Februar 1956 auf dem XX. Parteikongreß der Kommunistischen Partei der Sowjetunion gegen Stalin gehalten hat... » sagte (er) zu den durch Stalin bewirkten «ungeheuerlichen Massendeportationen» innerhalb der SU:

‹(sie) sei eine eine ‘rohe Verletzung des Prinzips der Gleichheit und der Freundschaft zwischen den Nationen› (der SU) gewesen. Man könne nicht begreifen, wie ein Mensch ganze Nationen, einschließlich Frauen, Kindern und alten Leuten für feindselige Handlungen Einzelner verantwortlich machen, Massenvergeltung gegen sie verüben und sie dem Elend und dem Leid aussetzen könne.› ... »[332]

Am 1. Mai 1956 hatte Brentano in London gesagt:

«Wir haben neuerdings sehr viel über die entsetzlichen Fehler gehört, die Stalin im eigenen Lande gemacht hat... und das wiederhole ich heute am 1. Juli: *Wir warten darauf, daß einige der außenpolitischen Fehler korrigiert werden.*»

Brentano zitiert Erzbischof Spellmann von 1956: «Die Rückkehr in das Heimatland bleibt das Recht, sondern auch die Pflicht für alle von dort vertriebenen Deutschen... Die göttliche Gerechtigkeit soll eine Quelle der Stärke und Hoffnung für alle vertriebenen Deutschen sein.»[333]

4.2 H. Wehner, Vorsitzender der SPD, in der Festschrift zum Schlesier-Treffen[334]

«Wir verzichten als Deutsche im freien Teil Deutschlands auf keinen unserer Ansprüche; weder auf den, als *ein*[335] Volk in einem demokratischen Staat zu leben, noch auf den, daß die Grenzen in einem Friedensvertrag mit einer Vertretung des ganzen deutschen Volkes festzulegen sind.

Das sind unsere beiden Ansprüche, die wir nicht etwa deshalb nicht aufgeben, weil wir unverbesserlich Gestrige wären, sondern weil wir uns mit aller Bescheidenheit, die uns ansteht, mitverantwortlich fühlen für die Zukunft nicht nur des eigenen Volkes, sondern auch Europas und darüber hinaus.»

4.3 H. Wehner zusammen mit dem SPD-Vorsitzenden E. Ollenhauer und W. Brandt in dem Aufruf der SPD zum Schlesier-Treffen[336]

«Breslau – Oppeln – Gleiwitz – Hirschberg – Glogau – Grünberg: das sind nicht nur Namen, das sind lebendige Erinnerungen, die in den Seelen von Generationen verwurzelt sind und unaufhörlich an unser Gewissen klopfen.
Verzicht ist Verrat, wer sollte das bestreiten:
... Das Recht auf Heimat kann man nicht für ein Linsengericht verhökern – niemals darf hinter dem Rücken der aus ihrer Heimat vertriebenen oder geflüchteten Landsleute Schindluder getrieben werden... »

4.4 H. Wehner auf dem Kongreß der ostdeutschen Landesvertretungen in Bonn[337]

«Was aber gewönne die Welt, wenn die Deutschen sich dazu überreden oder übertölpeln ließen, zu heucheln und anzugeben, daß geraubtes, vorenthaltenes oder mißhandeltes Recht nicht mehr so genannt werden soll?... Sie gewönne vielleicht oder höchstens eine zeitweilige Betäubung, aber sie wäre damit Opfer einer Täuschung.»

4.5 Bundeskanzler L. Erhard auf demselben Kongreß[338]

«Für unser außenpolitisches Handeln gegenüber unseren Nachbarn im Osten kann die Grundlage nur die Wahrung des Rechts sein. Wir erheben gewiß keine Forderungen auf fremdes Staatsgebiet. Aber wir verzichten nicht – und können angesichts der Verantwortung vor dem deutschen Volk, dem Recht und der Geschichte auch nicht verzichten auf Gebiete, die die angestammte Heimat so vieler unserer Brüder und Schwestern sind... Das Recht kann nicht nur für eine bestimmte Gruppe von Völkern, es muß für alle gelten. Die Vertreibung von Millionen Deutscher aus ihrer seit Jahrhunderten angestammten Heimat hat keine neuen Rechtsrealitäten geschaffen. Aus Unrecht kann niemals Recht werden.»

Diese Position der deutschen Politik hat den Deutschen, vor allem den Opfern der Vertreibung, natürlich Hoffnung gebracht, daß es bei der in Potsdam für einen Friedensvertrag aufgesparten endgültigen Festlegung doch zu einer peacefull change[339] Polens zugunsten Deutschlands kommen könnte im Sinne eines Kompromisses. Deutschland erwartete ja nur ein Stück des seiner eigenen Souveränität entrissenen Landes zurück.

5. Das Bensberger Memorandum (BM)[340] Gravierender Einbruch im politischen Denken und Fühlen westdeutscher Politiker

Vorbemerkungen

Nach der Denkschrift der EKD «Die Lage der Vertriebenen und das Verhältnis des deutschen Volkes zu seinen östlichen Nachbarn»[341] hat der Bensberger Kreis unter dem Titel «EIN MEMORANDUM DEUTSCHER KATHOLIKEN ZU DEN POLNISCH-DEUTSCHEN FRAGEN» in Köln eine revolutionäre These veröffentlicht. Dahinter stehen 161[342] sozial sehr einflußreiche Persönlichkeiten, Wissenschaftler, Publizisten und andere, besonders in der Meinungsbildung tätige, aber Ostdeutschland offensichtlich sehr fern und kühl gegenüberstehende Personen. Sie «sprechen weder für alle Deutschen noch für alle Katholiken, sie sprechen für sich selbst... »[343] Dieser westdeutsche Kreis[344] verfügte über gute Verbindungen zu den Medien.

Die Teilnehmer bestritten, daß Deutschland überhaupt ein Recht habe, Anspruch auf seine Gebiete im Osten zu stellen. Das Bensberger Memorandum schockierte dadurch einerseits die Öffentlichkeit, stieß aber andererseits auch unter dem Einfluß der Umerziehung auf viele, die schon in diesem Trend standen. Versuche heimatvertriebener Fachleute, an dieser Veröffentlichung mitzuwirken, führten zu keinem Ergebnis.[345] Hier spricht nicht deutscher Katholizismus, sondern ein eindeutig westdeutscher, mit dem Osten nicht vertrauter Intellektuellen-Kreis in nüchterner Distanzierung, der kaum Solidarität mit Ostdeutschland fühlt, ja, sich eher als Anwalt polnischer Erwartungen versteht.

Das Bensberger Memorandum spricht von einem Problem «der früher deutschen Gebiete jenseits von Oder und Neiße»[346], ohne die völkerrechtliche Lage zu berücksichtigen und ohne die durch Jahrhunderte geleistete Siedlungs- und Kulturarbeit der Deutschen zu erwähnen. Wie öfters zugunsten Polens festgestellt wird, müsse das individuelle Heimatrecht der Bewohner (seit 1945) vorrangig berücksichtigt werden. Hier stünde die Behandlung des Schicksals der vertriebenen Deutschen an. Das Bensberger Memorandum schweigt darüber.

5.1 Die politische Haftungspflicht eines besiegten Volkes

Sie wird auch von den deutschen Bischöfen nach dem Zusammenbruch anerkannt, doch nur in geziemenden Grenzen, die im Bensberger Memorandum leider keine Erwähnung finden. Das besiegte Volk behält jedoch naturrechtlich auch angesichts der zu zahlenden Reparationen sein Recht auf Leben, auf bescheidene, aber ausreichende Ernährung, Kleidung, Wohnung und Befriedigung schlichter Kulturbedürfnisse.[347]

Besiegt worden zu sein galt in der Vergangenheit, z. B. noch 1871, als ein Unglück und war ohne moralische Ächtung des besiegten Volkes (Kollektivschuld) verbunden. Zum Unglück des Besiegtseins kam nach den Weltkriegen erstmalig die moralische Ächtung und Deklassifizierung des ganzen Volkes, unabhängig von persönlicher Schuld und Verantwortung, hinzu.

5.2 Gebietsabtretung ist aber nicht das Hauptproblem zwischen Polen und Deutschland

Der frühe Hinweis auf Gebietseinbußen scheint auch davon abzulenken, daß das entscheidende Problem die völkerrechtswidrige Vertreibung der ostdeutschen Bevölkerung ist, der dann die polnische Neuansiedlung entsprach, die wieder zur Voraussetzung des von dem Bensberger Memorandum geforderten Heimatrechts für die seit 1945 dort lebenden ostpolnischen Vertriebenen wurde.

Es ist schon überraschend, daß das BM, aber auch Bischof Lehmann und die polnische Seite von vornherein das ganze Oder-Neiße-Land nunmehr Polen endgültig zusprechen wollen, d. h. ein Friedensvertrag hätte Potsdam nur noch im Sinne Stalins zu bestätigen, inhaltlich liege alles durch die völkerrechtswidrigen Fakten fest.

5.3 Ethisch sind Vertreibung und Gebietsabtretung sehr verschieden zu gewichten

Eine Gebietsneuregelung könnte Ausdruck eines peacefull change, also vernünftig und gerecht sein. Vertreibung ist dagegen (in sich) eine innerlich böse Handlung, die moralisch nie erlaubt sein kann, weil sie die Würde des Menschen unmittelbar angreift. Sie ist als Verbrechen gegen die Menschlichkeit ebenso untersagt wie die Abtreibung.

Die Würde des Menschen, wie sie auch näher begründet werden mag – ob nach der christlichen Offenbarung oder nach Kant –, darf nie angegriffen werden. Ihre Verletzung darf auch nicht später in milderem Licht erscheinen, weil die Alliierten ihren Bundesgenossen im Krieg solche Frevel nachsehen,[348] sie damit positivistisch der Pflicht auf Wiedergutmachung entziehen und das Bewußtsein über die Dimension des Verbrechens falsch beruhigen.

Den Hebel für polnische Ansprüche auf das alte Ostdeutschland setzt das BM bei dem Heimatrecht der seit 1945 dort angesiedelten, vertriebenen Ostpolen an.

5.4 Die Kernthese des Bensberger Memorandums lautet:

«Wir können die Rückkehr dieser Gebiete nicht mehr fordern.»[349] *«Demgegenüber ist das neu entstandene Heimatrecht von Millionen Polen... brennend aktuell.»*[350]

Das zu positivierende «Recht auf Heimat muß... an einer Zukunft orientiert sein, in der es keine Vertreibung mehr geben darf»[351], «... schon jetzt aber ist nach seiner Bedeutung für das Oder-Neiße-Problem zu fragen.»[352]

Hier sei vor allem die faktische Entwicklung, die durch die Vertreibung der Deutschen und die Neubesiedlung eingetreten ist, zu berücksichtigen. Das Heimatrecht der Polen verwurzele sich seit 1945 immer tiefer. Das deutsche verliere deutlich an Gewicht. Daraus zieht das BM den Schluß, es sei klar, «daß wir die Rückkehr dieser Gebiete nicht mehr fordern können».

Damit gibt es alles preis, was bisher zur Rettung der deutschen Chancen politisch erstrebt worden ist. Macht sich hier auch das Klima der Umerziehung bemerkbar? Bahnt sich jetzt das verzerrte, einseitige Geschichtsbild der Sieger seinen Weg in deutsche Köpfe und Herzen? Ist nicht jahrelang die deutsche Schuld ins Ungeheuerliche gesteigert, das Versagen der einstigen Gegner aber einfach ausgeklammert worden? Setzt sich diese parteiisch-einseitige Bewertung nicht auch in den Trend «Für Polen alles, für Deutschland nichts» um? Damit wird jede Kompromißmöglichkeit unterlaufen.

5.5 Sehr betonter Hinweis im BM auf die den eingewiesenen ostpolnischen Vertriebenen erwachsenen «Rechte»[353]

Deren Heimatrecht sei wirklich aktuell, während das deutsche gleichsam verdunste: «es verblaßt.»[354]

In meiner Pfarrei habe ich nicht nur die Vertreibung meiner Gemeinde aus Görlitz-Ost fassungslos erlebt.[355] Ich konnte auch die aus Ostpolen nach dem «Wilden Westen Polens» eingewiesenen Heimatlosen in meiner Pfarrei in Görlitz-Ost erleben. Sie waren völlig erschöpft, von ihren sowjetischenVertreibern auch sehr «mitgenommen» und bildeten menschlich und pastoral eine neue Aufgabe. Spontan drängte sich die Frage auf: Was ist hier aus Menschen gemacht worden? Sie haben unser Mitgefühl und sollten keinesfalls etwa wieder vertrieben werden.

Das Bensberger Memorandum hat für sie ein neues «Heimatrecht» erfunden, das das Heimatrecht der vertriebenen Deutschen gleichsam aufzehre. Wenn man das unterstellt, wäre jedes Heimatrecht – als «Stück» des Selbstbestimmungsrechtes – durch Vertreibung von deren Verursachern einfach zu löschen. «... das völkerrechtliche Vertreibungsverbot würde der Lächerlichkeit preisgegeben.»[356] Eine Völkerrechtsnorm könnte dann durch einfaches Dagegenhandeln ihre Verbindlichkeit verlieren. Wäre das nicht der Ruin des gesamten internationalen Rechtsgefüges?[357] Die Erstvertriebenen behalten ihr genuines Heimatrecht.

Den selbst vertriebenen Ostpolen ist im weiten Lande ein – völkerrechtlich freilich nicht fundiertes – Gastrecht menschlich zuzugestehen.

5.6 Zu geringe Bewertung der höchst unterschiedlichen Zeiträume, in denen Deutsche und Polen dort gelebt und gearbeitet haben

Wenn eine Gruppe über 600 Jahre den Boden bearbeitet und dort eine voll entwickelte Kultur geschaffen hat, ohne jemanden zu vertreiben, fällt dieser Umstand für das Heimatrecht der völkerrechtswidrig Vertriebenen in die Waagschale. Hier stehen 600 – 700 Jahre deutscher Heimatverbundenheit gegen knapp fünfzig auf der polnischen Seite. Im ersten Fall geschah die Ansiedlung rechtlich geordnet auf der Basis des von den Landesherzögen übertragenen Bodens, der in jahrhundertelanger Arbeit kultiviert und dann mit völkerrechtlichen Verträgen politisch überwölbt worden ist. Schlesien ist z.B. durch den Vertrag von Trentschin (1335) und dessen Ratifizierung (1339) vom polnischen König Kasimir d. Gr. (†1370) an Johann v. Böhmen, den Vater des deutschen Kaisers Karl IV. (†1378), für seinen Verzicht auf Erbansprüche betr. die Krone Polens für alle Zeiten aus dem polnischen Staatsverband entlassen worden.

Das geschah ca. 450 Jahre bevor die 13 englischen Kolonien in Amerika sich von dem Mutterland lossagten und 1774 die USA gründeten.

5.7 Zur Art und Weise des Bodenerwerbs

Die heutigen Bewohner sind in einer vergleichsweise kurzen Zeit (1945/49), aber durch brutales Siegerrecht – «Macht schafft Recht» – ohne völkerrechtliche Grundlage überstürzt im alten Ostdeutschland angesiedelt worden. Die davon Betroffenen tragen dafür zwar keine Verantwortung. Sie sind Opfer eines Verbrechens gegen die Menschlichkeit, zu dem sich die SU (Stalin) und die ihm ergebene Provisorische Regierung Polens entschlossen haben, auch um eine Dauerfeindschaft zwischen Deutschen und Polen zu stiften, die Polen unbedingt an Rußland bindet. An anderer Stelle ist die Frage schon berührt worden, warum die Vf. des BM nicht auf die Idee gekommen sind, für beide Seiten ein Mitheimatrecht in dem geräumigen Lande in Vorschlag zu bringen.

5.8 Völkerrechtliche Bemerkung

Deutscher Boden war 1945 nicht herrenlos, so daß er nach dem Grundsatz hätte behandelt werden können: Herrenloses Land wird Eigentum dessen, der es zuerst mit Aneignungswillen besetzt.[358]

Das Bensberger Memorandum unterstellt, daß die reine Tatsache der Vertreibung der Menschen von ihrem Boden für die Nachsiedler gleichsam automatisch ein volles Heimatrecht begründe, als ob sie herrenlosen Boden in Besitz genommen hätten. Eine derart physizistisch-materielle Begründung erspart eine rechtliche Begründung des

Anspruches auf die Heimat. Heimatverwurzelung und zufälliger Aufenthaltsort werden gleichgesetzt.

P. Hadrossek bemerkt dazu: Die «*Effektivitätstheorie* ... ist ... ein merkwürdiger Realismus, da er ... auf eine prinzipielle Kapitulation des Rechts vor der Macht und so letztlich auf einen grundsätzlichen Verzicht auf sittliche und rechtliche Prinzipien für die Ordnung der menschlichen Gesellschaft hinauskommt. Faktizität allein begründet niemals Normativität; Tatsachen allein – am wenigsten facta bruta – schaffen kein Recht ... Die Unverrückbarkeit ethischer Normen, der unbedingte Wert des Sittlichen läßt dies nicht zu. Andernfalls hätte etwa die jahrelange Besetzung Polens[359] durch Hitler Rechte bewirkt ...

Wollte man diesen Kult des Faktisch-Effektiven gelten lassen, so würde das zuletzt sogar heißen, daß nicht nur ein bereits vollzogener, sondern auch jeder künftige Rechtsbruch, wenn er nur anhaltende Realitäten schafft ... einfach hingenommen werden müßte»,[360] wie es in Bosnien-Herzegowina skrupellos praktiziert wird. [361]

6. Völkerrechtliche Gegeninstanzen vor und nach dem Bensberger Memorandum (1967/1968)

6.1 Der moralische Common sense über die Unzulässigkeit der Vertreibung in positivierten Normen

Diese wollen in Zeiten absoluter Wehrlosigkeit bedrängter Gruppen Inseln eines letzten Endes nicht zu raubenden Rechtes schaffen, Granitfelsen, die von der dunklen Flut des Rückschlages nicht überspült werden dürfen.

6.2 Genfer Abkommen über den Schutz von Zivilpersonen in Kriegszeiten[362]

«Zwangsweise Einzel- oder Massenumsiedlung sowie *Deportation* sind ohne Rücksicht auf den Beweggrund untersagt. Die evakuierte Bevölkerung ist unmittelbar, nachdem die Feindseligkeiten innerhalb des fraglichen Gebietes ihr Ende gefunden haben, *zu ihren Heimstät-*

ten zurückzuführen. Die Besatzungsmacht darf Teile ihrer eigenen Zivilbevölkerung nicht in das von ihr besetzte Gebiet deportieren oder umsiedeln.»

6.3 Einstimmiger Beschluß des Weltsicherheitsrates[363]

«Niemand kann durch Krieg Gebiete erwerben. Der Eroberer muß die besetzten Gebiete räumen, und die vertriebene Bevölkerung hat ein Recht auf Rückkehr.»[364]

6.4 Erklärung der UNO-Konvention[365]

«Die Vertreibung einer Bevölkerung gehört zu den nicht verjährbaren Verbrechen gegen die Menschlichkeit.»[366]

Bodenständigkeit der Bevölkerung als Voraussetzung im Völkerrechtssystem
Hinweise auf Mängel in der Positivierung[367] erledigen sich dadurch, daß das Heimatrecht bis zum 2. Weltkrieg so selbstverständlich für das menschliche Zusammenleben unterstellt worden ist, daß kein Grund vorlag, es besonders zu schützen. Ein Naturgebot (= Weisung des Naturrechtes) verpflichtet vermöge des Wertes, den es schützt. Für die Gewissensverpflichtung ist die gesetzliche Positivierung ohne tiefere Bedeutung. Der Inhalt des Gebotenen erscheint dem unverbogen und vorurteilslos Denkenden als verbindlich.

6.5 Mißachtung der Präambel des damals geltenden Grundgesetzes der BRD durch das Bensberger Memorandum

Es ist erstaunlich, mit welcher «Großzügigkeit» hier westdeutsche Katholiken als Verfasser dem Kernanliegen des Grundgesetzes zuwiderhandeln, das jedem, der in Deutschland Einfluß hat, als Ziel vorschweben sollte.

Die Präambel des Grundgesetzes hatte erklärt: «Im Bewußtsein seiner Verantwortung vor Gott und den Menschen, von dem Willen beseelt, seine nationale und staatliche Einheit zu wahren ... hat das deutsche Volk ... dieses Grundgesetz der Bundesrepublik Deutschland beschlossen. Es hat auch für jene Deutschen gehandelt, denen mitzuwirken versagt war. Das gesamte deutsche Volk bleibt aufgefordert, in freier Selbstbestimmung die Einheit Deutschlands zu vollenden.»

Wie die Zeugnisse[368] beweisen, war im Verständnis der «Väter des Grundgesetzes» und der Politiker bis 1968 – mit Ausnahme der Kommunisten, die Moskau hörig waren – Ostdeutschland seit Jahrhunderten ein integrativer Teil Deutschlands, dessen Wiedervereinigung mit dem Ganzen zu betreiben, jedem Politiker zur Pflicht gemacht wurde.

Das BM hat der Sache nach schon 1968 für eine Preisgabe des Präambeltextes votiert und zu einer grundgesetzwidrigen Haltung aufgerufen. Im BM wird das Heimatrecht der Deutschen fast weggewischt und die tatsächliche Lage völkerrechtswidrig zugunsten Polens interpretiert. Die politischen Ziele der Sieger werden über klares Völkerrecht gestellt. Umfassende und tiefgründige Informationen über das Heimatrecht finden sich bei Otto Kimminich.[369]

Am fortschrittlichsten ist die Europäische Menschenrechtskonvention, nach der nicht nur Staaten, sondern auch im Heimatrecht geschmälerte einzelne Schutz beantragen dürfen. Die entscheidende Frage heißt hier: Sind die Bürger eines besiegten Staates wegen der Kriminalität ihrer Regierung absolut rechtlos?

7. Ist «der Besiegte völlig rechtlos»[370]? Darstellung im Bensberger Memorandum

Zwar sei die «Völkerrechtsordnung ... durchaus fragmentarisch und vor allem ungesichert.» Aber: «Wer bewußt und mutwillig aus ihr ausbricht, wie es Deutschland unter Hitler getan hat, verletzt nicht nur einzelne Rechte, sondern stellt die Völkerrechtsordnung überhaupt in Frage und setzt damit bislang anerkannte und ihn selbst schützende Rechte aufs Spiel.»[371] Wenn also die völkerrechtliche Ordnung die Besiegten nicht schütze, seien das «die Folgen der Hitlerschen Wahnsinnspolitik ... sie hat vor allem im Osten jede Art von Rechtsbindung mit Füßen getreten.»[372] «Nach einem solchen Friedensbruch müssen die Friedensordnung und die wechselseitige Achtung des Rechts erst neu hergestellt werden; sie können nicht einfach vorausgesetzt, postuliert oder gar zur Rechtfertigung der eigenen Forderungen verwendet werden.»[373]

7.1 Darf der Besiegte auf keine ihm zustehenden Rechte hinweisen?

Auch bei zertretenen Beziehungen gibt es keine absolute Rechtlosigkeit, besonders nicht für die Zivilbevölkerung. Dafür steht das abendländisch-christliche Denken. Selbst das Strafrecht läßt der Würde des Menschen durchaus noch Raum. Er darf nie wie eine Sache ohne Würde behandelt werden. Ein Rest von Rücksicht, wie ihn das humane Völkerrecht verbindlich macht, muß auch in hitzigen Situationen erhalten bleiben. Das muß auch für die Deutschen – trotz der unleugbaren Frevel Hitlers – gelten. Wer Besiegte für absolut rechtlos ansieht – wie der spätere Breslauer Kardinal Kominek und der Außenminister Skubiszewski –, zertritt, ob er will oder nicht, die Würde des Menschen. In der abendländisch-christlichen Ethik ist also, um die Frage am Anfang dieses Abschnittes klar zu beantworten, weder dem Sieger alles erlaubt, was er physisch durchzusetzen vermag, noch der Besiegte so beraubt, daß er aufhört Mensch zu sein.

8. Nachklang des Bensberger Memorandums in der Öffentlichkeit

8.1 «Der Schlesier» veröffentlichte folgende Erklärung[374]

«In einer Sprache, die noch brutaler ist als die der EKD-Denkschrift, soll offenkundig gemacht werden, daß es höchste Zeit ist, die ‹öffentliche Meinung› für den Verzicht auf Ostdeutschland (als Vorleistung für einen Ausgleich) zu gewinnen. Hat man erst einmal die öffentliche Meinung gewonnen, wird es auch der Regierung leichtfallen, sich diesem Diktat der öffentlichen Meinung zu beugen ... Aber wir brauchen schon deswegen kein Diktat hinzunehmen, weil wir aus freiwilligem Entschluß das, was uns diktiert werden soll, bereitwillig akzeptieren ... Was bedeuten bei Leuten, die die deutsche Geschichte bei Hitler beginnen und aufhören lassen, schon 700 Jahre?»

8.2 «Volksbote», München[375]

«Es kann keinem Zweifel unterliegen, daß ‹Friedensinitiativen› in Warschau, Moskau (und Pankow) nur dann honoriert werden, wenn sie auf die Stabilisierung der Pax sowjetica... abzielen. Ist der Bensberger Kreis dazu bereit? Wenn ja, dann sollte die deutsche Pax-Christi-Bewegung einen deutlichen Trennungsstrich... ziehen. Es besteht sonst die Gefahr, daß die ‹Pax Christi› mit der ‹Pax sowjetica› identifiziert wird.»

8.3 Schreiben Kardinal Wyszynskis, des Primas von Polen, an den Bensberger Kreis

«Für den Text Ihres Memorandums... sei Ihnen ein herzlicher Dank. Wir haben seinen Inhalt – seine mutigen Formulierungen – mit größtem Interesse wahrgenommen. Es ist uns eine Freude, Ihnen danken zu können für Ihren christlichen Mut, Ihren ehrlichen guten Willen und Ihren internationalen Weitblick.... Ihr hohes christliches Verantwortungsbewußtsein diktierte es wohl den Verfassern... Ihr persönliches Engagement, Ihre entschlossene Entscheidung sowie Ihr kühnes Zeugnis für das Evangelium Christi... vor dem wir einst Rechenschaft abgeben sollen... Echter Fortschritt, Entwicklung und Zukunft... erfordern von uns allen Opfer und höchste Anstrengung.»[376]

Man muß fragen, welche «höchste Anstrengung» bei der kompromißlosen Übergabe an Polen wohl gemeint sein kann und welche «Opfer» die polnische Seite denn durch das Ergebnis der Zwei-plus-Vier-Gespräche zu erbringen hätte.

8.4 Pax sowjetica: Aide-mémoire der SU

«Gemäß dem Potsdamer Abkommen ist die Grenze von Oder und Lausitzer Neiße ein für allemal festgelegt und kann nicht Gegenstand irgendeiner Diskussion oder eines Handels sein. Die Interessen der Sowjetunion und des brüderlichen sozialistischen Polens stimmen überein und sind unteilbar. Auch in der Frage der Grenze an Oder und Neiße stimmt ihr Standpunkt überein und ist unerschütterlich. Es gibt weder direkte noch indirekte Wege, noch Umwege zur Revision der in

Europa entstandenen Grenzen. Anders denken würde bedeuten, jeden Sinn für die Realität verlieren.»[377]

Das Bensberger Memorandum, der Moskauer und Warschauer Vertrag und der letzte Bundespräsident scheinen dem zuzustimmen. Die Sowjetunion ist unerschütterlich in der Behauptung der «Realitäten», der von den Siegern geschaffenen Fakten, denen gegenüber es keinen peacefull change gibt. Das Recht degeneriert dann aber zu einer Funktion der Macht.

8.5 In wessen Sinn wirkt das Bensberger Memorandum?

Die Chancen, aus der Potsdamer Rückstellungsklausel im Sinne des Deutschlandvertrages von 1955 einen Gewinn für Deutschland zu ziehen, verdüsterten sich seit dem BM und anderer Verlautbarungen dieses Typs noch weiter. Deutsche stehen nun selbst gegen ihre Ansprüche und bereiten damit auch dem Siegerdenken – ganz im Sinne der Umerziehung – in christlicher bzw. polykultureller «Verpackung» den Weg.[378]

9. Völliger Umbruch auch im politischen Handeln der Bundesregierung – Die Ostverträge von 1970 und die Reaktion des Bundesverfassungsgerichtes (1975)

Im Moskauer Vertrag verpflichtet sich auch die BRD, «die territoriale Integrität aller Staaten in Europa in ihren heutigen Grenzen zu achten... einschließlich der Oder-Neiße-Linie, die die Westgrenze der Volksrepublik Polen bildet... «[379]

Im Warschauer Vertrag kommt die gleiche Bereitschaft zum Ausdruck. Beide Seiten – BRD vertreten durch Bundeskanzler Brandt und Außenminister Scheel – stellen übereinstimmend fest, «daß die bestehende Grenzlinie, deren Verlauf im Kapitel IX der Beschlüsse der Potsdamer Konferenz vom 2.8. 1945... festgelegt worden ist, die westliche Staatsgrenze der Volksrepublik Polen bildet.» (Art. I 1). Unangetastet bleiben «die von den Parteien früher gechlossenen oder sie betreffenden zweiseitigen oder mehrseitigen internationalen Vereinbarungen.» (Art. IV).[380] Damit ist aber auch der Potsdamer Friedensvertragsvorbehalt in Kraft geblieben.

9.1 Das Bundesverfassungsgericht (BVG)

Den Ostverträgen könne die «Wirkung... nicht beigemessen werden... daß die Gebiete östlich von Oder und Neiße... aus der rechtlichen Zugehörigkeit zu Deutschland... entlassen worden seien.»[381]

Es war u. a. zu klären, wieso die für Grenzen und Friedensvertrag nicht zuständige BRD Moskau und Warschau gegenüber eine eindeutige Bereitschaft, die Grenze zu bestätigen, bekundet hat. In Anlehnung an das BVG «erklärten» am 10.5. 1972 «die Fraktionen des Deutschen Bundestages, daß die Bundesrepublik Deutschland die in den Verträgen eingegangenen Verpflichtungen im eigenen Namen auf sich genommen habe und die Verträge eine friedensvertragliche Regelung nicht vorwegnähmen und keine[382] Rechtsgrundlage für die heute bestehenden Grenzen schüfen.»[383]

Denn: «Die Formulierung von Art.I Abs. 1 Warschauer Vertrag wurde so gewählt, daß die gegensätzlichen Standpunkte zur rechtlichen Bedeutung der Beschlüsse der Potsdamer Konferenz aufrechterhalten werden konnten.»[384].

Die politische Grundfrage ist also in den Verträgen offengeblieben, ob die Souveränität bereits in Potsdam (1945) an Polen gekommen sei (polnische Zweckbehauptung) oder bisher überhaupt bei Deutschland verblieben sei (deutscher Standpunkt).

Dieser Dissens in der Grundfrage zeigt am greifbarsten, daß die Zeit für einen Grundlagenvertrag noch nicht gekommen war. Man mußte sich mit einem Verbalkompromiß begnügen, den jede Seite – konträr zur anderen – von ihrer eigenen Einstellung her interpretieren konnte. Daher blieb man sich in der Sache völlig fern.

10. Die Bundesregierung signalisiert in steigendem Maße Verzichtsbereitschaft

10.1 Die Botschaft des Bundespräsidenten von Weizsäcker an den polnischen Staatspräsidenten Jaruzelski vom 28. 8. 1989

Die Polens heißen Wunsch stützende schriftliche Botschaft des Bundespräsidenten verstößt gegen ein Grundgebot des GG (Präambel).

Der Bundespräsident erklärte: «Die Menschen sind der Politik oft voraus und ebnen den Weg. Bei den politischen Aufgaben war zu berücksichtigen und wird von uns respektiert, daß es für Deutschland als Ganzes nach wie vor keine Nachkriegsregelung gibt. Die damaligen Sieger haben sie sich vorbehalten. Die Bundesrepublik Deutschland und die Volksrepublik Polen haben sich aber im Rahmen ihrer eigenen Kompetenz und Verantwortung gegenseitig ihr Wort gegeben . . . »[385]

10.2 Zum Inhalt der Erklärung

Das vom höchsten deutschen Repräsentanten erwähnte Wort kann nur in dem Sinne bahnbrechend sein, wenn es inhaltlich der damaligen Präambel des GG ins Gesicht schlägt. Mit dem Satz «Die Menschen sind der Politik oft voraus und ebnen den Weg» rechtfertigt er seine Bereitschaft, die Preisgabe der deutschen Ostgebiete anzukündigen, im Gegensatz zum GG – also gegen seinen Amtseid. Er tut das mit Berufung auf eine angebliche «Kompetenz und Verantwortung» der beiden Vertragspartner. Hat er nicht vorrangig das GG zu achten?

Nach der Rechtslage, wie sie vor allem im Deutschlandvertrag von 1955 umrissen wird, ist es das Ziel der West-Sieger, einen frei vereinbarten Friedensvertrag – offensichtlich im Gegensatz zu dem Diktat von Potsdam 1945 – zu erlangen. Zuständig sind dafür auf der einen Seite die oben erwähnten vier Siegermächte und auf der anderen «Deutschland als Ganzes», das aber mehr ist als die Summe von BRD plus DDR.

Das kann nichts anderes bedeuten, als daß ein parlamentarisches Gremium, das alle ehemaligen Reichsdeutschen repräsentiert, die Kompetenz für einen Friedensabschluß hat, wenn die betroffene Bevölkerung in Ausübung ihres Selbstbestimmungsrechtes einem evtl. Verzicht zustimmt.

Im Rahmen welcher eigenen Zuständigkeiten hat von Weizsäcker im Namen der nicht befugten BRD die Preisgabe zugesagt?

Kann der Bundespräsident sich moralisch hinter ein Wort zugunsten der Oder-Neiße-Linie stellen, das dem GG widerspricht? In tiefem Nebel stochert man herum, wenn man sich müht zu ergründen, was das für ein Wort sein mag, das sich die BRD und Polen «im Rahmen ihrer eigenen Kompetenz und Verantwortung» gegeben haben.

Im Kontext kann es sich nur um die Bereitschaft zur Preisgabe Ostdeutschlands an Polen im Hinblick auf die Souveränität handeln. Welche «Kompetenz und Verantwortung» sich Polen hier selbst zuschreibt, müßte abgetastet werden. Was aber die «Kompetenz und Verantwortung» der BRD angeht, so wird staatsrechtlich streng unterschieden zwischen den durch Potsdam geschaffenen Teilen Deutschlands, aus denen dann später BRD und DDR geworden sind, und Gesamtdeutschland, das nicht, wie Polen behauptet, 1945 zugrunde gegangen ist, sondern völkerrechtlich weiterlebt und eine Zeitlang nur der Organe zu politischem Handeln beraubt war.

Also nochmals: Aufgrund welcher «Kompetenz und Verantwortung» hat der Bundespräsident, später der Bundestag (am 21. 6. 1990) für die Preisgabe votiert und sich damit eindeutig gegen den Prolog des GG gerichtet? Die Präambel des GG wurde erst am «23.9./31. 8. 1990»[386] geändert.

11. Preisgabebereitschaft und Präambel im Grundgesetz vor dem BVG

11.1 Das Problem

Das BVG unterscheidet zwischen «politischen» und rechtlich bindenden Verzichtserklärungen, soweit sie einen Rechtstitel aufgeben. Die ersteren läßt das BVG ohne Reaktion passieren, obwohl ein Meinungsbildungsprozeß der politischen Verzichtsbereitschaft einen im Ergebnis völkerrechtlichen Verzicht massenpsychologisch aufbaut.

11.2 Das BVG

«Es ist ein Unterschied, ob man – solange daraus nicht die Gefahr der Verwirkung des Rechtstitels erwächst – *politisch* von einem Rechtstitel keinen Gebrauch macht oder ihn derzeit oder für absehbare Zeit nicht als politisches Instrument für tauglich hält, sich also damit abfindet, daß mit ihm kein politischer Erfolg erzielt werden kann, oder ob man auf ihn im Rechtssinn verzichtet.»[387]

Man kann sich also mit politischen, nicht zu ändernden Realitäten abfinden, ohne aber Rechtstitel aufzugeben. Das Grundgesetz verlangt nur, keinen in ihm begründeten Rechtstitel preiszugeben, der später als Instrument zu einer Erschwerung des Strebens nach Wiedervereinigung gebraucht werden kann.

«... *Politisches* Verhalten mag sich später als ‹falsch kalkuliert› herausstellen und der Bundesregierung von anderen ... politisch entgegengehalten werden können; dieser... Tatbestand unterscheidet sich wesentlich von dem anderen, daß die Bundesrepublik Deutschland mitwirkt bei einem *Rechtsinstrument*, das ihr von anderen in ihrem Bemühen um Wiedervereinigung entgegengehalten werden kann ... Wenn heute von der ‹deutschen Nation› gesprochen wird, die eine[388] Klammer für Gesamtdeutschland sei, so ist dagegen nichts einzuwenden... Verstecke sich dagegen hinter dieser neuen Formel ‹deutsche Nation› *nur* noch der Begriff einer... Sprach- und Kultureinheit, dann wäre das *rechtlich* die Aufgabe einer unverzichtbaren Rechtsposition.»[389]

Rein taktisch könne man bei Aussichtslosigkeit eine Sache auf sich beruhen lassen und sich politisch – wohl zugunsten Polens – äußern, wenn man nur keinen Rechtstitel aus der Hand gibt.

11.3 Welchen wachsenden Einfluß hatte diese verfassungsrechtliche Nachsicht auf die Stärkung der Preisgabebereitschaft?

Liegt die erwähnte zusagende «Botschaft» an Polen nicht schon hart an der Grenze zur Gewährung eines Rechtsanspruches, zumal wenn man die hohe Stellung des solche Zusagen gebenden Bundespräsidenten bedenkt?

Natürlich hängt es beim Volk und den Abgeordneten auch von der Geschichtskenntnis im Detail, von der menschlichen Verbundenheit mit dem Land, das man fallenlassen will, wie auch von der Tapferkeit und der Geduld zu längerem Atem ab.

Nur wer die Geschichte nicht kennt, kann 700 Jahre legitimer deutscher Kulturarbeit geringer einschätzen als 45 Jahre völkerrechtswidriger Okkupation durch allerdings persönlich unschuldige, eingeschleuste Vertriebene aus den alten polnischen Ostgebieten. Hatte man eine dem 700jährigen Werden Ostdeutschlands angemessene Geduld? Wohl kaum. Denn der Verzicht ist fast über das Knie gebrochen worden. Zu wessen Vorteil?

11.4 Das Bundesverfassungsgericht (BVG) hat in seiner Urteilsbegründung den Begriff des politischen Ermessens sehr weit gefaßt

Erst die Preisgabe eines formellen Rechtstitels, nicht aber schon die zu einer solchen Bereitschaft führende politische Nachgiebigkeit wird als Bedrohung der Verfassung angesehen. Durch diese enge Definition von Verfassungswidrigkeit ist die Bereitschaft zur schließlichen Preisgabe Ostdeutschlands gewachsen. Jedermann konnte «politisch» gegen die Präambel leicht auftreten.Das geschah mit dem Ergebnis, daß beide deutschen Parlamente in gemeinsamer Sitzung (21. 6. 90) ein Viertel des schon in Versailles stark beschnittenen deutschen Landes preisgaben und schließlich noch zustimmend beklatschten, als hätten sie mit der Schaffung des kleinsten Deutschlands ein für Deutschland dienliches Werk getan.

Das Verhalten lag ganz im Sinne der von den Alliierten verordneten Umerziehung. Unter dem Druck der Partner der Zwei-plus-Vier-Gespräche sind seit Jahrhunderten zur Integrität Deutschlands gehörende Länder im Umfang von 104000 km^2 zur Amputation, d. h. zur Verkleinerung Deutschlands im neuen Europa freigegeben worden.

Das Urteil darüber sei der Geschichte überlassen. In Europa gibt es dafür keine Parallele.

Politische Pädagogik hätte die politische Stimmungsmache für die Preisgabe durch geschichtliche und politische Information in Schranken halten müssen. Das ist nicht geschehen. Viele werden ergriffen und weich, wenn es darum geht, Ansprüche oder auch nur Hoffnungen fremder Völker zu erfüllen. Aber sie werden verärgert und ratlos, wenn sie schließlich ahnen, daß Deutschland auch Rechte hat, die man nicht so leicht und kompromißlos und für alle Zeiten preisgeben darf. Dieses Thema wird uns nochmals beschäftigen.

Wußten die deutschen Politiker 1990 nichts Besseres, als den ungerechten Görlitzer Unterwerfungsvertrag der DDR von 1950 nun in «Freiheit» nachzuholen?

Der Bundespräsident kann mit dem Polen gegebenen «Wort» wohl nur das meinen, was der Görlitzer Vertrag vom 6. 7. 1950 enthält: Die Anerkennung der Oder-Neiße-Linie als definitive endgültige stalinsche Friedensgrenze.

40 Jahre später betreiben die Politiker der BRD mit dem Bundespräsidenten die gleiche Politik mit der Preisgabe Ostdeutschlands, die 1950 mit Entsetzen und Empörung zurückgewiesen worden ist. 1950 hieß es:

«Niemand hat das Recht, aus eigener Machtvollkommenheit Land und Leute preiszugeben und eine Politik des Verzichtes zu betreiben... Die Mitwirkung an der Markierung der Oder-Neiße-Linie, zu der sich die sogenannte provisorische Regierung der DDR bereitgefunden hat, ist ein Beweis für die *beschämende Hörigkeit* dieser Stelle gegenüber einer fremden Macht.»[390]

Liegt darin nicht eine mehr als peinliche Aussage für die, die sich nun in freiwilliger Hörigkeit dem Görlitzer Vertrag vom 6. 7. 1950 angeschlossen haben?

12. Gewisse Ähnlichkeiten in der deutsch-polnischen Geschichte

Eine zweite Teilung Deutschlands, die der Sache nach in den Zwei-plus-Vier-Gesprächen betrieben wurde – als erste Teilung kann Versailles 1919 bezeichnet werden –, erinnert an eine ähnlich tragische Situation Polens vor dessen zweiter Teilung 1793.

Auch Polen wurden damals unerhörte Gebietsverluste – allerdings ohne Vertreibung der Bevölkerung – zugemutet. Die russische Zarin Katharina II. legte auch Wert darauf, daß der Landraub durch einen Sejmbeschluß gedeckt werde. Im polnischen Adelsparlament waren viele, vor allem durch Bestechung gewonnene Optanten für Rußlands Forderung. Der persönliche Vorteil stand bei ihnen vor dem Schicksal der Nation und der Heimat.

Als der Sejm-Marschall mit seinem Gefolge in protzender Barockkleidung versuchte, den Sitzungssaal zu betreten, stellte sich ihm ein unvorhergesehenes Hindernis entgegen. Ein gewisser Rejtan aus Grodno versperrte ihm den Weg zum Sitzungssaal. Er legte sich mit entblößter Brust quer vor den Eingang, um so ein Zeichen gegen die geplante Meintat nachdrücklich zu setzen. Seine Haltung schien zu sagen:

«Weiter geht es nur über meine Leiche. Niemand hat das Recht, ein weiteres Drittel Polens preiszugeben.»[391]

Rejtan wurde aus dem Wege geräumt. Die 2. Teilung Polens konnte vom Sejm «freiwillig» beschlossen werden.

12.1 Überleitung zum Kapitel XII

Die Regierungserklärung des Bundeskanzlers Dr. Helmut Kohl am 21. 6. 1990 vor dem Bundestag (und der Volkskammer) legt manche schmerzliche Rätsel auf. Doch gibt sie auch der Wahrheit die Ehre: Die Vertreibung 1945/46 war ein großes Unrecht.

Der Kanzler bringt auch einen mutigen, mitfühlenden Bericht über Deutschland als Heimat von Millionen Ostdeutscher. In einem neuen Kapitel sollen nun die Ausführungen des Kanzlers zur Preisgabe selbst folgen.

Dann nimmt Kapitel XIII das Kernthema auf: Die Preisgabe Ostdeutschlands durch die Annahme der Ergebnisse der Zwei-plus-Vier-Gespräche im Bundestag durch beide o. g. Kammern.

Kapitel XII
Im Bannkreis der Preisgabe – Einzelthemen aus der Regierungserklärung des Bundeskanzlers Kohl am 21. 6. 1990 [392]

1. Ostdeutschland – Heimat und Wurzelgrund seiner Menschen

Der Kanzler erklärte: «Wir blicken zurück auf eine lange gemeinsame Vergangenheit, auf eine Geschichte, in der die Städte und Dörfer Schlesiens, des östlichen Brandenburgs, Pommerns, in West- und Ostpreußen und anderen Landschaften für Deutsche HEIMAT waren. Sie haben dieser europäischen Landschaft ihr unverwechselbares Gepräge gegeben . . . Millionen von Deutschen haben dort ihre Wurzeln.»[393]

Die hier vom Bundeskanzler in die politische Diskusssion eingeführte «Heimat» weist auf die anthropologische Verwurzelung hin. Sie darf nicht rechtspositivistisch im Sinne von «zufälligem, wenig bedeutsamem, gleichgültigem Aufenthaltsort» verflacht werden. Im Worte muß die dahinterstehende menschliche Bedeutsamkeit und damit ihr ethischer Wert anklingen. Menschen haben dort ihre Wurzeln, die durch Vertreibung brutal gekappt worden sind.

Für unsere um die Vertreibung kreisende Thematik ist die Bemerkung des Bundeskanzlers, daß Millionen im Osten ihre Wurzeln haben, sehr bedeutsam. Deutsche Politiker, die Entwurzelung betrieben oder gebilligt haben, sollten sich fragen, ob sie die menschliche Voraussetzung haben, über die Heimat anderer ein Votum abzugeben, besonders wenn sie selbst ungestört in ihrer Heimat weiterleben durften, wenn für sie rein theoretisch bleibt, was für die Betroffenen eine Lebenstragödie bedeutet hat.

1.1 Heimat ist die Urlebensbühne

Ihre Mitte ist die Ursprungsfamilie, die Welt im Kleinen. Sie wird als das urtümliche, unvertretbare, problemlos-tragende und bergende Stück der Welt erfahren. Wir sind dort selbstverständlich «zu Haus» und angenommen. Niemand schreckt uns mit der Frage: Was willst du denn eigentlich hier? Man gehört fraglos dazu. Es ist der Boden, auf dem wir originär die Welt als die unsere erleben. Als Lebensbasis bietet sie auch den Zugang zu der sich stufenweise weiter erschließenden Umwelt, die aus der Bindung an die engere Heimat organisch erwächst. Solche Geborgenheit ist das Gegenstück zur «Geworfenheit», in der der Mensch unstet und heimatlos ist, wo nichts birgt und trägt, wo einen alles fremd und nichtssagend abstößt, wo man keine Bindung an Boden und Sozietät verspürt, wo der Raum und die Umwelt beliebig auswechselbar erscheinen – wie eine fremde Nachtherberge.

1.2 Heimat gibt Menschen ihre Urprägung

Im heimatlichen «Klima» (als Idealtyp, der in der gebrochenen Welt oft freilich nur ansatzhaft verwirklicht ist) vollzieht sich auch die Urprägung des Menschen. Seine Umwelt ist dabei die Urbühne aller Prozesse, die zur Entfaltung führen, jener Boden, mit dem der Mensch zu einem «Geschichtskörper» zusammenwächst («als wär's ein Stück von mir»). Wie Heimat den Menschen urtümlich formt, so prägt er ihr umgekehrt sein eigenes Siegel auf. Diese intime Zusammengehörigkeit reflektiert sich im Gefühl problemloser Selbstsicherheit, des Getragenseins und des Standhabens aufgrund der Urverbindung mit dem Boden der Heimat und der menschlichen Umwelt, die mit diesem Boden eben auch zusammengewachsen ist. Die Heimat gestaltet im Fluß der Zeit mit am Personenkern, am Gewissen, an der menschlichen und religiösen Kultur. Überdies ist Heimat dem gläubigen Menschen das «heilige Land», in dem er im erwachenden Leben Gott begegnete.[394]

Der Bundeskanzler hat wohl diesen urtümlichen Wert von Heimat mitgemeint, als er das Thema berührte. Er läßt auch selbst gelegentlich durchblicken, daß er für seine Person in Rheinland-Pfalz, in seiner Familie usw., «zuhaus» ist. Er würde diesen Wert seiner «Heimat» und «heimatliche Geborgenheit» nicht für noch so hohe materielle

Ziele austauschen. Das ehrt ihn als einen verwurzelten Menschen, dessen Sinnbild nicht der wandernde Dünensand, sondern Bodengebundenheit ist.

«Wenn ich den Wandrer frage, wo gehst du hin? Nach Hause, nach Hause, spricht er mit frohem Sinn. Wenn ich den Wandrer frage, was quält dich sehr? Ich kann nicht nach Hause, hab' keine Heimat mehr» (Volkslied).

Die originäre Kraft der Heimat erfüllt auch den, der sie freiwillig verlassen hat, wenn er sie nur, so oft er will, besuchen kann[395] und dort nicht als fremd gilt.

1.3 Die Entwurzelung – eine schwere Verletzung des Humanums

Die Entwurzelung durch Vertreibung ist daher psychisch eine Grausamkeit, eine lebenswidrige, unmenschliche Mißachtung des Rechtes auf den Wurzelgrund. Dabei werden zarteste Wurzelfäden gefühllos zerrissen, was zu einer tiefen Verwundung der Psyche führt, jedenfalls dem Menschen sehr viel zu schaffen macht.

Die meisten der in der deutschen Heimat unangefochten Verbliebenen vermögen nicht zu erahnen,was Heimatvertriebene seelisch durchzustehen hatten, als die Mehrheit des Bundestages 1990 Ostdeutschland endgültig preisgab. Was das menschlich-konkret bedeutet, zeigt das unmenschliche Vorgehen Serbiens in Bosnien. Aber Serbien folgt nur dem lockenden Beispiel der Siegermächte des Zweiten Weltkrieges, die soeben Deutschland veranlaßt haben, die Vertreibung von acht Millionen Ostdeutschen jenseits von Oder und Neiße «völkerrechtlich» durch die «Bestätigung der Grenze» hinzunehmen.

Wenn Gott alles untersagt, was den Menschen unter ihrer Würde angetan wird, dann ist Vertreibung ein innerlich Böses, weil unmenschliches Verhalten[396], nämlich Entzug des Lebensbodens. Weder Gesetzgebung noch Rechtsprechung noch internationale Abkommen dürfen daher eine Vertreibung verursachen oder tatenlos hinnehmen und Vertriebene ihrem Schicksal schutzlos überlassen. Diesen wichtigen Umstand betonte Bischof Nossol, Oppeln (Oberschlesien), in seinem Hirtenbrief für die Fastenzeit 1991:

«Die Zwangsaussiedlung der einen wie der anderen dürfen Christen nicht mit der lapidaren Feststellung quittieren, daß auf diese Weise der geschichtlichen Gerechtigkeit Genüge getan würde. Man hat sie nämlich ihrer Heimat beraubt, d. h. aus dem Land ihrer Väter verjagt.»

Der Anspruch, in der Heimat zu leben, ist ein Menschenrecht des einzelnen und der Gruppe, das die Staatsräson achten muß.

Die Mißachtung der unverwechselbaren Lebensverbindung mit der heimatlichen Sozietät – von der Familie angefangen – und mit dem gemeinsamen Heimatboden stellt die eigentliche Unmenschlichkeit dar. Brutal wird auseinandergerissen, was die leibliche und geistige Existenz des Menschen trägt, später mitträgt. Vertreibung von Millionen erschwert auch die sonst aufgerufene Nachbarschaftshilfe, weil plötzlich alle in die gleiche Notlage gekommen sind. Wer sich selbst an ein unzuverlässiges Wrack anklammert, hat es schwer, anderen Ertrinkenden normal zu Hilfe zu kommen, weil alle entwurzelt werden. Der Geschichtskörper Mensch–Gemeinschaft–Boden wird schmerzlich zersprengt, weil andere Mächtige nach einem Lande ohne Menschen schreien. Hier darf man analog zu «die Sache ruft drängend nach ihren Eigentümern»[397] feststellen: «Das Land ruft nach seinen legitimen Bewohnern», und über eine Million Vertreibungstoter klagten darüber hinaus auch noch an.

In der konsequenten Ablehnung von Vertreibung liegt auch eine stärkende Disposition zum Kampf gegen die strukturverwandte Abtreibung. In beiden Fällen wird das von Natur aus engstens Verbundene unter großen menschlichen Verlusten auseinandergerissen. Die Abtreibung ist eine frühe Lebenszerstörung durch brutale Vertreibung aus dem Mutterschoß.

1.4 Heimat, Nation, Vaterland – «Gedanken Gottes»

Ein tiefes Wort des polnisch-litauischen Nationaldichters Adam Mickiewicz[398]:

«O Litauen, meine Heimat, du bist wie die Gesundheit, was sie uns bedeutet, erspürt erst der, der sie verloren hat!»

Es ist eine enorme Abschwächung des Rechtes auf die Heimat, wenn diejenigen, die sie opportunistisch preisgeben, keinen lebensmäßigen Zugang zu diesem Lande haben und sie gleichsam als Austauschobjekt, als «leeren Raum» hin- und herschieben und die dort verwurzelten Menschen «übersehen», die im günstigsten Falle wie

«Material» verladen und weiterbefördert werden. Welche menschlichen Beziehungen hatten Politiker, die in den Zwei-plus-Vier-Gesprächen acht Millionen Deutsche definitiv heimatlos gemacht haben, zu diesem Land? Hatten sie als Menschen die innere Legitimation, so kompromißlos fordernd die Vertreibung aus der Heimat zu einem grundlegenden Stilelement für die Politik des werdenden Europas zu machen?

Hier ruht ein virulenter, unmenschlicher Störfaktor. Dieses kann nur als Verbund vieler, von ihren Stammbewohnern eigentümlich geprägter Einzelheimaten – mit ihrer Geschichte und Kultur – gedacht und geplant werden, ohne Auflösung der Nationen, die – nach einem tiefen Worte Herders[399] – «Gedanken Gottes» sind.

2. «Was zwischen Deutschen und Franzosen möglich war, kann und muß jetzt endlich auch zwischen Deutschen und Polen möglich werden»[400]

Dieser Rückschluß von Frankreich auf Polen ist mehr als gewagt. Frankreich hat nicht Millionen deutscher Zivilbevölkerung vertrieben. Es hat auch einen Modus der Rückkehr des Saargebietes zu Deutschland demokratisch ermöglicht, also die Prinzipien beachtet, auf die es sich theoretisch verpflichtet hat.[401]

Polen seinerseits hat die Vertreibung mit all ihren Unmenschlichkeiten bejaht und mitbewirkt. Im Gegensatz zum Präsidenten der ČSR, Vaclav Havel, hat sich Polen geweigert, die Grausamkeit und Völkerrechtswidrigkeit anzuerkennen, obwohl es in der Vertreibung genau das getan hat, dessen die deutsche Seite im IMT zu Nürnberg 1946 angeklagt wurde und wofür sie mit schwersten Strafen gesühnt hat. Wenn Polen mit Frankreich gleichziehen und einen frei ausgehandelten Kompromiß mit einer territorialen Komponente nicht ausschließen würde, dann wäre die Hoffnung des Bundeskanzlers realistischer. Wer sich im Hinblick auf das deutsch-französische Verhältnis für Polen Hoffnungen macht, muß sich ernst fragen, ob hier nicht hohe Ziele unter sehr ungleichen Voraussetzungen angestrebt werden.

3. Dürfen Grenzen in Zweifel gezogen werden?

«Das polnische Volk soll wissen: Ein freies und vereintes Deutschland wird Polen ein guter Nachbar ... auf dem Weg nach Europa sein. Dazu gehört, daß Grenzen nicht in Zweifel gezogen und nicht verschoben werden. Nur wenn sie unumstritten sind, verlieren sie ihren trennenden Charakter. Wir wollen Grenzen einen neuen zukunftsweisenden Charakter verleihen, nicht den der Trennung ... sondern den der Begegnung in Freiheit.»

«Die Grenze Polens zu Deutschland ist, so wie sie heute verläuft, endgültig.»[402]

Ob Grenzen in Zweifel gezogen werden dürfen, hängt durchaus von den Umständen ab, nämlich ob sie gerecht oder ungerecht, sinnvoll oder störend sind, ob sie Jahrhunderte friedlich durchgehalten haben oder kriegerisch von Siegern vor kurzem willkürlich festgelegt worden sind.

Grenzen dürfen durchaus in Zweifel gezogen werden, wenn sie nur positivistisch gesetzt und der Sache nach ungerecht zustande gekommen sind. Der Bundeskanzler hat auch mutig auf das «große Unrecht» der Vertreibung der Deutschen 1945 hingewiesen.

Wer von der Grenzfestlegung 1945 etwas unmittelbar mitbekommen hat, wird hier kritisch-behutsam in bezug auf die Gerechtigkeit der Grenze.

Im Sommer 1945 war Polen auch dabei, sein Militär von Görlitz-Ost nach Görlitz-West über die Neiße bis an die Spree marschieren zu lassen, um auch dieses Land von den Deutschen zu «reinigen». Der für Görlitz-West bereits bestimmte polnische Bürgermeister, der in Görlitz-Ost weilte, hielt mich darüber auf dem laufenden. Er mußte mir später eine Fehlmeldung machen. Die Sowjets hätten diesen geplanten polnischen Husarenstreich unterbunden, weil die Ernährungsprobleme in der Sowjetzone – wo diese weiteren Hunderttausende von Vertriebenen gelandet wären – zu einer noch größeren Katastrophe geführt hätten.

Würde der Bundeskanzler, falls dieser «Vorstoß» gelungen wäre, heute auch das Gebiet zwischen Neiße und Spree als unantastbar erklären und den, der dabei an Änderung denkt, als Friedensstörer ansehen?

Nicht alle faktischen Grenzen sind von sich aus ethisch und völkerrechtlich unantastbar, sondern nur die in etwa gerecht gezogenen.

Wie hätte das Schlußprotokoll von Helsinki 1975 eine friedliche Änderung von Grenzen[403] auch nur erwähnen können, wenn wirklich jede Änderung bestehender Grenzen den Frieden bedrohte?

4. Vertreibung ist und bleibt ein großes, bis heute fortwirkendes Unrecht

Bundeskanzler Kohl: «Wahrheit ist: Die Vertreibung der Deutschen aus ihrer angestammten Heimat war ein großes Unrecht, und das darf an einem Tag wie heute nicht verschwiegen werden. Es gab dafür keine Rechtfertigung, weder moralisch noch rechtlich. Wir können auch Jahrzehnte danach nicht erklären, die Vertreibung sei rechtmäßig gewesen ... «[404]

Mit der Feststellung schweren Unrechtes durch die Vertreibung blieb der Kanzler allein. Er verdient für diese realistischen, der Wirklichkeit entsprechenden Worte Dank. Er scheint dafür unter vielen, unterdessen erfolgreich umerzogenen Deutschen wenig Verständnis zu finden. Doch an solchen Punkten bricht bei ihm wohl jene Bewegung des Gewissens durch, die, wie es einst bei Philipp Scheidemann[405] und in der Note der Reichsregierung vom 22. 6. 1919[406] vor der Unterzeichnung des Versailler Vertrages der Fall war, den Einbruch eines anderen, durch politische Macht nicht aufzuhaltenden Bereiches des Gewissens mit seiner Transzendenz signalisiert.

Die Zwei-plus-Vier-Erklärungen beruhen aber inhaltlich auf der Voraussetzung, die dem entgegengesetzt ist. Sie setzen doch in der Mentalität von 1945, die Kollektivschuld aller Deutschen und deren Strafwürdigkeit voraus, so daß[407] alles militärisch Mögliche gegenüber dem Besiegten auch völkerrechtlich-ethisch erlaubt gewesen sei. Die Vertreibung war ein großes Unrecht. Das ist eine Aussage, die wir bei unserem Bundeskanzler mit besonderer Genugtuung feststellen.

Von den deutschen Staatsmännern 1918/19 hätte er freilich etwas dazu lernen können, daß einem wehrlosen Volk noch die Waffe der

Berufung auf das «Gewissen der Menschheit»[408] und der Protest gegen unerhörtes Unrecht bleiben. Das war aber seit dem Bensberger Memorandum 1968 in katholischen Milieus West-Deutschlands kaum noch zu erwarten. Der damalige polnische Ministerpräsident Mazowiecki hat in der «Erklärung deutscher und polnischer Katholiken»[409] verkündet, daß «das Leid von Millionen Deutschen, die aus ihrer Heimat vertrieben wurden, dabei Tote zu beklagen hatten und ihr Hab und Gut verloren hätten, bei Polen und Deutschen Trauer und Mitgefühl wecke.» Das allein ist aber zu wenig, weil es sich bei Mittätern um Mitschuld handelt, die auch als solche bekannt werden muß.Übersieht das auch Bischof Dr. Lehmann und mit ihm ein Teil des deutschen Episkopates?

Warum hat der Kanzler keine politische Konsequenz aus seiner tapferen Erklärung gezogen, sie nicht wenigstens teilweise mit dem Ziel eines Kompromisses in konkrete Vertragspolitik umzusetzen versucht?

5. Exkurs über die übliche Verharmlosung der Vertreibung: Das innerlich Böse

Als Musterbeispiel mag der bekannte Passus aus dem nachgereichten Bischofsschreiben vom 10. 2. 1966 dienen, nach dem Polen seit Jahrhunderten Deutschland weder politisches noch wirtschaftliches noch kulturelles Unrecht angetan hätte. In diesen Jahrhunderten liegt aber die Vertreibung von 1945 ff. Diese könnte daher kein Unrecht gewesen sein.

5.1 Vertreibung zur «ethnischen Säuberung» verniedlicht

Neben dem üblichen Trend zugunsten der «Rechtmäßigkeit» der von den Siegern rein positivistisch geschaffenen Fakten zeigen sich aber auch prophetisch anmutende Gegenströmungen. Ein unaufhörlich demaskierender Protest liegt z. B. in der Wahl des von den Siegern auf dem Balkan neugeschaffenen Ausdrucks «ethnische Säuberung» zum «Unwort» unserer Tage. Es war ein Echo auf die Unmenschlichkeiten der siegreichen Serben, die damit ihre Verbrechen bemänteln wollten. Die Brutalität der Vertreibung im alten Jugoslawien sollte verhüllt und möglichst nicht als solche bekannt werden.

Ein ähnliches Bemühen durch Umbenennung ist im Hinblick auf die Vertreibung 1945 ff. festzustellen. Das wahre, griffige, die Wahrheit wiedergebende Wort «Vertreibung» wird durch verhüllende Termini wie «Umsiedlung», «Bevölkerungstransfer», «Bevölkerungsverschiebung», «Wanderung» (wie der letzte Bundespräsident gemeint hat) ersetzt. Das sind wertneutrale Tatsachenbegriffe, die ihren guten Sinn haben, aber zu «Unworten» werden, wenn sie Böses verschweigen oder verharmlosen wollen. Auch Kardinal Hlond (†1948) flieht in seinem Bericht nach Rom vom 24.10.46 das Wort «Vertreibung». Statt dessen bringt er viele verharmlosende Worte, die täuschen.

Zu der profanen Bemerkung «ethnische Säuberung» hat sich Anfang Oktober 1993 – also in jüngster Zeit – eine Äußerung von Papst Johannes Paul II. gesellt. Sie findet sich in seinem Weltrundschreiben «Glanz der Wahrheit».[410] In den Nr. 79–81 wird mit deutlichem Nachdruck auf die Existenz «innerlich böser Handlungen», die niemals erlaubt sein können, hingewiesen, vor denen immer das Verbot steht: Das darfst du keinesfalls.

Dieses Verbot steht auch im Gewissen derer, die die Macht haben, es zu mißachten und die Menschenwürde anderer nach Belieben zu zertreten.

Die allgemein menschlichem Empfinden folgende Lehre der Kirche sagt: Noch so edle Motive, auch noch so fordernde Umstände können die Untat einer in sich bösen Grundhandlung – wie Abtreibung u. a.(= Objekt) – ethisch nicht ausgleichen. Wenn die Grundhandlung schlecht ist, darf die Handlung weder gewollt und erst recht nicht vollzogen werden.

Was in sich nach dem Gehalt der Handlung selbst unmenschlich oder widergöttlich ist, was sich «auf Gott nicht beziehen läßt», kann objektiv niemals durch Motiv oder Umstände erlaubt werden.

Als Beispiele solcher in sich, d. h. ihrem Gehalt nach, abwegiger Grundhandlungen (Objekte), nennt die Enzyklika Mord, Völkermord, Selbstmord, Abtreibung, Verstümmelung, leibliche und psychische Folterung, psychischen Zwang, unerträgliche Lebensbedingungen, ungerechte Verhaftung, Verschleppung, Sklaverei und ähnliche Unmenschlichkeiten. Derartige Handlungen sind durch nichts zu rechtfertigen.[411] «Sie sind in sich schon eine Schande.»[412] Was also Leben, Gesundheit, Wesensentfaltung des Menschen erheblich beschränkt, läßt sich nicht auf Gott hinordnen, ist in sich abwegig und darf niemals getan werden.

Unter den Beispielen für innerlich Böses nennt die Enzyklika leider die Vertreibung nicht beim Namen. Sie schließt sie aber sicher ein, wenn sie allgemein sagt, daß «genannte und andere ähnliche Taten an sich schon eine Schande sind».[413] Wer die Unmenschlichkeit einer Vertreibung kennt, weiß, daß sie zu den Untaten gegen die Menschenwürde und Menschenrechte zu rechnen ist.

5.2 Vertreibung und Verbannung

Der Schluß auf die innere Schlechtigkeit der Vertreibung findet eine Bestätigung durch die Neujahrsansprache, die der Papst vor dem Diplomatischen Korps[414] hielt, wo er über die mit der Vertreibung verwandte Verbannung erklärte:

«Niemandem kann entgehen, daß die Verbannung (Exil) eine schwere Verletzung der Normen des gesellschaftlichen Lebens darstellt, die in offenkundigem Widerspruch zur allgemeinen Erklärung der Menschenrechte und zum internationalen Recht selbst steht... Der Mensch darf seines Grundrechtes nicht beraubt werden, in dem Vaterland zu leben... in dem er die teuersten Erinnnerungen an seine Familie bewahrt, die Gräber seiner Vorfahren, die Kultur, die ihm seine Identität verleiht und sie nährt, die Traditionen, die ihm Lebenskraft und Glück schenken, die Gesamtheit der Beziehungen, die ihn stärken und schützen.»

All das trifft genau auch auf die Millionen Vertriebener zu. Auch auf diesen Titel hin ist Vertreibung im Sinne der Enzyklika als «innerlich böse» und als «in sich abwegig» zu bewerten.

Sie gehört damit zu den Akten, die niemals vollzogen werden dürfen und deren ethische Minderwertigkeit niemals durch Motiv oder Umstände gerechtfertigt werden kann. Diese Lehre ist ein moralischer Schutzwall für die von Vertreibung Bedrohten und für deren Opfer im Hinblick auf eine Wiedergutmachung. In ihr liegt ein entschiedener

Protest gegen die taktisch-politische Verharmlosung der Untat der Vertreibung.

5.3 Schwere Verletzungen der Menschenwürde in Europa

So leicht, wie es sich die an keine höhere Ordnung gebundenen Pragmatiker gemacht haben, sind die Dinge nicht. Es handelt sich um einen schweren Frevel gegen die Menschenwürde, der hier jovial als «Recht» und als normativ erklärt wird. In diesem Lichte brechen alle Spekulationen, die zugunsten der Vertreibung angestellt worden sind, in sich zusammen. Sie ist als innerlich schlechte Handlung niemals erlaubt. Auch wenn sie «völkerrechtlich» (wie in Potsdam) angeordnet bzw. zugelassen worden ist, bleibt sie Unrecht und Frevel. Ein reifes menschliches Gewissen kann dabei nicht zur Ruhe kommen.

Daß in dem dargestellten Kontext darüber doch allzuoft geschwiegen wird, ist beklemmend. Welcher Mangel an Solidarität mit den Menschen, die 1945 und seit 1990 Opfer der Vertreibung geworden sind! Eine Politik, die Vertreibungen schweigend hinnimmt, ermutigt auch potentielle Vertreiber zu solchen Verbrechen.

Dieser Mangel geht durch die abgeschlossenen Verträge in die Fundamente Europas ein. Denn die «bestätigte Grenze» wird ja als Bürgschaft für den Frieden in Europa ausgegeben. Hat die Kirche dazu nichts als «ja» zu sagen? Wird Stalin letztlich als «Friedensstifter» geehrt? Hier sind wohl erhebliche Risse im Bauwerk.

Nach diesem Exkurs nimmt die Darstellung den roten Faden der Regierungserklärung des Bundeskanzlers wieder auf. Seine über dem nächsten Absatz stehende Aussage gibt auch eine mögliche Reaktion auf die Darlegung unter 8) treffend wieder.

5.4 Dies « ist für niemanden eine leichte Stunde»

«Freude, Ernst und Trauer liegen eng beieinander... Ich denke daran, daß dieses Land in Glück und Unglück, in Freude und Leid Lebensmittelpunkt von vielen Generationen von Deutschen war. Millionen von Deutschen haben dort ihre Wurzeln.»[415]

Der Kanzler jedoch schweigt dazu, warum gerade die Ostdeutschen allein diese Verstümmelung ihres persönlichen Lebens – abgesehen vom materiellen Verlust – zu übernehmen haben. Eine zweifellose Schuldlast des ganzen deutschen Volkes bleibt auf die abgewälzt, die diese Art politischer Lynchjustiz erleiden mußten.

Der Krieg ist offensichtlich sehr verschieden verloren worden. Mitteldeutschland mußte durch die sowjetische Besatzung und die kommunistische Ideologie auf vieles verzichten und viele Bedrängnisse bestehen, von denen die westdeutschen Besatzungszonen sich keine Vorstellung machen können.

Noch bitterer aber war das Schicksal der heimatvertriebenen Ostdeutschen. Man hat sie nämlich durch Raub ihres Habitats um ihre Heimat und auch um ihr Selbstbestimmungsrecht gebracht. Damit ist ihnen 1990 bei der «endgültigen Entscheidung» ein geschlossener Ausdruck ihres Selbstbestimmungsrechtes vorenthalten worden. Auch hat sich die Bemerkung des Kanzlers, daß das «für niemand eine leichte Stunde» sei, als eine stimmungsmäßige Fehleinschätzung erwiesen.

Die Mehrheit der Versammelten war nicht in der Lage, dem Kanzler zu folgen. Denn das unwürdige Klatschen nach der Abstimmung, in der Ostdeutschland preisgegeben worden war, weist eher auf das Gefühl der Erleichterung hin, einen Klotz am Bein losgeworden zu sein. Heißt das für das eigene Volk und sein Land eintreten?

Hat unser Volk seine eigene Mitte verloren und seine Genugtuung darin gefunden, sich fremdbestimmen zu lassen, um ungedeckte Behauptungen aus der Siegerpolitik als Zielvorstellungen seines Handelns anzunehmen, z. B.: «Die Bestätigung des endgültigen Charakters der Grenzen des vereinten Deutschland ist ein wesentlicher Bestandteil der Friedensordnung in Europa?»

Es ist nur ein angeblicher Friede, den die noch ihrer Nation verbundenen deutschen Politiker vor 1970 unter viel schwereren äußeren Bedingungen als «*Verrat*«[416] und als «*beschämende Hörigkeit* … *gegenüber einer fremden Macht*»[417] entschieden abgelehnt haben.

Kapitel XIII

Die Preisgabe Ostdeutschlands durch die «abschließenden Verträge»

1 Der Zwei-plus-Vier-Vertrag vom 12. 9. 1990

Am Rande einer Außenministertagung der NATO und des Warschauer Paktes am 13. 2. 1990 verhandelten die Außenminister der Siegerstaaten mit ihren Kollegen der BRD und der DDR angesichts der (Teil-)Wiedervereinigung Deutschlands in erforderlichen Zwei-plus-Vier-Gesprächen über die «äußeren Aspekte der Herstellung der deutschen Einheit». Die Klärung dieser Frage sollte nicht in einem ausgreifenden Friedensvertrag erfolgen. Offensichtlich sollte die Grenzfrage vor einem Friedensvertrag für sich im Sinne Polens erledigt sein, damit die BRD ggf. bei Verhandlungen kein Pfand mehr – nach der altrömischen Rechtsformel «do ut des», «ich gebe, damit du gibst» – hätte und leichter erpreßbar würde.

Am 17. 7. 1990 trafen sich die Zwei-plus-Vier-Mitglieder zusammen mit dem polnischen Außenminister Skubiszewski in Paris. Am 12. 9. 1990 unterzeichneten die Zwei-plus-Vier in Moskau den «Vertrag über die Bestätigung der bestehenden Grenze».

Für die vier Mächte haben unterzeichnet:

Roland Dumas (Frankreich)
Schewardnadse (Sowjetunion)
Douglas Hurd (Großbritannien und Irland)
James Baker (USA)
Hans-Dietrich Genscher (BR Deutschland)
Lothar de Maizière (DDR)

1.1 Der wesentliche Inhalt des Vertrages

Art. 1 Abs. 1: «Die Außengrenzen des vereinten Deutschland werden die Grenzen der BRD und der DDR sein. Sie werden am Tage des Inkrafttretens (15. 3. 1991) endgültig. Die «Bestätigung des endgültigen Charakters ... ist ein wesentlicher Bestandteil der Friedensordnung in Europa.»

Art. 1 Abs. 2: «Das vereinte Deutschland und die Republik Polen bestätigen die zwischen ihnen bestehende Grenze in einem völkerrechtlich verbindlichen Vertrag.

Das vereinte Deutschland hat keinerlei Gebietsansprüche gegen andere Staaten und wird solche auch nicht in Zukunft erheben.

Das vereinte Deutschland wird sicherstellen, daß die (deutsche) Verfassung keinerlei Bestimmungen enthalten wird, die mit diesem Prinzip unvereinbar sind. Dies gilt ... für die Bestimmungen, die in der Präambel und in den Artikeln 23 Satz 2 und Art. 146 des GG niedergelegt sind.»

Art. 2 verbietet den Angriffskrieg.

Art. 3 enthält den Verzicht auf ABC-Waffen und legt die Stärke der Streitkräfte (370000 Mann) fest.

Art. 4 regelt den Abzug der sowjetischen Streitkräfte aus Deutschland bis Ende 1994.

Art. 5 betrifft die Stationierung deutscher und alliierter Streitkräfte. Art. 6 das Recht, Bündnisse abzuschließen.

Art. 7 erklärt: «Die vier Siegermächte beenden ihre Rechte und Verantwortlichkeiten in bezug auf Berlin und Deutschland als Ganzes. Alle Einrichtungen der vier Mächte werden aufgelöst.»

Art. 8: «Die Ratifikation soll sobald wie möglich herbeigeführt werden.»

Art. 10: «Die Urschrift dieses Vertrages ... wird bei der Regierung der Bundesrepublik Deutschland hinterlegt.»

2. Der Grenzvertrag mit Polen

Der am 14. 11. 1990 in Warschau unterzeichnete Grenzvertrag «bestätigt» (Art. 1) «die zwischen der BR Deutschland und Polen bestehende Grenze». Ihr Verlauf wird durch den Hinweis auf vier von Polen früher darüber abgeschlossene Verträge und den Warschauer Vertrag (7. 12. 1970) mit der Bundesrepublik Deutschland bestimmt. Die die Grenze angehenden Fragen stimmen mit den Entschließungen des Bundestages und der Volkskammer vom 21. 6. 1990 überein.

Art. 2 verpflichtet die Partner gegenseitig zu uneingeschränkter Achtung ihrer Souveränität. «Die BRD und DDR werden dafür Sorge treffen, daß die Verfassung des nunmehr (teil-)vereinigten Deutschland nichts mit dem Gebietsverzicht Unvereinbares enthalten wird.»

Art. 3 betont, daß die beiden Vertragsseiten gegeneinander keine Gebietsansprüche haben und solche auch nicht in Zukunft erheben werden.

Diese Bemerkung zielt auf die Präambel und Art. 23, Satz 2, und Art. 146 des GG früherer Fassung. Sie enthielten das Gebot des Verfassungsgebers über die Verpflichtung zur Wiedervereinigung im Sinne des alten GG, d. h. nach dem Gebietsstand vom 31. 12. 1937 (hier findet sich nichts, was über den Zwei-plus-Vier-Vertrag hinausgeht).

3. Nachfragen und Bemerkungen zu den Verträgen

3.1 Dissens über die Rechtsgrundlage

Durch die raffinierte Konzeption des Vertrages werde aber auf jeden Fall verbürgt, daß der Dissens über die Rechtsgrundlage nicht das zweifelsfreie Ergebnis der mehrstufigen Vertragsverhandlungen berühren kann.[418] So scheint die Grenze für alle Zukunft im Sinne der Sieger festgelegt. Der im Gegensatz dazu als aufweichend erscheinende peacefull change, den das Schlußprotokoll der ersten Helsinki-Konferenz (1975) erwähnt, wird hier nicht vermerkt. Jede Änderng der diktierten Grenzen wird als verbrecherisches Attentat auf den Frieden denunziert. So scheint alles vertraglich im Sinne der Sieger für alle Zukunft geregelt. Ausweichend, nicht überzeugend und sachlich falsch erklärte der Bundeskanzler, daß ein «langwieriger Prozeß des Übergangs» vorläge, ohne ihn aber zu begründen. Am 7.7.1975 hat das BVG jedenfalls noch festgestellt, daß das Gebiet nicht aus der Zugehörigkeit zu Deutschland entlassen, noch fremder Souveränität unterstellt sei. Wann sollte dieser Prozeß begonnen haben und aufgrund welcher Titel? Zeigt der Umfall der deutschen Regierung nicht, daß die ganze «Begründung» nun doch auf den falschen Grundsatz «Macht geht vor Recht» hinauskommt?

3.2 Potsdam 1945 als absolute Norm

Kraß stehen zwei Rechtsauffassungen gegeneinander. Polen verabsolutiert die Potsdamer Abmachungen und behauptet auch, die territoriale Souveränität bereits durch Potsdam 1945 erhalten zu haben, obwohl es im Protokoll mehr als deutlich steht, daß die endgültige Festlegung der Grenze auf einer späteren Friedenskonferenz erfolgen wird. Genauso steht es fest, daß die Alliierten am 5. 6. 1945 in aller Form erklärt haben.

3.3 Der polnische Völkerrechtler Klafkowski

Ein «Vater» der Überhöhung und Fixierung auf Potsdam als Grundnorm einer neuen Ordnung nach dem Zweiten Weltkrieg ist der polnische Völkerrechtler Alfons Klafkowski. Er hat eifrig und sorgfältig mit überzeugter polnischer Konsequenz über das Potsdamer Treffen gearbeitet und es zum bleibenden Felsen im bewegten Meer der Geschichte erhöht. Daher gibt es kein Abweichen, keinen Kompromißansatz in irgendeinem Punkte.

Der ausbleibende Friedensvertrag mit Deutschland hätte dazu geführt, daß die Potsdamer (vorläufige) Regelung einschließlich der Vertreibung nun den Friedensvertrag mit Deutschland vertrete. Sollte doch noch ein Friedensvertrag kommen, dann habe Potsdam eine unantastbare Vorentscheidung, besonders hinsichtlich der Grenzen, getroffen.

Von daher versteht sich auch die anmaßende Behauptung, daß jeder, der an Potsdam rüttelt, die Basis der europäischen Friedensordnung bedrohe. Der rote Faden, der sich durch die Verträge und die dabei gehaltenen Reden zieht, ist die «Heiligsprechung» von Potsdam als Fels der Wahrheit und des Rechts.[419]

3.4 «Windige» Gestaltung des Vertrages

Das Interesse am Besitz des Bodens, der von seiner vertriebenen Bevölkerung «gereinigt» ist («ethnische Säuberung» sagt man heute), ist das dominierende und alles andere überragende Ziel der Verträge.

Es sei daran erinnert, daß für die Eroberer und Sieger die Menschen, deren Vorfahren dort lebten, keine Bedeutung haben. Deswegen mußten sie weg. Sowohl bei der Vertreibung selbst als auch bei deren späterer Beurteilung ist eine Mißachtung der Menschen, die zum Objekt degradiert worden sind, ein auffälliges Merkmal. Auch anhand der abschließenden Verträge könnte man glauben, daß die Deutschen dort im besten Falle ohne Berechtigung gelebt hatten.

Polen wollte das Land, nicht aber die Menschen dieses Landes. Die Mißachtung des Annexionsverbotes nach der Haager Landkriegsordnung und des indes zum «ius cogens» avancierten Selbstbestimmungsrechtes, die dadurch bewirkten Menschenverluste in Millionenhöhe lassen die Vertragspartner kalt. Solche Rechte kennen sie höchstens in der Theorie, um sie in der Praxis um so leichter unter den Teppich zu kehren. Die Herzen der Maßgeblichen sind verhärtet.

Wie in Versailles (1919) und in Potsdam (1945) werden in den Verträgen nur die mit Siegermacht geschaffenen Fakten «bestätigt».

Erst wenn solche Verschlossenheit sich eröffnet, kann mit solider Friedensarbeit begonnen werden. Ohne Kompromiß- und Verhandlungsbereitschaft werden wir in den entscheidenden Punkten weiter auf der Stelle treten und Überraschungen erleben, als was sich unsere angeblichen «Freunde» in Zukunft entpuppen werden. Die Verträge haben keine Ansätze zu einem neuen Aufbruch angedeutet.

3.5 Stunde der Trauer für Ethiker und Völkerrechtler

Beiden geht es sehr darum, daß das, was meist auch die Sieger theoretisch anerkennen und dann doch zertreten, in der Politik real verleugnet wird. Soll das der Stil für das erwartete Europa werden? Ist das der Rückfall in die Methoden von Versailles und Potsdam?

Leider folgt «die abschließende Regelung in bezug auf Deutschland» den unheilvollen verlogenen Methoden des Widerspruchs zwischen Theorie und Praxis. Nach Versailles, das die erste Teilung Deutschlands und aller Welt den unseligen Hitler in Deutschland gebracht hat, haben die Optimisten gehofft, daß der Deutschlandvertrag von 1955 in freien Verhandlungen und offenen Fragestellungen nachwirken könnte.

Nach 40 Jahren unter dem Protektorat der Sieger wie auch einer scheu aufkeimenden Freundschaft mit den einstigen Feinden durfte sich die Welt etwas anderes erwarten als eine «Bestätigung von Potsdam». Der Test der Freundschaft ist negativ ausgefallen. Hier spricht der Sieger, der von einem Viertel Deutschlands nicht einen Meter zurückgibt.

3.6 Ein fügsamer Bundeskanzler, eine gehorsame Mehrheit

Der Druck auf den Bundeskanzler, sich in allen Punkten den Zwei-plus-Vier-Abmachungen gehorsam zu unterwerfen, kann nur als erschütternd bezeichnet werden.

Er hat auch im Bundestag nichts anderes versucht bzw. versuchen können. Wegen der Problematik und Unsicherheit des völkerrechtlichen Titels Polens kam es ja um so mehr auf den «freiwilligen Verzicht» Deutschlands an (Zession).

Es erfüllt sich, was der Kanzler am 21. Juni 1990 in der Regierungserklärung mitgeteilt hatte: «Niemand soll sich täuschen, wir stehen heute unter einer klaren Entscheidung. Entweder wir bestätigen die bestehende Grenze, oder wir verspielen heute und jetzt unsere Chance zur deutschen Einheit.»[420]

Das klingt so, als ob die einst im Grundgesetz gemeinte Einheit erreicht wäre. Der dafür zu zahlende Preis (Ostdeutschland und 8 Millionen Vertriebene) soll nicht ins Bewußtsein treten.

3.7 Drei Voten von Abgeordneten des Deutschen Bundestages

1. Modrow (PDS/Linke) nach der Regierungserklärung des Kanzlers Kohl am 21. 6. 1990: «Die Regierung tat sich äußerst schwer, den Schritt zur endgültigen Anerkennung der Grenzen, wie sie im Vertrag von Zgorzelec 1950 erfolgt ist, zu tun und damit den Ballast der Vergangenheit hinter sich zu lassen... Auch wenn in Europa gewaltige Veränderungen vor sich gehen, bleiben für die Zukunft vor allem gesicherte, völkerrechtlich anerkannte Grenzen die Voraussetzung für ein friedliches Zusammenleben... Auf die Eindeutigkeit und Endgültigkeit der Anerkennung darf nicht der geringste Schatten eines Zweifels fallen.» Für ihn und viele andere ist Ostdeutschland nur wertloser Ballast.

2. Ortwin Lowack (damals CSU): «Ich bin der festen Überzeugung: So wenig die Pariser Vorortverträge (1919) Bestand vor der Ge-

schichte hatten, so wenig werden die polnischen Verträge, die hier zur Ratifizierung anstehen, Bestand haben. Es gibt eine Reihe fundamentaler Fehler und ungelöster Probleme.»

3. DR. HERBERT CZAJA (CDU) beim «Informationsaustausch zwischen polnischen Journalisten und deutschen Vertriebenen ... in Walberberg bei Bonn vom 10. bis 12. Oktober 1992»[421].

«Ich habe beim letzten Oberschlesiertreffen in Essen gesagt: ‹Wir lassen uns unser Oberschlesien nicht nehmen, weder von Bonn noch von Warschau!› ... Ich meine nur, daß ohne irgendein Zugeständnis der Stachel bei den Deutschen und Ostdeutschen *tief* ... sitzen bleibt.» (S. 26/36)

« Ich habe nie gemeint, daß *alle* nach dem 2. Weltkrieg zu Deutschland gehörenden Ostprovinzen wieder einem deutschen Staatswesen unterstellt werden könnten.» (S. 25/35)

«Dieses habe ich nie gesagt ... « (S. 24/35)

«Schließlich möchte ich ... *über einen glaubwürdigen historischen Ausgleich, der weitergeht als der Status quo, sprechen.* Ich meine, wenn Sie als nationaldenkende Polen darüber ernsthaft nachdenken, Sie auch besorgt werden, ob es für einen Ausgleich dauerhaft ist, *wenn der eine mehr oder weniger 100% seiner Maximalforderungen erhält*, der andere, das möchte ich auf die Deutschen beziehen, *etwa 0%.*» (S. 23)[422]

4. Auffallend dürftige Bezeichnungen für geschichtlich höchst bedeutsame Vorgänge

Der Verzichtsvertrag trägt die Bezeichnung «abschließende Regelung in bezug auf Deutschland», weniger amtlich spricht man von dem «Zwei-plus-Vier-Vertrag».

Diese dürftigen, mehr formal-organisatorischen Benennungen verhüllen die größte territoriale Umwidmung von Souveränitätsrechten, die Mitteleuropa jemals erfahren haben dürfte. Es geht, was die dürre Benennung nicht ahnen läßt, um 104000 km² seit vielen Jahrhunderten deutschen Bodens, dessen Bewohner nach dem Kriege entgegen dem damals geltenden Völkerrecht[423] vertrieben worden sind.

Das Ungeheuerliche, das hier «bestätigt» wird, soll durch die gewählte verhüllende Bezeichnung im Hintergrund bleiben und nicht voll in das Bewußtsein treten. Die sehr schlichte Benennung verrät nichts von dem, was in ihm «geregelt» wird, nämlich die zweite Teilung Deutschlands durch ein einseitiges Siegerdiktat, die Hinnahme der Vertreibung von acht Millionen Deutschen aus den Oder-Neiße-Gebieten, die Vorenthaltung eines normal verstandenen Selbstbestimmungsrechts. Wer tiefer schaut, ahnt, wieviel an Recht unter glatten, verdeckenden Termini gebrochen wird, um angeblich eine Basis für das werdende Europa zu legen.

Ein solcher Vertrag kann nur als geringeres Übel erduldet werden, zur Vermeidung noch größeren Schadens. Sollten die hier geübten Strukturen des Umganges mit Besiegten, die amtlich als «Freunde» gelten, etwas über das werdende Europa präjudizieren? Hinter dem gesamten Vertragsvorhaben hockt der imperialistische Grundsatz «Macht geht vor Recht».

5. War die deutsche Seite noch hinreichend frei? – Andeutungen Kohls – Einflußnahme der europäischen «Freunde»

Blumenwitz macht auf folgendes aufmerksam: «Die im politischen Vorfeld ... gelegentlich aufgeworfene Frage, ob die deutsche Seite ... ausreichend frei agieren konnte, wenn ihre staatliche Reorganisierung ... vom Verzicht auf 104000 km^2 deutschen Gebietes abhängig gemacht wird, beantwortet der Vertrag (damit), ‹daß das deutsche Volk in freier Ausübung seines Selbstbestimmungsrechtes seinen Willen bekundet› habe».[424]

Es handelt sich hier um eine globale Behauptung.

Wer behauptet, muß auch beweisen, daß die vom Heimatverlust Betroffenen ihr Selbstbestimmungsrecht in der in Deutschland üblichen Weise, durch eine Befragung der unmittelbar Betroffenen, ausüben konnten. Das war nicht der Fall.

5.1 Hinweise des Bundeskanzlers auf erhebliche Einschränkung der Entscheidungsfreiheit

Was die Freiheit der deutschen Seite bei der Annahme des Vertrages angeht, läßt der Bundeskanzler selbst am 21. 6. 1990 in seiner Regierungserklärung eine traurig stimmende Wahrheit durchblicken, die zu der geglätteten Darstellung des Vertrages selbst in erheblicher Spannung steht:

«Die Herstellung der deutschen Einheit wird international nur akzeptiert werden, wenn die Gespräche über deren äußere Aspekte[425] Erfolg haben, d. h. die Gespräche zwischen der BRD und DDR einerseits sowie den vier Siegermächten USA, Frankreich, Großbritannien und der Sowjetunion (und Polen) andererseits... Nach unseren Unterredungen mit allen Partnern... bin ich zuversichtlich, daß es gelingen wird, die auf der Tagesordnung stehenden Fragen rechtzeitig und zufriedenstellend zu lösen...

Wir dürfen von den Nachbarn erwarten, daß sie unseren Wunsch – die Einheit unseres Vaterlandes in Freiheit zu vollenden – unterstützen. Wir akzeptieren unsererseits, daß die deutsche Frage und ihre Lösung nicht allein uns Deutschen gehört...

Die Grenze Polens zu Deutschland, so wie sie heute verläuft, ist endgültig...

Wir müssen es aber offen aussprechen: Wer die historische Chance nützen will, die Einheit Deutschlands in Freiheit zu vollenden, der muß auf die Frage nach der polnischen Westgrenze eine klare Antwort geben... Niemand soll sich täuschen: Wir stehen heute vor einer ganz klaren Entscheidung. Entweder wir bestätigen die bestehende Grenze, oder wir verspielen heute für jetzt unsere Chance zur deutschen Einheit...»[426]

5.2 Ernste Mahnbriefe der «Freunde». Geschlossenes Komplott gegen Deutschland

In diesem, Potsdam möglichst für immer verabsolutierenden Sinne schrieben an Dr. Kohl: US-Außenminister Baker (19. 11. 1989), Mitterand (11. 12. 1989), Dumas (13. 12. 1989), Schewardnadse (19. 12. 1989), Frau Thatcher (18. 2. 1990), Chirac, van den Broek, Gerassimow (SU), Schlüter (Dänemark), (leider) auch Havel (19. März 1990). Mit Berufung auf die KSZE-Schlußakte (1975) Andreotti, Bush (27. 2. 1990) und das Europäische Parlament.

Kein einziger Freundesbrief war darunter. Alle fordern auf, die «bestehende Grenze» an Oder und Neiße unzweideutig anzuerkennen. Sie wollten die weitere Verstümmelung Deutschlands für immer «bestätigt» wissen. Auf dem Gipfeltreffen der Chefs der Europäischen Gemeinschaft hatte Bundeskanzler Kohl aber schon versichert, daß Deutschland die Oder-Neiße-Linie nicht in Frage stellen würde.

Solche Vorankündigungen unter dem Druck der «Freunde» führten zu dem Ergebnis der kompromißlosen territorialen Preisgabe Ostdeutschlands. Bemühungen um einen Kompromiß wären angesichts der vereisten Hauptpartner Polen, SU und Frankreich massiv erstickt worden. Kohl hätte aber seinem inneren Protest, der in jeder notgedrungenen Zustimmung zu einem geringeren Übel liegt (malum minus), klareres Profil geben müssen, um nicht den Eindruck der Zwiespältigkeit zu hinterlassen, den man einem Politiker seiner Art nicht gerne unterstellt. Die Frage nach der Freiheit der deutschen Seite ist aber durchaus berechtigt.

Das ist um so dringlicher, je mehr der Vertragstext selbst eine «stimmige» Welt unter in Wirklichkeit sehr unstimmigen «Freunden» und Partnern vorspielt.

6. Ein Hilferuf der in der Heimat verbliebenen Ostdeutschen als Reaktion auf den «Vertrag über gute Nachbarschaft und freundschaftliche Zusammenarbeit»[427]

In seinen 38 Artikeln handelt es sich meist um Absichtserklärungen für die Zukunft, etwa in Artikel 16: «Beide Seiten messen der Abwehr drohender Gefahren für die Umwelt... große Bedeutung zu.»

Art. 17: «Förderung des Zusammenwirkens bei Unglücksfällen.»

Art. 18: «Eine Erweiterung der Transportverbindungen aller Art wird angestrebt.»

Substantiell für das Schicksal der Deutschen sind folgende Artikel:

Die deutsche Minderheit wird definiert als «Personen polnischer Staatsangehörigkeit, die deutscher Abstammung sind oder sich zur deutschen Sprache, Kultur und Tradition bekennen. Sie haben einzeln und in Gemeinschaft das Recht, ihre Menschenrechte und Grundfreiheiten, die sprachliche und religiöse Identität frei zum Ausdruck zu bringen und weiter zu entwickeln, frei von jeglichem Versuch, gegen ihren Willen assimiliert zu werden... Sie haben das Recht, ihre Menschenrechte und Grundfreiheiten ohne jegliche Diskriminierung und in voller Gleichberechtigung vor dem Gesetz voll und wirksam auszuüben.»

Maßgeblich ist der internationale Standard für Minderheiten (Art. 20,2). Die Vertragsparteien werden sich bemühen, der Minderheit im Einklang mit den nationalen Rechtsvorschriften Möglichkeiten für den Unterricht in der Muttersprache sowie in öffentlichen Bildungseinrichtungen und Behörden zu gewährleisten (mit diesem Bemühen ist deutscher Sprachunterricht, nicht aber deutsche Schulen gemeint). Dabei ist zu beachten, daß Verträge mit einem ausländischen Staate erst in polnisches Recht umgestaltet werden müssen, bevor sie dort Rechtskraft haben. Art. 20 brachte den Deutschen im Osten durch diese Regelung keine fortbestehende deutsche Staatsbürgerschaft mehr in Polen. Nach dem Land wird nun auch das Volk preisgegeben.

Dieses Faktum beleuchtet ein um Hilfe rufender Brief des Sprechers des «Zentralrates der Deutschen Gesellschaft in der Republik Polen», Dipl.-Ing. Georg Brylka, Guttentag OS. (Dobrodzien), an den Bundeskanzler Dr. Helmut Kohl[428]:

«Sehr geehrter Herr Bundeskanzler! Ihre Antwort... vom 16.4. 1991 ist Anlaß zu tiefer Sorge und Enttäuschung. Die Organe der Bundesrepublik waren nach der Entscheidung von Karlsruhe 1975 gehalten, einen gerechten und tragfähigen Ausgleich, ausgehend vom völkerrechtlichen Fortbestand Deutschlands in den Grenzen von 1937, zu suchen. Wir sind meist einfache Leute. Wir konnten nicht davon ausgehen, daß unser Volk und Vaterland uns total im Stich läßt! Wir haben Ihnen vertraut, als Sie in der Bonner Beethovenhalle... im Oktober 1989 sagten, daß Sie bei allen Verhandlungen mit Polen nie vom Grundgesetz-Auftrag und vom Völkerrecht abweichen werden... und jetzt will man unsere ganze Heimat total preisgeben, den Schutz unserer deutschen Staatsangehörigkeit gibt man preis, vereinbart nicht die Lösung von Streitigkeiten, die sich daraus ergeben, sichert die deutsche Staatsangehörigkeit nicht unseren Kindern, von Recht auf die Heimat ist nicht die Rede, Kindergärten und Schulen haben wir nicht, die Lebensverhältnisse werden immer schlimmer. Viele von uns, die ausharren wollten, resignieren... Jetzt will man nicht einmal unseren deutschen Gesamtverband... in einer Organisation der Deutschen anerkennen... In der Situation beginnt bei uns ein immer stärkerer Drang zur Aussiedlung... Wenn die Völkerwanderung aber beginnt, wird sie nicht aufgehalten werden können... Wir haben nicht eine einzige staatliche Schule mit deutscher Unterrichtssprache. Helfen Sie uns zu Lehrern und Unterrichtsräumen, das werden wir organisieren. Das ist die Praxis, nicht Verträge, die in einem Satz etwas versprechen und im nächsten wieder zurücknehmen... Wir sind verzweifelt... Ohne deutsche Hilfe, auch finanzielle, kann sich unsere Jugend hier nicht halten... «

7. Keine Ausübung des Selbstbestimmungsrechtes

7.1 Das nach den Weltkriegen in Deutschland praktizierte Modell der Selbstbestimmung

Der sonst harte Friede von Versailles hat ein dem Selbstbestimmungsrecht optimal entsprechendes Modell entwickelt. Als Beispiel sei für Ostpreußen festgehalten[429]:

«In der Zone zwischen der Südgrenze Ostpreußens... und der nachstehend beschriebenen Linie... werden die Einwohner berufen, im Wege der Abstimmung zu erklären, welchem Staate sie angeschlossen zu werden wünschen... « [430]

Die Umreißung des Abstimmungsgebietes der unmittelbar Betroffenen sowie internationale Aufsicht waren für die Ausübung des Selbstbestimmungsrechtes unverzichtbar. So war es nach dem Ersten Weltkrieg[431] bei den Abstimmungen in Schleswig-Holstein[432], Oberschlesien (1921)[433] und im Saargebiet (1935) nach dem Ersten und (1955) nach dem Zweiten Weltkrieg, letzte also zu Zeiten der Bundesrepublik, die sich hier ein Modell aus der eigenen Geschichte hätte nehmen können.

7.2 Das Problem heute

Das Selbstbestimmungsrecht der Völker hat seine Verankerung im Art. 1 des Internationalen Paktes über bürgerliche und politische Rechte vom 19. 12. 1969.

Die in der Präambel des «abschließenden Vertrages» festgestellte Übereinstimmung des Vertrages mit den Verpflichtungen aus der

Charta der Vereinten Nationen bedarf einer Überprüfung. Denn das Selbstbestimmungsrecht ist ein «zwingendes Recht» (ius cogens), so daß eine Gebietspreisgabe ohne Zustimmung der betroffenen Bevölkerung völkerrechtlich unzulässig ist.[434]

Gornig staunt mit Recht, daß der bis ca. 1968 von allen Instanzen der BRD als „null und nichtig" verworfene Vertrag von Görlitz 1990 von der deutschen Seite nunmehr unterschrieben worden ist. Dadurch hat Deutschland ein Viertel des ihm im harten Frieden von Versailles belassenen Gebietes bei gleichzeitiger Vertreibung der rein deutschen Bevölkerung verloren. Was für die Politik der BRD bis ca. 1968 schweres Unrecht an den Vertriebenen und an Deutschland war, wurde im Sinne Stalins 40 Jahre später freiwillig unterzeichnet. Gornig fragt auch treffend, ob ein Gesamtparlament allein, ohne vorheriges Votum der Opfer der Vertreibung, überhaupt einen Verzicht aussprechen kann.[435]

Als Kollektivakt ist die Ausübung des Selbstbestimmungsrechtes erstrangig von der Entscheidung der einzelnen, nicht von dem Votum nationaler Gesamtgremien bestimmt.[436] Warum hat nun unsere Regierung, als sie entschlossen war, Ostdeutschland preiszugeben, den Vertriebenen das ihnen zustehende Selbstbestimmungsrecht versagt? Es war abzusehen, daß auf diese Weise der Wille der Vertriebenen für ihre Heimat einzutreten, abgewürgt wurde.[437] Hätte 1920 ein Reichstagsvotum die für Deutschland überwältigenden Regionalergebnisse von Ostpreußen erbringen können? Niemals! Nur Dank der Abstimmung durch die bedrohte Region war das Ergebnis einfach überwältigend.

7.3 1990: Verweigerung der direkten Ausübung des Selbstbestimmungsrechtes

Das Selbstbestimmungsrecht will doch den Bedrohten die Möglichkeit geben, ihr Votum persönlich einzubringen und an der Entscheidung unmittelbar mitzuwirken. Sie wurde aber ihrer Mitwirkung ebenso beraubt, wie die in der BRD wohnenden Vertriebenen.

Auf diese «weiche» Weise werden Grundrechte, die auf völkerrechtlich fundierten Normen beruhen, verweigert. Eine gelungene Befragung der unmittelbar Betroffenen hätte ein Fanal gegen die billige und eilige Preisgabe Ostdeutschlands werden können, ein Protest mit den Füßen und dem Stimmzettel gegen die zu befürchtende kompromißlose Veruntreuung deutschen Heimatbodens.

7.4 Wer war abstimmungsberechtigt?

Die Einwohner der bedrohten Landesteile, primär die dort geborenen Deutschen, sind Abstimmungsberechtigte. Wer ist zu den unmittelbar betroffenen Deutschen zu zählen?

(1) Die noch in Ostdeutschland ansässigen früheren deutschen Bürger (800000 oder mehr), ohne Rücksicht darauf, ob ihnen eine fremde Staatsangehörigkeit aufgezwungen wurde.

(2) Alle, die im Zusammenhang mit dem Zweiten Weltkrieg aus ihrer ostdeutschen Heimat geflohen sind und an dem Versuch, in die Heimat zurückzugelangen, durch polnische Miliz oder Militär gehindert wurden.

(3) Alle,die nach der polnischen Besetzung Ostdeutschlands von dort vertrieben worden sind.

(4) Die Nachkommen der Vertriebenen.

Die Glieder des Gesamtparlaments gehören als solche nicht sicher zu den Abstimmungsberechtigten, soweit sie nicht unmittelbar Betroffene sind. Nur diesen stünde auf einen anderen Rechtstitel hin das Abstimmungsrecht zu.

7.5 Mutige Stimmen gegen die Preisgabe 1990

Es legt sich nahe, an dieser Stelle jener 15 Männer im Bundestag und der 6 Abgeordneten der Volkskammer (davon eine Frau) zu gedenken, die den Mut hatten, sich bei der namentlichen Abstimmung der letztlich von Stalin leidenschaftlich betriebenen Preisgabe zu widersetzen:

Im Bundestag: Herbert Czaja (CDU) – Gerhard Dewitz (CDU) – Matthias Engelsberger (CSU) – Hans Graf Huyn (CSU) – Claus Jäger (CDU) – Joachim Kalisch (CDU) – Franz-Heinrich Kappes (CDU) – Ortwin Lowack (CSU) – Dietrich Mahlow (CDU) – Erwin Marschewski (CDU) – Lorenz Niegel (CSU) – Helmut Sauer (CDU) – Jürgen Todenhöfer (CDU) – Heinrich Windelen (CDU) – Fritz Wittmann (CSU).

In der Volkskammer: TIMO BACKOFEN (DSU) – PETER FRANKE (DSU) – ANDREAS LINDENLAUB (DSU) – PAUL LATUSSEK (DSU) – RENATE SCHNEIDER (DSU) – DR. FRANK TIESLER (DSU).

Stimmenthaltungen: im Bundestag 3 Abgeordnete, in der Volkskammer 18.[438]

Das Abstimmungsergebnis im Bundestag:

«Abgegebene Stimmen 505; ungültige Stimmen keine. Mit Ja haben 487 Abgeordnete gestimmt (Beifall bei allen Fraktionen); *mit Nein haben 15 Abgeordnete gestimmt. Es gab drei Enthaltungen.»* [439]

(Von der Volkskammer liegt das spezifizierte Abstimmungsergebnis nicht vor.)

7.6 Hinterfragung des Anliegens

Warum hat die Regierung das Modell «Saarabstimmung» 1955 (erste Wiedervereinigung), das optimaler Ausdruck der unmittelbar Betroffenen gewesen und von Frankreich honoriert worden ist, nicht analog übernommen, um sich des Selbstbestimmungsrechtes der Ostdeutschen zu versichern?

Mit welchem Recht hat der Bundestag diesmal, wo es um die Preisgabe eines Viertels von ganz Deutschland ging, den Ostdeutschen das unmittelbare Abstimmungsrecht vorenthalten, nicht zu reden von den über 800000 Deutschen,die in ihrer Heimat verblieben und doch deutsche Staatsbürger sind?

Warum sind die wahren Absichten der eigentlich Betroffenen durch eine den Kernpunkt leider verwässernde Abstimmung aller Abgeordneten beider Häuser am 21. 6. 1990 ersetzt worden? Wieviele von ihnen hätten auch für die Preisgabe ihrer eigenen Heimat (mit Enteignung und Vertreibung) gestimmt?

Welchen Grund hatte die Regierung, die in Entscheidungssituationen übliche unmittelbare Abstimmung – ein ererbtes Stück unmittelbarer Demokratie, den Saarländern 1955 als selbstverständlich zugestanden – strikt zu verweigern? Durch die vom Bundestag geübte Methode wurde das wahre Anliegen der Inhaber des Selbstbestimmungsrechtes «geschickt» unterwandert.

Wurde hier nicht ein als «ius cogens» qualifiziertes Recht, dessen Mißachtung zur Ungültigkeit des ganzen Vertragsunternehmens führt, lautlos widerrechtlich vorenthalten, auf dem Altar einer höchst problematischen Staatsräson des Verzichtes geopfert? Wäre die Abstimmung offen und ehrlich nach dem Modell von 1920 und 1921 durchgeführt worden, so hätte sie zum Zeugnis der wirklich Betroffenen und danach zur Diskussionsgrundlage eines zumutbaren Kompromisses in der Territorialfrage werden können.

Man wird auch den Verdacht nicht los, daß unsere zur Preisgabe entschlossene Regierung diesen «Ersatz» inszeniert hat, um wenigstens optisch etwas (wenn auch völlig Unzureichendes) verbuchen zu können, was als Erlangung der Zustimmung der Betroffenen im Sinne des Selbstbestimmungsrechtes (z. B. in der Präambel) «verkauft» werden konnte. Aber hätte unsere Regierung nicht zur Ermittlung eines glaubwürdigeren Votums auch die Stimmen der betroffenen Ostdeutschen besonders feststellen lassen müssen? Nach Art. 25 GG in Verbindung mit dem Selbstbestimmungsrecht als ius cogens konnte Deutschland nur mit Zustimmung der vertriebenen Bevölkerung seinen Osten preisgeben. Hat also der Zwei-plus-Vier-Vertrag völkerrechtlich einen Riß?

Nachträglich darf man sich ein Schauergemälde über das Ergebnis der erwähnten Abstimmungen nach dem Ersten Weltkrieg entwerfen. Wie hätte wohl z. B. 1920 das Abstimmungsergebnis in Ostpreußen ausgesehen, wenn ganz Deutschland, das auch damals wenig Vorstellung von dieser Provinz hatte, aufgerufen worden wäre? Es hätte bei weitem keine 95 % für Deutschland erbracht. Es ist ein großer Unterschied, ob existentiell Berührte oder persönlich nicht Betroffene zur Abstimmung aufgerufen werden. Die natürliche Kompetenz haben die betroffenen Bewohner.

7.7 Die schlimmste Folge

Das Bitterste aber ist, daß auf dem Wege nach Europa deutlich gezeigt wird, wie weit die Spannbreite zwischen politischem Ideal und dessen konkreter Verwirklichung ist, wenn die Staatsräson der Sieger zum Machteinsatz kommt. Damit hat ein altes Modell, das bedenkenlos Menschenrecht für Machtinteressen opfert, sich eine breite Schneise nach Europa hin geschlagen. Es ist auch zur Praxis geworden, ein jus cogens einfach dadurch außer Kraft zu setzen, daß man ihm effektiv zuwiderhandelt. Der Rechtsbrecher wird als Rechtssetzender von der positivistischen, durch nackte Fakten bestimmte Rechtsordnung anerkannt.

8. Der verbale Duktus der Verträge ist rechtspositivistisch und materialistisch

Er spiegelt einen des Geistes beraubten «Menschen» wider, der nur Materie ist, deren Erforschung der Physik und Chemie obliegt. Hier gibt es – ähnlich wie in der Tierwelt – nur nackte, beweisbare Tatsachen. Über sie hinaus eröffnet sich dem so verstandenen «Menschen» keine Möglichkeit, in tiefere Bereiche, die hinter der Physik (und Chemie) liegen – also Metaphysik sind –, einzudringen. Damit fällt auch der nur im Geiste – nicht in der Physik und Chemie – zu ermittelnde Grundunterschied zwischen Gut und Böse, zwischen Recht und Unrecht, zwischen faktischem Dasein und sittlichem Sollen weg.

Ein Beispiel: Ein bisher Armer verfügt auf einmal über eine hohe Geldsumme. Das ist der faktische Stand der Dinge. Er ist als Tatsache, als sog. Realität, leicht zu verifizieren.

Aber damit veranlaßte, weitere Fragen, die über diese Faktizität hinausdrängen, übersteigen die Möglichkeiten des (materialistisch) gedachten «Menschen». Also etwa die naheliegenden Fragen: Wie und auf welchen Titel hin ist der Betreffende zu seinem Gelde gekommen: durch Geschenk, durch ehrliche Arbeit, durch Erbschaft, durch Gewinn, durch Diebstahl oder Raub, durch Unterschlagung u. a. m.? – diese Fragen sind nicht mehr zu stellen, weil es darüber keine sichere («wissenschaftliche») Auskunft gäbe.

Der Neopositivist erwartet auch keinen Bescheid, denn er hat alles, was Geist erfordert und Recht ist, alle Ethik und Moral den verachteten Dichtern und Metaphysikern als Fraß überlassen. So kann sich das Faktum immer nur durch sich selbst bestätigen. Es gibt für ihn also kein bleibendes Recht, keine durchstehende, auf das Gute gerichtete Willenstendenz.

Es gibt für die «Wissenschaft» nur noch wechselnde Tatbestände, die zur Kenntnis zu nehmen sind.

Mit der Preisgabe der Metaphysik existiert auch kein Wertmesser (Maßstab) mehr, der qualifizierend an Tatbestände anzulegen wäre (z. B. Gut und Böse, Recht und Unrecht, menschlich und unmenschlich). Denn sichere, zuverlässige Regeln für ein menschenwürdiges Leben liegen – angeblich -nur in den Gesetzmäßigkeiten der reinen Naturwissenschaften organischer und anorganischer Art (Botanik, Zoologie und Chemie), die – durch positivistische Eigensetzung gehalten – alle im Bereich unterhalb der Sittlichkeit angesiedelt sind.

In einer nur materialistisch gedachten Welt gibt es keine Normen, keine Anhaltspunkte, um – etwa durch brutale Gewalt – geschaffene Tatsachen als Unrechtstatsachen zu demaskieren.

Zu diesem Verständnis des Menschen und der ihn leitenden Gesetze sind die Verfasser des Zwei-plus-Vier-Vertrages abgesunken.

Fakten begründen sich selbst durch ihr Da-Sein, seien sie ethisch einwandfrei oder gegen das Sittengesetz entstanden. Die ethisch-sittliche Beurteilung ihres jeweiligen So-Seins bleibt außerhalb jeglicher Überlegung und Diskussion, die immer als lästig, störend und total überflüssig gebrandmarkt wird.[440]

Im Denken und Handeln mit rein materiellen Faktizitäten verrät sich die letztlich bestimmende Macht: die stärkere physische Kraft. Das ist auch aus der Anlage der Verträge zu vermuten. Sie sind buchstäblich unmenschlich, weil sie den Menschen als seelen- und geistloses materielles Lebewesen sehen, dessen Lebensordnung in der Physik und Chemie aufgeht bzw. aus ihr erkennbar wird.

Die höhere Lebensordnung, die in der abendländischen Metaphysik aufleuchtet, wird abgewertet und den «Dichtern und Metaphysikern zum Fraße»[441] vorgeworfen.

Folgerichtig gelten in diesem System des reinen Physizismus die oft praktizierten Sätze: Der Sieger hat immer recht, die Besiegten allein sind schuld. Und: Was Recht ist, bestimmt der jeweilige Sieger positivistisch.

Es gibt keine Möglichkeit einer Berufung auf ein höheres natürliches Recht, das den Wechsel der Zeit unangetastet durchsteht und jedem unbestechlich das Seine gibt. Sophokles († 406 v. Chr) hält in der Gestalt der Antigone diesen fundamentalen Irrtum allen positivistisch ungebundenen Tyrannen entgegen.[442] Ihnen könnte auch das schwere Wort Friedrich Nietzsches gelten: «Wer das verliert, was du verlorst, macht nirgends halt.»

Durch die Positivierung des Heimat- und des Selbstbestimmungsrechtes ist der Staatsräson ein wesentlicher Verfügungsbereich entzogen worden, über den sie früher meist nur nach den Möglichkeiten ihrer militärischen Macht verfügt hat, ohne daß die Betroffenen irgendwie berücksichtigt wurden. Sie wurden in die Rolle bloßer Sachobjekte gedrängt, deren Menschenwürde bedenkenlos zertreten wurde. Die höchst notwendige Vermenschlichung des Völkerrechtes in diesem Punkte führt nur über die Einschränkung der Anmaßungen einer absoluten Staatsräson. In der Positivierung der genannten Rechte stößt sich die skrupellose staatliche Verfügungsgewalt, die auch menschlichen Leidenschaften ungestraft Befriedigung verschaffen konnte, nun – zunächst in der Theorie – auf klare völkerrechtlich-ethische Grenzen, denen sich auch die Vertreiber unterwerfen müssen. Aber die Staatsräson überspielt in der Praxis nach wie vor die aufgezeichneten Grenzen zum Schutze der Schwachen. Das zeigen schon die Potsdamer Vertreibungsprotokolle und die in ihnen verwurzelten Zwei-Plus-Vier-Verträge von 1990, die Potsdam einfach bestätigen. An der Schwelle des 21. Jahrhunderts wird als Grundlage einer europäischen Friedensordnung die alleinige Macht der Staatsräson der Sieger in Theorie und Praxis nochmals als europäische Friedensordnung voll anerkannt. Die längst fällige Domestizierung einer hyperben Staatsräson wird verweigert.

Wann ist angesichts der Leidenschaft der Starken mit einem Durchbruch einer höheren politischen Kultur, d. h. mit Beachtung der Menschenrechte trotz der starren Eigenwilligkeit der Staatsräson schließlich doch zu rechnen? Man darf nüchtern nur realistische Prognosen stellen. Was Kottwitz in seinem Brief an die Herausgeber der FAZ (30. 12. 1994, 5) dazu bemerkt, trifft ins Schwarze: «Kriege, Vertreibungen ... mit Vergewaltigungen und Morden werden sich so lange wiederholen, solange sich solche Verbrechen ‹lohnen›. Erst wenn Staten, die sich den Völkerrechtsnormen widersetzen, von den Vereinten Nationen und der NATO ausgeschlossen werden, wenn man menschenverachtende Handlungen nicht noch mit einem Landerwerb ‹belohnt›, und erst, wenn diese Kriegsverbrechen – ohne Ansehen von wem und an wem sie begangen wurden . . . wiedergutgemacht worden sind – erst kann können die Menschen ohne Sorge und Angst in die Zukunft blicken.»

Auch weitere Aussagen sind wert, zur Kenntnis genommen zu werden: «Nicht erst der Krieg im früheren Jugoslawien hat Konsequenzen, die weit über den Kriegsschauplatz hinausreichen . . . bereits die Vertreibung der Deutschen ... aus Ostpreußen, Pommern, Schlesien und dem Sudetenland ... schuf einen Präzedenzfall, der sich dann in Jugoslawien vor aller Welt von den Vertreiberstaaten ausgeführt, mit Vertreibung, Vergewaltigungen und Morden, mit dem Raub der gesamten Habe wiederholte ... Wer die Rechte der deutschen Vertriebenen friedlich einfordert, wird verteufelt, obwohl ein wirkliches Miteinander . . . zwischen Deutschen, Polen bzw. Tschechen nur auf dem Fundament der Wahrheit, des Rechtes und der Gerechtigkeit entstehen kann. Wie sollten sie noch Vertrauen in Europa haben, wenn dieses den Vertriebenen kein Recht widerfahren läßt? Was nutzen feierliche Deklarationen ... Menschenrechte, Völkerrecht, wenn Vertreibungen doch faktisch unbeanstandet durch die Völkergemeinschaft «weltweit zum Mittel der Politik werden»? Das entscheidende Anliegen dieses Werkes wird hier zusammengerafft. Die Kapitel I–XIII mögen damit abgeschlossen werden.

Das bisher so oft zertretene jüngere Völkerrecht liegt in einem unbarmherzigen Ringen mit den brutalen Forderungen einer überspannten Staatsräson, deren rechtliche und faktische Domestizierung endlich einmal Ausdruck einer dem Menschen im 20. Jahrhundert entsprechende politische Kultur werden muß. Schmerzlich stellen wir fest, daß das werdende Europa selbst diesen Schritt bisher nicht gewagt hat. Die Interessen der Vorkriegs- und Kriegsallianzen geben noch zu stark den Ton an und machen das doppelte Recht für Sieger und Besiegte bis zur Stunde unübersehbar. «Sie sprechen von Frieden, doch es ist kein Friede.»

9. Trübe Aussicht auch für Europa

Diese Verträge werden an sich selbst, an der implizierten, dem schlichten Leser kaum zu Bewußtsein kommenden Unmenschlichkeit des reinen Materialismus bersten. Der Herr bringt ein Beispiel dafür, was mit einem auf Sand gebauten Haus geschieht:

«Als ... die Wassermassen heranfluteten, als die Stürme tobten und an dem Haus rüttelten, da stürzte es ein und wurde völlig zerstört.»[443] Die Nennung Gottes in der Präambel des GG fordert Konsequenzen, die im Zwei-plus-Vier-Vertrag einfach verweigert worden sind.

DRITTER TEIL

Anhang zur Seligsprechung Kardinal Hlonds

Kapitel XIV

Kardinal Augustyn Hlond († 1948), Primas von Polen, im Lichte seiner angeblichen römischen Vollmachten und seines Entschuldigungsschreibens nach Rom 1946

Einführung

Das Kirchenblatt der Diözese Kattowitz «Głos Niedzielny» hat seit einiger Zeit die Diözesanen auf die beabsichtigte Seligsprechung Kardinal Hlonds hingewiesen. Er wurde 1922 erster polnischer Apostolischer Administrator in der von Breslau abgetretenen, neu entstehenden Diözese Katowice in dem nach dem Ersten Weltkrieg polnisch gewordenen Teil Oberschlesiens. 1925 wurde er erster Bischof der Diözese, um schon 1926 zum Kardinal-Primas und Erzbischof von Posen-Gnesen berufen zu werden. Er stand Achilles Ratti, dem Nuntius in Warschau und späterem Papst Pius XI., nahe. Bei Ausbruch des Krieges verließ er am 16. Sept. 1939 Polen mit der Regierung über die rumänische Grenze, um am 10. Juli 1945 begeistert empfangen, nach Polen heimzukehren. 1945 hat er durch sein ungewöhnliches und von Rom nicht legitimiertes Vorgehen in Ostdeutschland, das er der polnischen Kirchenverwaltung unterstellte, im polnischen Sinne gewirkt. Um dieses Thema verdichten sich die deutschen Bedenken gegen eine Seligsprechung.

Die Angelegenheit nahm für mich greifbare Gestalt an, als sich für den 2. Mai 1994 der amtliche Promotor (Beförderer) des Seligsprechungsprozesses, Pater Necel und Pater Glowacki, beide aus der «Gesellschaft *Christi*», zu einem Gespräch bei mir anmeldeten. Mein Buch «Zwischen Staatsräson und Evangelium, Kardinal Hlond und die Tragödie der ostdeutschen Diözesen» hatte sie dazu bestimmt. Sie kannten das Buch und wußten, welche Folgerungen sich daraus für eine Stellungnahme zum Seligsprechungsprozeß ergaben. Meine resu-

mierende Formulierung lautete: Kardinal Hlond, wohl sicher ein großer Pole – darüber mag das polnische Volk befinden – , ist aber kein Seliger der katholischen Weltkirche. Inhaltlich liegt diese Option, die ich damals noch nicht kannte, ganz auf der ablehnenden Linie der deutschen Bischofskonferenz. Der weite Kreise bewegende Seligsprechungsprozeß weckte Interesse.
Das Thema „Hlond" konnte ich in „Zwischen Staatsräson und Evangelium ..." nur soweit behandeln, als die Quellen bekannt waren. Nun folgt die erst jüngst veröffentlichte Quelle: P. Raina, Kósciół w PRL 1946–1968, 46–68 (Die Kirche in Volkspolen 1946–1968, Posen [Poznan] 1994, 46–68). Ein von Kardinal Hlond an das Staatssekretariat in Rom (Msgr. Tardini) unter dem Betreff „Die kirchliche Verwaltung in den wiedererlangten Gebieten" (vom 24. 10. 1946), in denen Kardinal Hlond, ohne römische Vollmachten zu besitzen, polnische Diözesanleiter einsetzte, nachdem er die deutschen Ordinarien ebenfalls ohne Auftrag im Namen des Papstes zur Resignation aufgefordert hatte. Damit wird sich das Kapitel XIV. neu befassen.

1. Kardinal Hlond – seine Bedeutung für die polnische Kirche nach 1945 und die auf ihn gesetzten Erwartungen

Kardinal Hlonds Bedeutung in Polen läßt sich schwer einschätzen. Nach der Befreiung Polens von den Härten des Krieges und der Okkupation stilisierte man seine Persönlichkeit beinahe ins Prophetische, als Anfang Juli 1945 seine Heimkehr nach Polen bekannt wurde.

1.1 Das Land fiebert Hlond entgegen

Alle kirchlichen Vollmachten betr. Ostdeutschland werden für Hlond sicher erwartet. Auf polnischer Seite ist man sich sicher, daß Hlond aus Rom mit allen notwendigen kirchlichen Ermächtigungen soweit sie Ostdeutschland betreffen, zurückkehren wird. In Hlond sieht man einen päpstlichen Boten und Beauftragten, dem der kirchliche Zugriff auf Gebiete eröffnet werden sollte, die durch die Potsdamer Vereinbarungen der Sieger bereits politisch der Regierungsgewalt des

Deutschen Reiches entzogen und polnischer Verwaltung unterstellt worden waren. Die ehemaligen preußischen Provinzen sollten für Hlond – nun unter polnischer Verwaltung – zu seiner besonderen kirchenpolitischen Aufgabe werden. Es handelt sich dabei um 104000 km^2 deutschen Bodens, die Kardinal Hlond Polen «integrieren» wollte, nachdem sie vorher durch die Vertreibung der Deutschen «frei» gemacht worden sind. Rom sollte für dieses Unterfangen gleichsam die Schlüssel ins Reisegepäck legen.

1.2 In den Erwartungen schlägt der polnische Messianismus durch

Was vor Hlond stand, hat der nationale Mythos bald zu einer Neuschöpfung, hinter der Gott stehe, hochstilisiert. Nation und fundamentalistisch-kirchliches Denken wecken sehr leicht die Leidenschaften mit all ihrer Trübung menschlicher Erkenntnis. In diesen hochgespielten Erwartungen spiegelt sich das Fühlen des polnischen Messianismus des 19. Jahrhunderts[444]. Ein ungewöhnlicher, umfassender Umsturz kündete sich an.

1.3 Der Hlond-Mythos

Im allgemeinen
Kardinal Hlond, der dieser Lage gewachsen schien, befand sich am 11. Juli 1945 auf der Rückreise nach Polen. Er kehrte angeblich mit niemals sonst verliehenen römischen Vollmachten heim. Hinter Rom sah man Gott selbst am Werke, dem nach polnischer Überzeugung eine religiös geschlossene, rein polnische Gesellschaft als Zielbild vor Augen gestanden hätte. Für Polens nationale Hoffnungen und kirchlichen Erwartungen ist eine kritische Nachprüfung nicht erfolgt, aber dieser Messianismus ist mit Billigung der Hierarchie zu einer Art Kirchenlehre geworden. Die politischen Elemente werden mit religiöser Leidenschaft verteidigt und zur Begründung handfester politischer Forderungen herangezogen. In dem Hirtenbrief vom 23. 6. 65 wird für die eventuelle Verteidigung der als polnisch erklärten «Westgebiete» Einsatz des eigenen Lebens angekündigt. Die Hierarchie hat sich dem spontanen Sehnen des Volkes angeschlossen. Man bleibt dabei: Hlond werde von Gott über Rom Vollmachten auch für die Oder-Neiße-Ge-

biete bekommen haben. Alles eine Entscheidung der göttlichen Vorsehung.

Dr. Kominek erklärt: «Der neue Abschnitt einer nationalen Lebensepoche… verwandelt unsere Gegenwart in die Tage Gottes von morgen. Diese Entwicklung des polnischen Volkes umfaßt auch die alten polnischen Länder im Westen und Norden. Wir haben diese i. J. 1945 so wie durch eine Entscheidung der göttlichen Vorsehung bekommen, die dem Auftrag Gottes am Morgen der Menschheit ähnelt: Geht wieder zurück auf euren alten Boden und bewirtschaftet ihn in einer Weise, die den heutigen Forderungen entspricht und bevölkert ihn von neuem.» [445]

Hlond ist im polnischen Messianismus verwurzelt

Der polnische Messianismus, in dem erfolgreiches, meist politisches Handeln unmittelbar Gott selbst oder «Maria, der Königin Polens», zugeschrieben werden, hat sich auch der überhöhten Gestalt Kardinal Hlonds bemächtigt. Das erbauliche Bild seiner Person wird überragend in W. Necels Büchlein «Kardinal August Hlond, Prymas Polski» (Poznan[3] 1993), dargestellt. Dort gibt es nur strahlende Lichtseiten, wie in der von den Konquistadoren nach 1492 geschriebenen Geschichte der Entdeckung Amerikas.[446] Alles Beschriebene über Hlond ist dort bewegend, imponierend, vorbildlich und mitreißend. Dabei ist aber das Dunkel ausgeblendet worden, das in das verhältnismäßig fundamentalistische polnische Geschichtsbild nicht zu passen scheint. Hier bietet sich die Möglichkeit für einen kritischen Ansatz. Er will «die andere Seite» (die der Opfer) komplementär in Erinnerung halten.

Der polnische Messianismus hat sich begreiflicher Weise auch der Person Hlonds bemächtigt und ihn fast zum Übermenschen stilisiert. Wie sich sein begeisterter Einsatz für die polnische Kirche bei den Opfern ausgewirkt hat, hat Hlond und seine Anhänger nicht interessiert.

Auch der polnische Messianismus steht wie jeder andere in der Spannung zwischen Staatsräson und der ihr abträglichen geschichtlichen Wahrheit. Diese kann immer nur festhalten, was in Wirklichkeit geschehen ist, nicht was die nationale Begeisterung erträumt. Der Messianismus will durch eine aszetisch anmutende Bekehrung zur vollen Wahrheit gereinigt werden. Die Verbindung Hlonds, mit dem das Volk innerlichst ergreifenden Messianismus, verstärkt die Ausstrahlung dieser polnisch-nationalen Persönlichkeit. Dafür sprechen Zeugen:

Weihbischof Urban (Historiker)
Weihbischof V. Urban, Breslau, erklärt: «Den im Jahre 1945 in das Vaterland heimkehrenden Kardinal Hlond hat der Apostolische Stuhl mit der Vollmacht ausgestattet, die Kirche in den nach den Vereinbarungen in Jalta und Potsdam Polen zugeteilten Bereichen in der Weise, die er selbst für angemessen und angepaßt hält, zu organisieren.[447]

Bischof Kominek
Bei der 25-Jahrfeier der Polonisierung 1970 in Breslau hielt Bischof Kominek hymnisch fest:

«Im Anfang war das Wort... im polnisch-kirchlichen Leben war es das Wort des Apostolischen Stuhles. Der Pilger während des Krieges, der damalige Primas Hlond, brachte es nach hier, nach dem zerstörten verlassenen (!) Land. Er befahl den im Namen der Cathedra Petri (Stolicy Piotrowej) eingesetzten Administratoren die Errichtung einer polnischen Kirchenorganisation und ihren Einbau (wbudowanie) in die Zukunft der West- und Nordgebiete.»[448]

Der polnische Episkopat als Zeuge für Hlond
Im Jahre 1965 äußerte sich der ganze polnische Episkopat in einem Hirtenbrief anläßlich des 20. Jahrestages der polnischen Kirchen-Organisation in den West- und Nordgebieten (23. 6. 65):

«Am 1. Sept. 1945 übernahmen die Apostolischen Administratoren die Leitung mit besonderen Vollmachten versehen, die ihnen durch Kardinal Hlond übergeben wurden, den Primas Polens. Diese Entscheidungen fielen mit Billigung (za aprobata) des Hl. Stuhles. Damit begann die Organisation des polnisch-kirchlichen Lebens ... Als die Stunde der Abrechnung für Jahrhunderte kam, ... zogt ihr aus allen Teilen Polens und dem Ausland, um Euch in dem piastischen Lande anzusiedeln ... mit Euch ging die Kirche .... Die Verdienste der Kirche in den Westgebieten können nicht bezweifelt werden[449] ... Die Päpste sandten durch Vermittlung des Primas Polens zahlreiche Bischöfe ins Land ....

Wir stehen heute hier im Gefühl des sichtbaren Eingreifens Gottes (widomej interwencji) und halten den einheitlichen Standpunkt aller Kinder des polnischen Volkes fest. Ohne Rücksicht auf ihre politische und weltanschauliche Ausrichtung meinen sie (uważają), daß die Westgebiete im Sinne einer natürlichen Gerechtigkeit unlösbar mit dem Mutterland verbunden sind! Dafür legen wir privat und öffentlich Zeugnis ab. Wir sind bereit, auch unser Leben (dafür) zu opfern .... Es ist wichtig, daß unser guter Wille mit Achtung und Garantie der Menschenrechte zusammentrifft.»[450]

1.4 Trotz der geschlossenen Zustimmung in der Öffentlichkeit entschuldigt sich Hlond unerwartet und überraschend für einen Fehler am 24. 10. 1946

Was die Verdrängung der alten deutschen Ordinarien und die Einsetzung der polnischen Apostolischen Administratoren angeht, sei er damals der sicheren Überzeugung gewesen, im Sinne Roms zu handeln. Objektiv sei er dazu aber von Rom aus nicht bevollmächtigt gewesen, sondern es war Hlons persönliche Veranlassung. Sie stellt kanonisch eine Rechtsanmaßung dar. Polen liebt es, seine eigenen Triumphe, besonders nach harten Zeiten der Entrechtung und Demütigung, retrospektiv zu verklären. Auch in den kirchlichen Aussagen darüber gehen Wirklichkeit und Mythos oft fugenlos ineinander über. Hier geht es darum, den Mythos-Anteil herauszulösen und der sehr nüchternen Wahrheit die Ehre zu geben. Hier will nur festgehalten sein, was damals objektiv geschehen ist: Hlond hatte für seine «Schlüsselhandlung» keinen römischen Auftrag. Er hat sich das nur persönlich eingebildet, wurde öffentlich von seiner ebenfalls messianistisch fühlenden Umgebung darin bestärkt, bis aus nicht mitgeteilten Gründen sich die Wahrheit selbst im Herzen Hlonds eine Gasse bahnte. Er zerstört damit logisch den Irrtum, den er selbst leidenschaftlich gefördert hat und durch andere fördern ließ: Gott selbst wirke über seine Person und die von ihm eingesetzten Administratoren. Er brachte (angeblich) Gottes Auftrag für «Neupolen» vom fernen Rom ins polnische Land. Natürlich hätte Rom sich (nach der Ideologie des Messianismus) für Polen weit eröffnet und dem Primas außerordentliche Vollmachten zugedacht. Nach Dr. Kominek, 1945 Apostolischer Administrator in Oppeln, hätte Rom Hlond fast zum «Papst» des polnischen Neulandes im

Westen und Norden gemacht. Im Schatten dieser Übersteigerung wurde weithin auch «in Gottes Auftrag» die Vertreibung von Millionen betrieben. Es war nie zu spüren, daß die kirchliche Leitung Polens sich je um Völkerrecht, Selbstbestimmungsrecht und Heimatrecht auch für andere ernstere Gedanken gemacht hätte.

Weiteren Kreisen wird das Dokument erst nach 48 Jahren bekannt, wo es nur noch wenig bewirken kann. Völlig unerwartet ist das Geständnis Hlonds, daß er nur persönlich vom Besitze römischer Vollmachten überzeugt gewesen sei, ohne sie tatsächlich erhalten zu haben, d. h., daß seine die «neue Zeit» eröffnenden und fundierenden Akte (Bedrängen der deutschen Ordinarien zur Preisgabe ihrer Ämter und Einsetzung polnischer Administratoren) ohne römischen Auftrag erfolgt sind[451].

2. Brief Kardinal Hlonds an Msgr. Tardini, Rom, vom 24. 10. 1946 aus Warschau

2.1 Texte

Hlond erinnert an sein Gespräch mit Msgr. Tardini, das ihn im Irrtum bestätigt hätte:

«Seine Exzellenz (der Sekretär des römischen Staatssekretariates) erwähnte auch die Ernennung von Apostolischen Administratoren, während ich... mir zu bemerken erlaubte, daß gerade dort (in den einst deutschen Gebieten) eine solche Lösung nützlich wäre; darauf fügte Seine Exzellenz hinzu, soweit ich mich erinnere: ‹Aber man müßte das zuvor mit den betroffenen Bischöfen durchdiskutieren›. Wie ich erst einige Monate später feststellen konnte, hatte ich damals diese Worte falsch verstanden und mich in der Überzeugung befestigt, daß die Ernennung von Apostolischen Administratoren auf den einst deutschen Gebiete in der Absicht des Heiligen Stuhles liege und daß vor ihrer Verwirklichung die davon betroffenen Ordinarien benachrichtigt werden müßten. Diese Frage weckte in mir nicht den geringsten Zweifel. Während der beiden folgenden Begegnungen mit Seiner Exzellenz war von diesem Detail nicht mehr die Rede, das für mich völlig klar blieb.»[452]

«Als ich also ... zu dem Schluß kam, daß der Augenblick für die Entscheidung gekommen war, begann ich mich um die Anknüpfung des vom Heiligen Stuhl verlangten Kontaktes mit den betr. Ordinarien zu bemühen. Zu diesem Zweck besuchte ich ... Priester Piontek in Breslau».

2.2 Bemerkungen zum Text

Die von Msgr. Tardini in Rom ins Gespräch mit Hlond eingeführten *Apostolischen Administratoren* sah Hlond als die Schlüsselpositionen der pastoralen Organisation und der Polonisierung an. Während seines Aufenthaltes in Rom vom 24.4.–11.6.45 hatte Hlond Gelegenheit, mit Msgr. Tardini über seinen Auftrag in Polen und über die von ihm benötigten Vollmachten zu sprechen. Hlond bemerkte dabei, daß diese «Lösung» mit den Apostolischen Administratoren *auch* in den einst deutschen Gebieten «nützlich» wäre. Damit ging er von Innerpolen, für das seine Vollmachten unbestritten sind, auf die ostdeutschen Gebiete über, für die das Reskript nicht galt.

Das eben besetzte Ostdeutschland gehörte noch nicht souveränitätsmäßig, sondern nur besatzungsmäßig zu Polen. Mit seiner Bemerkung deutet er aber «bescheiden» einen bereits angeblich völkerrechtlich verbindlichen Beschluß der Großen von Potsdam an. Als ob die faktische Besetzung durch Polen in den Spuren der Roten Armee eine völkerrechtswidrige Souveränitäts-Übergabe an Polen besagt hätte.

Hlonds Gesamtkonzept hing an der Einsetzung polnischer Apostolischer Administratoren im Oder-Neiße-Land, um damit via facti den behaupteten Souveränitätsübergang zu begründen

Sein Vorgehen, einfach Fakten zu schaffen und dann auf deren Unwiderruflichkeit zu bestehen, charakterisiert seine Methode. Im Gespräch mit Msgr. Tardini wartete Hlond geradezu auf dieses Stichwort (Apostolische Administratoren), das dann aus dem Munde Tardinis fiel und geeignet war, die fundamentalen kirchenrechtlichen Unterschiede zwischen Alt- und Neupolen zu unterlaufen. Hlond brannte es auf der Seele, auch in den einst deutschen Gebieten polnische Apostolische Administratoren einsetzen zu können und vorher römische Vollmachten für dieses Unterfangen zu erhalten.

Dieses Vorgehen würde den optimalen Ansatzpunkt für die Polonisierung des 600–700 Jahre alten deutschen Raumes bieten. Die damit unvermeidliche Resignation der deutschen Ordinarien würde die seelsorglichen Zentren im Lande schnell in polnische Hände bringen und die deutsche Hierarchie und Geistlichkeit zur gesellschaftlichen Bedeutungslosigkeit verurteilen. Polnische Prälaten und Priester würden unter Hlond mit den in steigendem Maße eindringenden Polen aus dem Osten des Landes, aus Innerpolen und aus dem Ausland nach Hlonds Konzept eine Gott wohlgefällige rein polnische Kirche erbauen und den «germanischen Lutheranismus» bis an die Oder zurückdrängen, was für ihn zugleich eine mystisch-religiöse Aufgabe darstellt.

Hlond sah sich aber auch durch Anarchie und Chaos aufgerufen, die Kirche als Ordnungsmacht einzusetzen. Das wäre aber auch ohne Verdrängung der deutschen Ordinarien möglich gewesen. Freilich hätte er auf die deutsche Seite mehr Rücksicht nehmen müssen. Es wäre weniger glatt bei der Durchsetzung der nicht kirchlichen, sondern national polnischen Staatsräson gegangen. Aber alles Recht lag auf der Straße, Rechtsunsicherheit und Mangel an jeglicher Organisation, dazwischen tausende obdachlos herumirrende Vertriebene (ab 21. 6. 45) und Schreckensherrschaft von Räuberbanden bestimmten das Bild.[453] Hier etwas Ordnung zu schaffen, vermochten die Deutschen in ihrer eigenen (Noch-)Heimat nicht mehr, auch nicht die Ordinarien. Hlond hatte also auch sachliche Gründe, die polnische Kirche als Ordnungsmacht einzusetzen. Aber dazu benötigte er wieder römische Vollmachten. Sie wurden mythisch überhöht und als im polnischen Sinne sicher angesehen. Sie griffen aber nicht auf «Neupolen» über.[454]

2.3 Kardinal Hlond bei Papst Pius XII.

Bei seinem Empfang durch Papst Pius XII. hatte Hlond die ihn bewegenden Anliegen persönlich vorgetragen. Insbesondere hat er auf die Dringlichkeit hingewiesen, Apostolische Administratoren in den Oder-Neiße-Gebieten ernennen zu dürfen. Die Antwort kam im Reskript vom 8. 7. 45: Keine Genehmigung, keine Zustimmung. Ebenso reagierte das Staatssekretariat auf Hlonds letzte Eingabe vom 26. 6. 45 mit dem gleichen Antrag. Die Vollmachten sind von Hlond erbeten, ihm aber niemals erteilt worden. Hat Hlond auch hier etwas verwechselt? Deutlich beschränkt das Reskript vom 8. 7. 45 die Vollmachten auf Altpolen. Für Hlond war das Gegenteil absolut sicher. Auf dieser verwirrten Erkenntnisbasis begann er die Durchführung seines Planes. Irrigerweise sah er sich im Besitze erforderlicher Vollmachten für das alte Ostdeutschland, wie er selbst im Bericht eingestanden hat.

Schon beim Abschied in Rom war sich Hlond sicher, bestimmte Vollmachten erhalten zu haben, obwohl er das Reskript noch nicht gelesen hatte. Er meinte und war sich dessen absolut sicher, daß Vollmachten für Ostdeutschland mit Sicherheit unterstellt werden durften. Er war Opfer seiner eigenen Wunschvorstellung.

2.4 Das (in Rom von Hlond nicht mehr gelesene) Reskript brachte ihm keine Vollmachten im Bereich «Neupolens»

Wohl enthielt es außergewöhnliche Aufträge, aber nicht für das Oder-Neiße-Gebiet, sondern für Altpolen. Das konnte Hlond wohl psychisch nicht verkraften. Er schaffte sich (unbewußt?) einen Ausgleich in einem unüberwindlichen Sicherheit gebenden Irrtum (error invincibilis). Es darf einfach nicht anders sein! Rom konnte ihm doch nicht den Zugang zum Oder-Neiße-Gebiet versagen. Er fand bei diesem Gedanken Ruhe, weil er so den Willen des angeblich hinter allem stehenden Gottes sah. Aber hätte er sich nicht selbst schon durch das Reskript kontrollieren können?

2.5 Hlond weitet schon in seinem Plan die Vollmachten für Altpolen eigenmächtig auf «Neupolen» aus

Sein zugreifendes Konzept läßt sich mit auf Altpolen begrenzten Vollmachten nicht durchführen. Tief ergriffen von seinen Plänen liest er aus unzulänglichen Gesprächsfetzen mit Tardini (das Fehlende aus seinem nationalen Lebensgefühl ergänzend) gegen alle Regeln der Logik seine Übereinstimmung mit Rom heraus. Hlond hatte im ersten Gespräch dazu bemerkt, daß Apostolische Administratoren auch im Oder-Neiße-Gebiet «nützlich» wären. Tardini ergänzt das durch seine Bemerkung, daß das mit den in Frage kommenden Ordinarien durchdiskutiert werden müßte. Daraus läßt sich keinesfalls erschließen, daß er, Hlond, selbst Vollmachten für «Neupolen» hätte. Ein sauberer

Schluß läßt höchstens eine angedeutete Möglichkeit, die aber unbewiesen blieb, zu. Der Primas hat also schon in Rom willkürlich «geschlossen» und vage Möglichkeit mit sicherer Gegebenheit verwechselt, nur weil die Aussage in seiner Wunsch-Richtung lag. Er hat damit grundsätzlich gegen die Regel verstoßen «factum non praesumitur, sed demonstrari debet» (Eine Tatsache darf nicht unterstellt, sie muß bewiesen werden). Damit weitete Kardinal Hlond seine Vollmachten für Polen, die unbestritten erteilt worden waren, eigenmächtig auf die ostdeutschen Gebiete aus, für die das Reskript nicht galt.

2.6 Praktische Folgen aus dieser Vollmachten-Überschreitung

«Als ich also ... zu dem Schluß kam, daß der Augenblick für die Entscheidung gekommen war, begann ich, mich um die Anknüpfung des vom Heiligen Stuhl verlangten Kontaktes mit den betreffenden Ordinarien zu bemühen. Zu diesem Zweck besuchte ich ... Priester Piontek in Breslau ... Infolge der falschen Prämissen, die ich soeben erwähnte, betrachtete ich meine Mission bei diesen Prälaten als Übermittlung eines offiziellen Standpunktes, was ich versuchte, in einer möglichst höflichen Form zu tun .... In der Überzeugung, daß mein Handeln mit den Absichten des Heiligen Stuhles übereinstimmt, rief ich ... die Kandidaten zu einem Treffen zusammen. Am 15. August (1945) ging ich daran, die Ernennungen für die Apostolischen Administratoren auszustellen. Mit dem 1. September übernahmen die neuen Ordinarien ihre verantwortlichen Stellungen .... Mir bleibt nichts übrig, als den Heiligen Vater demütig zu bitten, mir die begangenen Fehler und Unannehmlichkeiten zu verzeihen, mit denen ich sein väterliches Herz verwunden konnte.»[455]

In dem Bewußtsein, die Absichten der Kurie durchzusetzen, trat er seine Heimreise von Rom an, um auf dieser durch die Tatsachen nicht gedeckten Scheinsicherheit deutsche Ordinarien zur Resignation im Namen des Papstes aufzufordern, und um polnische Apostolische Administratoren im einstigen Ostdeutschland einzusetzen. Hlond hat sich also ein falsches Bewußtsein aufgebaut, das Irrtum für Wahrheit nimmt und außerdem sehr eilig gehandelt.

3. Die deutschen Ordinarien verzichten unter Druck

3.1 Dr. Piontek auf dem Heimweg nach Breslau

Adolf Kardinal Bertram, Erzbischof von Breslau, Vorsitzender der Fuldaer Bischofskonferenz, hatte am 6. Juli 1945 seine Augen auf Schloß Johannesberg (Sudetenland) für immer geschlossen. Das Breslauer Domkapitel wählte am 16. Juli 1945 den bisherigen Domdechanten, Dr. Ferdinand Piontek[456], in absentia zum Kapitelsvikar. Er hatte beim Verfasser, der damals Kuratialpfarrer in Görlitz-Ost, St. Bonifatius, war, auf eine Fahrgelegenheit nach Breslau gewartet und hatte am 9. Juli 1945 auf einem mit Kindern überladenen offenen Lastwagen den Weg nach Breslau angetreten. Erst in Breslau erfuhr er von seiner neuen Aufgabe als Kapitelsvikar.

3.2 Intervention der polnischen Behörde und Besuch Hlonds bei Dr. Piontek in Breslau

Unmittelbar vor der Wahlsitzung am 16. Juli 1945 erfolgte eine unerwartete Intervention des polnischen Oberbürgermeisters Dr. Drobner. Er bestellte den deutschen Weihbischof Joseph Ferche[457] und Prälat Dr. Joseph Negwer[458] zu sich und unterbreitete ihnen die Erwartung der Warschauer Regierung, einen Kapitelsvikar polnischer Nationalität zu wählen. Beide Gerufenen deuteten an, daß sie diesem Ansinnen kaum entsprechen könnten, da 90 Prozent der katholischen Bevölkerung im Lande deutscher Nationalität seien. Man wollte aber eine kooperative Lösung in der Weise anstreben, daß ein Kandidat, der der polnischen Sprache mächtig sei, gewählt werde. Die Aufmerksamkeit lenkte sich damit auf Dr. Piontek, der gut polnisch sprach. Kardinal Hlond, Primas von Polen[459], besuchte nun den Kapitelsvikar Dr. Ferdinand Piontek am 12. August 1945 in seiner Notwohnung im Ursulinenkloster auf dem Breslauer Ritterplatz 16.

Dr. Piontek hält davon fest: «Am 12. August 1945 erhielt ich ganz unerwartet den Besuch des hochwürdigsten Herrn Kardinal Hlond. Der Heilige Vater hätte sich angesichts der besonderen Zeitverhältnisse entschlossen, für die unter der Verwaltung des polnischen Staates stehenden Gebiete Apostolische Administratoren zu bestellen. Es wäre daher dem Hl. Vater lieb, wenn ich mein Amt als Kapitelsvikar für diese Gebiete in seine Hände lege. Die Bestellung der Apostolischen Administratoren werde auf jeden Fall erfolgen[460]. Ich erwiderte, daß mir der Verzicht nicht leicht werde. Jedoch sei es selbstverständlich, daß ich den Wunsch des Hl. Vaters respektiere. Darauf überreichte mir der Kardinal die abschriftlich beiliegende Erklärung zur Unterzeichnung. Ich las die Erklärung laut vor, damit auch der Herr Prälat Dr. Joseph Negwer, der auf meinen Wunsch an der ganzen Unterredung teilnahm, davon Kenntnis erhielt und fragte dann: ‹Ist das der Wille des Hl. Vaters?› Der Kardinal antwortete: ‹Ja, und diese Erklärung ist in Rom in der Staatssekretarie abgefaßt.› Ich unterzeichnete die Erklärung und überreichte sie dem Herrn Kardinal, der darauf sagte: ‹Ich danke Ihnen im Namen des heiligen Vaters› «.

Abgeschlossen von der vatikanischen Zentrale und eingeschlossen in der besetzten Bischofsstadt Breslau, leistete er die Unterschrift unter die Verzichtserklärung. Kardinal Hlond machte das Erzbistum Breslau auf diesem Wege vakant, um es unter Berufung auf seine außerordentlichen Vollmachten vom 8. 7. 45 in drei Bezirke aufzuteilen und polnische Apostolische Administratoren einzusetzen.

Im Gegensatz zu zahlreichen polnischen Kirchenhistorikern der letzten Zeit erklärt R. Marek, daß der Hl. Stuhl die Eingriffe Hlonds in die ostdeutschen Diözesen Breslau, Ermland und Schneidemühl die kanonistisch fehlerhaften Rechtsakte des Primas nicht sanktioniert hat. Die von Kardinal Hlond dem Kapitelsvikar vorgelegte Resignationsformel war auf einen Bogen geschrieben, der den Kopf des Staatssekretariates und das Datum vom 8. Juli 1945 trug. Dem völlig überraschten Dr. Piontek gegenüber berief sich der Primas auf die ihm von Rom anvertrauten Vollmachten (facultates specialissimae).

3.3 Hlond legte keine Vollmachten vor und arbeitete mit einer nicht beglaubigten Rücktrittsformulierung

Primas Hlond legte, wie sonst in der Kirche üblich, keine schriftliche Bevollmächtigung für seinen schicksalhaften Auftrag vor. Er war formalrechtlich als Kardinal befugt, vom alten can. 239, 1 § 17 Gebrauch zu machen, wonach ein Kardinal, wenn er eine Botschaft des Papstes mündlich vorträgt, glaubwürdig ist. Aber nach allgemein ethischen

Grundsätzen kann die Liebe auch fordern, auf solche Rechtsansprüche für Privilegierte zu verzichten, um dem, dem diese Resignation von historischem Ausmaß abverlangt wird, eine größere Sicherheit für seine Entscheidung zu geben. Freilich ist ein solch christliches Verhalten kirchenrechtlich nicht erzwingbar, so sehr es der Sache nach auf der Linie eines ius caritatis (Liebesrecht) verstandenen Kirchenrechtes liegt.

Als der Verfasser den Kapitelsvikar am 8. 11. 1945 von Görlitz-Ost aus in Breslau besuchte, kam Dr. Piontek noch einmal auf den 12. 8. 45 in allen Einzelheiten zurück. Seine Darlegungen waren menschlich bewegend. Es war zu spüren, wie sehr ihn die Vorgänge in dem nüchtern formulierten Bericht innerlich in Anspruch genommen hatten, ihn, der sonst als Urbild juristisch-kühlen Verhaltens galt. Seine Darlegung konzentrierte er damals auf zwei Punkte: Einmal auf die Unsicherheit, die für ihn darin lag, daß sich der Kardinal in keiner Weise schriftlich auswies und zum zweiten, daß er ihm eine Formel vorlegte, deren Ursprung für ihn nicht geklärt war. Denn diese Resignationsformel war an keiner Stelle schriftlich als aus dem Staatsekretariat stammend durch Unterschrift und Siegel ausgewiesen. Dr. Piontek hatte also seine Entscheidung angesichts dieser doppelten Unsicherheit zu treffen. Nach hartem inneren Ringen überwog die durch (angeblichen) «Gehorsam gegen den Hl. Vater» gestützte Auffassung. Dr. Piontek ergänzte mit fast kindlicher Schlichtheit etwa folgendes: «Ich habe sehr darunter gelitten, daß der Herr Kardinal mir durch Verweigerung der Einsicht in seine Vollmachten eine für mein Gewissen höchst erwünschte Sicherheit versagt hat. Immer wieder wollte ich ihn um Vorlage der facultates bitten, aber eine ‹innere Stimme› warnte mich davor. Das war sicher mein Schutzengel.»[461] An can 239, 1 § 17 hatte Dr. Piontek damals nicht gedacht. Seine Bitte um Einsicht hätte leicht zur Folge haben können, daß der Kardinal ihn auf sein Recht verwiesen hätte, das bloße Wort ohne schrifliche Bevollmächtigung als «wahr» anzunehmen (und doch entsprach das Kardinalswort nicht der Wirklichkeit). Der Kardinal hätte eine brüderliche Zuwendung in der Hand gehabt, aber sie blieb aus. Die verbleibende Unsicherheit hat Dr. Piontek innerlich schwerstens bedrängt. Sein fester Punkt war «der Wille des Hl. Vaters». Da die von Hlond vorgelegte Resignationsformel nicht bestätigt war und in jedem

Büro auf einem vorher besorgten Blanko des Staatssekretariates hätte getippt werden können, verblieb er in doppelter Ungewißheit, ob Hlond wirklich Auftrag und Vollmachten aus Rom hatte. Die Deutschen blieben nun aber ohne Bezugspunkt zu einem Inhaber geistlicher Gewalt. Den polnischen Apostolischen Administratoren war soweit grünes Licht für ihren Einzug gegeben. Die von der sittlichen Erlaubtheit der Vertreibung Überzeugten betrachteten sowieso Deutsche nur noch als eine Großgruppe, die «bald abtransportiert» wird. In der schwersten Stunde gab der Kapitelsvikar, ohne etwas über seine weitere rechtliche Zuständigkeit für die Deutschen ausgemacht zu haben, sie preis. Von seiten des Domkapitels wurde das übereilte Vorgehen Pionteks als bedenklich betrachtet. Hätte er seine Entscheidung nicht mindestens von einer Beratung mit dem schnell zu versammelnden Restdomkapitel oder vielleicht mit den anderen von der Absetzungsabsicht betroffenen Ordinarien abhängig machen können? In jedem Falle wäre eine längere Bedenkzeit angebracht gewesen. Aber auch *Dr. Pionteks* Gehorsamsprinzip verdient Respekt. Er hielt es für unmöglich, daß ein römischer Kardinal in solchen Fragen nicht die objektiven Wahrheit verbürgt. Auch die anderen deutschen Jurisdiktionsträger wurden dann aufgefordert zu resignieren.

3.4 Zwei weitere Rücktritte

Menschlich schmerzlicher war Bischof *Kallers* Verdrängung vom Bischofsamt im Ermland. Am 16. August 1945 wurde er von Kardinal *Hlond* in das Priesterseminar zu Pelplin zitiert. Der Bischof glaubte, aufgrund seiner polnischen Sprachkenntnisse und wegen seiner stets geübten wagemutigen Fürsorge für polnisch sprechende Gläubige sein Amt auch unter den geänderten Verhältnissen weiterführen zu können. Aber Hlond erklärte, daß im «polnischen Staat» nur ein polnischer Bürger Bischof sein könnte. Der Primas legte ihm im Laufe des Gespräches den Resignationsakt des «großen Bruders» aus Breslau vor. Das blieb nicht ohne Wirkung.

Bischof Kaller unterschrieb die Resignationsformel. Er hatte sich vom Abgesandten des Papstes etwas anderes erwartet als die volle Berücksichtigung der Forderung der polnischen Staatsräson. Bestürzt und außer Fassung verließ er mit verweinten Augen den Verhandlungsraum.

Am 17. 8. 45 machte Hlond die Freie Prälatur *Schneidemühl*, im September den Prager Anteil *(Glatz)*, im Oktober den Olmützer Anteil *(Branitz)* mit J. Nathan und seinen weitberühmten Heilanstalten «frei».

Der Rücktritt des *Weihbischofs und Generalvikars Nathan* des zur Diözese Olmütz gehörenden Branitzer Landes im Kreise Leobschütz war menschlich besonders hart. Neben seiner Stellung als Ordinarius war er Gründer und Leiter der weitbekannten Branitzer Heil- und Pflegeanstalten (die einen privaten, riesigen Krankenhauskomplex darstellten), für die er sein Vermögen und seine Kraft geopfert hatte. Mit ihm verloren Hunderte vom Leben hart angeschlagener Personen ihren «Vater», «Hüter» und «Hirt». Selbst auf die Vertreibung wartend, wurden sie ihres Schützers beraubt.

Wie Dr. Piontek in Breslau, entschied er sich heroisch für den (angeblichen) Willen des Hl. Vaters.

So sah der erste Schritt der Durchführung des Konzeptes Hlonds gegen die deutsche Kirche aus. Dieser mußte später bekennen, daß sein Vorgehen illegitim und angemaßt gewesen ist, wofür er dann seine «Entschuldigung» an den Heiligen Stuhl richtete, ohne sich aber bei der ohne Rechtsgrundlage zur Resignation Genötigten und deren Gläubigen wenigstens zu entschuldigen. Er rechtfertigte sein Vorgehen vor allem durch die «schwer vorstellbaren Zeitverhältnisse».

4. Rom weigert sich, die eigenmächtigen Akte Hlonds anzuerkennen

4.1 Weltweite Veröffentlichung des abweichenden römischen Rechtsstandpunktes im Annuario Pontificio ab 1958

Rom hat seinen Einspruch gegen das unkanonische Vorgehen auch weltweit diskret bekundet. Angesichts der hochgespannten innerpolitischen Spannung zwischen Partei und polnischem Staat einerseits und der katholischen Hierarchie andererseits, war dem Vatikan offene Kritik an Hlond nicht möglich. Eine solche wäre den Kirchenfeinden in Polen (Partei, Regierung) von großem Nutzen gewesen. Also mußte Rom behutsam vorgehen. Rom tat es durch das auf der ganzen Welt verbreitete halbamtliche Jahrbuch «Annuario Pontificio» (Weltschematismus). Hlonds 1945 eigenmächtig errichtete «Neuordnung» wurde im Annuario bis 1958 nicht zur Kenntnis genommen. In der amtlichen Sicht Roms existierten die von Hlond eingesetzten Apostolischen Administratoren (mit Ausnahme Dr. Wronkas in Danzig) nicht. Auch die vom polnischen Primas neuerrichteten kirchlichen Amtsbezirke sind nicht vermerkt. Dagegen hält sich Rom an den kanonisch völkerrechtlichen Stand. Im Sinne des preußischen Konkordates von 1929 wird Breslau weiterhin als Erzbistum ausgewiesen, Ermland und Schneidemühl als seine Suffragane. Beim Stichwort «Breslavia» wird unter dem Strich 1958–1972 aber bemerkt:

«Wie bekannt hat der Apostolische Stuhl die Gewohnheit, Diözesangrenzen nicht endgültig zu ändern, solange nicht eventuelle Rechtsfragen … durch Friedensverträge geregelt sind und volle Anerkennung gefunden haben. Die genannte Rechtslage liegt vor in Breslau, Ermland und Schneidemühl. Um nun für die zahlreichen Gläubigen, die sich dort niedergelassen haben, religiösen Beistand (assistenza religiosa) zuzusichern hat er Sr. Eminenz Kardinal Stephan Wyszyński die Aufgabe anvertraut, diese Gläubigen in religiöse Obhut zu nehmen.»

4.2 Analyse des letzten Textes aus dem Annuario 1958

Der Rückblick über die von Rom erteilten Vollmachten für das alte Ostdeutschland beginnt nicht mit Erteilung von solchen an Kardinal Hlond, sondern erst mit dessen Nachfolger St. Wyszynski. Es handelt sich aber um seelsorglich-pastorale Vollmachten für die Eingewanderten. Es geht nicht um Errichtung territorialer Diözesen, sondern um einen innerhalb einer bestehenden Diözese unabhängigen Personalverband. Derartig kanonisch Beauftragte können aber keine legitimen Ortsordinarien zum Verzicht drängen, noch neue einsetzen. Hlond hatte mit seinem Vorgehen also auch weit die Grenzen überschritten, die dem Auftrag Wyszynski gesetzt gewesen wären, wenn Hlond die deutschen Ordinarien nicht vorher zu Unrecht verdrängt hätte. Auch Kardinal Wyszynski mit seinen seelsorglichen Vollmachten hätte nicht so wie Hlond vorgehen können, sondern eine Abmachung über eine mögliche Zusammenarbeit suchen müssen. All dem ist Hlond durch radikales Schaffen von Tatsachen aus dem Weg gegangen. Er hat einen für Rom völkerrechtlich offenen Zustand als endgültig polnisch gewünscht und demgemäß auf eigene Faust kanonisch unwirksam gehandelt.

4.3 Die polnische Kirche stimmt gleichwohl Hlond zu und widersetzt sich jeder Kritik an seinem Wirken

Der polnische Episkopat, an der Spitze Kardinal Hlond, war weit davon entfernt, sich dem behutsamen Einspruch Roms zu erschließen und selbstkritische Fragen zu stellen. Beharrlich wurde weiterhin die Ausstattung Hlonds mit höchsten Vollmachten behauptet. Dieses durchsichtige Zweckgebäude ist erst nach nun bekannt gewordenen Briefe Hlonds vom 24.10.46 nach Rom für ernst zu nehmende Historiker zusammengebrochen. Er hatte tatsächlich keine Vollmachten, er hatte sich diese aber eingebildet.

Seine Mitbischöfe und die von ihm ernannten Apostolischen Administratoren schwangen in diesem messianistischem Lebensgefühl mit. Durch Hlond selbst sind sie alle zum Bekenntnis der Wahrheit aufgerufen worden. Solchen, der polnischen Staatsräson abträglichen Rufen, pflegte sich die polnische Kirche zu entziehen. Die in der polnischen Literatur üblichen Darlegungen stehen nun demaskiert durch das von Hlond verfaßte Dokument da.[462] Hlond hatte keine Vollmachten und bezeugt selbst, daß er sich diese nur eingebildet hätte, ohne sie aber wirklich zu besitzen.

4.4 Der Fall Dr. Wronka

Von den fünf durch Hlond am 15. 8. 45 ernannten Apostolischen Administratoren wird im Annuario 1958 nur Dr. Wronka (Danzig) erwähnt. Warum nur er? Die Sonderrolle erklärt sich dadurch, daß er für einen Sprengel berufen wurde, der seit 1919 (Versailles) nicht mehr Teil des deutschen Reiches gewesen ist, auf dessen Territorium allein die aus dem Konkordat fließenden Bindungen gelten. P. Pius XII. hat ihn deshalb selbst zum zweiten Male – und diesmal kanonisch wirksam – zum Ordinarius von Danzig berufen. Er hielt die erste Berufung durch Hlond für kanonisch unwirksam, wohl weil er keine Vollmachten hatte. Das gleiche gilt für die anderen Apostolischen Administratoren.[463]

5. Warum hat Dr. Piontek so schnell resigniert und damit die größte Diözese Deutschlands de jure polnischem Einfluß überlassen?

5.1 Gab es für Dr. Piontek Alternativen zur Resignation?

Was hätten die deutschen Ordinarien mit Dr. Piontek an der Spitze sonst tun sollen? Gab es realistische Alternativen?

Dr. Piontek hätte sich in dieser Schicksalsstunde der fast 1000jährigen Diözese wohl des Rates und Beistandes seiner «geborenen» Helfer versichern sollen. Dr. Negwer nahm an den Gesprächen mit Hlond teil. Angesichts der überraschenden und radikalen (angeblichen) Vorschläge Roms, hätte es nahegelegen, das in Breslau verhältnismäßig leicht zu versammelnde (aktionsfähige) Domkapitel einzuberufen. Darüber hinaus war eine Abstimmung zwischen Dr. Piontek und den anderen zur Resignation bestimmten deutschen Ordinarien zur gemeinsamen Beschlußfassung dringend erwünscht gewesen. Hlond, der hier nach dem Prinzip «divide et impera» (teile und herrsche) vorging, hätte diesen durchaus berechtigten Vorschlag aber wohl a limine abgelehnt. Auf jeden Fall hätte eine, wenn auch nur bis zum Vertreibungstag laufende Verabredung mit Hlond zugunsten der Millionen deutscher Katholiken getroffen werden müssen. Sie hätte die deutsche Stammbevölkerung den neuen «Männern» nicht bedingungslos ausgeliefert. Diese waren nur bestrebt, die Deutschen so schnell als möglich «abzutransportieren». Hlond meinte z. B. (für Oberschlesien), daß die «letzten 20000 Deutschen» das Land noch 1945 verlassen würden. Dringend erwünscht wäre auch eine institutionelle Verbindung des Kapitelvikars mit dem polnischen Apostolischen Administrator. Hlond hat die Deutschen sich selbst bis zum «Transfer» über die Oder überlassen, wie er im Briefe feststellt.

Oder hätte Piontek reagieren sollen, wie es Hlond noch bei Kardinal Bertram erlebt hätte? Allerdings auf dem Hintergrund, daß sich zwei Gleichberechtigte gegenüberstehen: Es ist anzunehmen, daß eine Verhandlung Hlonds mit ihm nicht auf ein völlig einseitiges Nachgeben der alten Ordinarien hinausgelaufen wäre. Kardinal Bertram, dessen Tod Hlond natürlich sehr zu statten kam, würde vielleicht seinem «Kollegen» Hlond folgendes gesagt haben: «Bringen Sie mir eine schriftliche Beglaubigung vom Staatssekretariat sowohl betreffs Ihrer behaupteten Vollmachten als auch für den Ursprung des beigefügten Resignationsblankos. Dann können wir das Gespräch wieder aufnehmen.»

Hlond hätte jedenfalls, auch im Falle der Weigerung oder Verschiebung des Termins, bald Apostolische Administratoren polnischen Blutes eingesetzt. Hlond hat diesem Tag (12. 8. 45) eine große Chance für die Beziehungen zur deutschen Kirche vertan. Er wollte ja auch als diktierender Sieger auftreten und einen angeblich amtlichen Standpunkt apodiktisch vortragen.

5.2 Der 12. 8. 1945 – eine von Hlond vertane christliche Chance

Er hätte, wenn ihm eine überragend religiöse Größe eigen gewesen wäre, sich jetzt geradezu den Weg für eine evtl. spätere Seligsprechung eröffnen können, wenn er Dr. Piontek brüderlich begegnet wäre (beide waren Oberschlesier). Aufgelocktert durch ein aufkeimendes Vertrauen hätten sie zu einem modus vivendi auf der Basis von Brüdern in Christus kommen können. Doch Hlond war offensichtlich dazu nicht bereit. In strikter Nachfolge Christi sah er keinen Gewinn für Polen, damit war für ihn das Problem gelöst. Es gab Modelle für einen möglichen modus vivendi, die sich vor der Ankunft Hlonds entwickelt hatten. Ankommende polnische Geistliche erhielten von den deutschen Ordinarien Jurisdiktion. Jetzt am 12. 8. 1945 war er im Gespräch mit Kapitelsvikar Dr. Piontek (und Dr. Negwer) noch nicht zu einem großen Wurf der Versöhnung reif. Eine neue Sicht der Dinge stellte sich bei ihm erst später ein, als er erkannte, daß Rom ihn nicht bevollmächtigt hatte. Dem gab er dann in seinem Brief vom 26. 10. 1946, sich selbst dabei sehr schonend und ohne fundamentale Neuorientierung, Ausdruck.

5.3 Die Folge für die entrechteten Deutschen

Sie kamen «vom Regen in die Traufe». Sie verloren den letzten amtlichen Halt, ein letztes Stück Heimat, ihren Oberhirten, der, wie sie ahnten, zu Unrecht verdrängt worden war. Die deutsche Kirchenorganisation löste sich jetzt auf. Es gab für sie keinen kanonischen Haftpunkt mehr. Immer mehr bedrückte die Deutschen die Sorge, daß auch Rom, als die moralische Macht, sie abgeschrieben und den Vertreibern ausgeliefert hätte. Erst die Nachricht des Konsistorialrates Dr. J. Kaps, der am 10. Oktober 1945 eine päpstliche Audienz erhalten hatte, brachte Klarheit, daß Rom von Hlonds Aktivitäten nichts wußte und über die Entwicklung «erstaunt» war. Noch im Hirtenwort vom 1. 3. 1948 spricht P. PIUS XII. die Hoffnung aus[464]:

«Wir glauben zu wissen, was sich während der Kriegsjahre in den weiten Räumen von der Weichsel bis zur Wolga abgespielt hat. War es jedoch erlaubt, im Gegenschlag zwölf Millionen Menschen von Haus und Hof zu vertreiben und der Verelendung preiszugeben? Sind die Opfer jenes Gegenschlages nicht in der ganz überwiegenden Mehrzahl Menschen, die an den angedeuteten Ereignissen und Untaten unbeteiligt, die ohne Einfluß auf sie gewesen waren?... Ist es wirklichkeitsfremd, wenn Wir wünschen und hoffen, es möchten alle Beteiligten zu ruhiger Einsicht kommen und das Geschehene rückgängig machen, soweit es sich rückgängig machen läßt?»[465]

Hlond hatte sehr schwer abzuändernde Fakten gesetzt, um seinen Machtwillen für immer durchzusetzen. Indes war auch das Oder-Neiße-Land zielbewußt polnisch geworden, während die Deutschen ebenso systematisch «abtransportiert» wurden. Man versteht, daß die «polnische Wirklichkeit» immer weniger durch Sachgründe, dafür umso mehr durch Betonung der nackten Tatsächlichkeit begründet werden mußte. Die Behauptung, Gott selbst hätte es so verfügt, trat an die Stelle völkerrechtlicher Argumentation.

Das ist aber eine «fromme» Siegerbehauptung, die dem Volksempfinden entsprach und sich gleichzeitig vorzüglich zur Rechtfertigung maßloser Unmenschlichkeiten eignete. Jedenfalls wurde die Begründung der «polnischen Wirklichkeit» in der Kirche Polens der Norm des Natur- und Völkerechts entzogen und der positivistischen Machtnorm, «die Sieger haben auch moralisch recht», unterworfen. Das deutsche Volk hat unter dem Einfluß der Umerziehung später weitgehend mitgespielt und sich in der Praxis demütig zum Machtpositivismus der Sieger «bekehrt».

Daß Hlond tatsächlich keine Vollmachten hatte, daß also die wenigen Kritiker seines Vorgehens im Recht waren, wurde nie bekannt. Die polnische Kirche sowie Hlond wollten i. J. 1945 das vollzogene Unrecht nicht wahrhaben. Ein entsprechendes Geschichtsbewußtsein wurde amtlich aufgebaut. Wer aber die Wahrheit nicht erkennen will, kann sich später nicht durch «Unwissenheit» herausreden, denn nur eine nicht selbst verursachte Unwissenheit (ignorantia antecedens voluntatem) befreit von Schuld, nicht aber die heimlich genährte und somit indirekt willentlich festgehaltene (ignorantia culpabilis).[466] Eine solche ist bei Hlond nicht auszuschließen. Hlond wurde ein Opfer der seiner Nation ausschließlich zugewandten Grundeinstellung, die ihm den Blick getrübt hat. Ein Seliger kann keinen sachlich unbegründeten Wünschen und Träumen Raum geben und darf kein Phantast sein.

Der Hlondbericht vom 24. 10. 1946 ist offensichtlich nicht an die laikale Öffentlichkeit gedrungen. Der die Meinung in der Kirche bildende Episkopat müßte ihn aber gekannt haben und nicht wenig über ihn bestürzt gewesen sein. Man wollte ihn nicht wahr haben und löste das Problem in dem es unter den Tisch gekehrt wurde. Im Bewußtsein der Gläubigen verblieben die Vorgänge also in der alten messianistisch übersteigerten Fassung, Hlond hätte die Gottesbotschaft ins Land gebracht. Dies blieb offensichtlich die einzige gesellschaftlich wirksame Version.

Erst durch die Veröffentlichung der Dokumente durch Peter Raina[467] kam die Wahrheit ans Licht. Die Dokumente blieben praktisch 48 Jahre unveröffentlicht und damit ohne Einfluß auf eine sachliche Meinungsbildung der Gläubigen. Sie lagen im Hlond-Archiv zu Gnesen.

5.4 Ist das Problem damit «ausgesessen»? Erwartungen an die polnische Kirche

Hätte sich die polnische Kirche nicht auch zu besinnen, um ihr Gesamturteil, wie es im Hirtenbrief vom 10. 2. 1965[468] zum Ausdruck kommt, endlich zu revidieren? Im genannten Hirtenbrief heißt es: «Hat das polnische Volk einen Grund dafür, seine Nachbarn um Verzeihung zu bitten? Sicherlich wohl nicht. Wir sind überzeugt, daß wir als Volk (also politisch) dem deutschen Volke durch Jahrhunderte kein politisches, wirtschaftliches und kulturelles Unrecht angetan haben.»[469]

Damit erscheint auch die Vertreibung als sittlich erträglich, was der abendländisch-christlicher Ethik aber diametral widerspricht. Hätte man das 1965 guten Gewissens ebenso schreiben können, wenn das von Hlond den ostdeutschen Ordinarien und ihren Priestern angetane Unrecht von 1945 im Bewußtsein der Menschen gestanden hätte?

Am Ende des Konzils hatte der polnische Episkopat auch eigene Schuld eingestanden, indem er erklärte: «Von den Bänken des sich dem Ende zuneigenden Konzils strecken wir zu Ihnen unsere Hände aus, vergeben und bitten zugleich um Vergebung!»[470]. Dieses im Klima Roms erwachsene Angebot war dem roten Polen (Staat und Partei) ein Dorn im Auge und mußte zugunsten der Staatsräson fallen. Das Ergebnis dieser Aushöhlung der Konzilsbotschaft war die oben vermerkte Leugnung aller politischen Schuld gegenüber Deutschland. Nachdem die Publikation auch das Konto Kardinal Hlonds gezeigt hat, darf die deutsche Seite wohl eine Rückkehr des polnischen Episkopats zur Konzilsformel vom 19. 11. 65 («Wier vergeben und bitten um Vergebung») erhoffen.

6. Kardinal Hlond, ein großer Pole, aber kein Seliger der katholischen Weltkirche

Kardinal Hlond ist zweifellos ein großer Pole. Aber ist jeder Große eines Volkes auch ein Seliger nach dem Maßstab der Weltkirche? Zweifellos hat er Heroisches für sein Volk geleistet, aber im Hinblick auf seinen Umgang mit den deutschen Fragen mangelt ihm der heroische Grad einer aus der Ferne wirkenden Heiligkeit. Er hat nicht versucht, die große Gelegenheit für die beiden Kirchen (12. 8. 45), neu zu beginnen, zu ergreifen. Als Sieger hat er christliche Großmut nicht geübt. Er blieb Gefangener der unmenschlichen Forderungen der eigenen Staatsräson. Er hat dies auch nie bereut, sondern als Großtat seines Lebens feiern lassen. Entgegengesetztes großmütig-christliches Verhalten damals hätte ihm jetzt den Weg zum «Seligen» bereitet. Er hätte sich als neutestamentlicher Hoherpriester, als Hirte gegenüber allen guten Willens erweisen müssen. Aber sein Herz schwieg.

Was er polonico modo geleistet hat, ist ihm gelungen und soll hier nicht geschmälert werden. Was aber catholico modo ausblieb, liegt als eine Kluft zur Seligsprechung vor ihm, die nicht übersprungen werden kann. Für das Stern- und Kerngebot der Nachfolge Christi hat er entgegen den heißen Erwartungen vieler Deutsche im Sommer 1945 kein Zeugnis abgelegt.

Der Autor Dr. Franz Scholz: Leben und Werk

Geboren 1909 in Breslau; dort Abitur. 1929–1933 Studium der kath. Theologie und Caritaswissenschaft in Breslau und Freiburg/Br. Während des Studiums erlernte er, durch den Friedensbund deutscher Katholiken (P. Franziskus Stratmann OP) angeregt, die Grundzüge der polnischen Sprache, vor allem in Krakau (1930) und an der kath. Universität in Lublin (1931–1933). 1934 von Kardinal Bertram zum Priester der Erzdiözese Breslau geweiht. Nach der Priesterweihe Seelsorgetätigkeit in Breslau, auch bei der kleinen polnischen Kolonie bei der Martinikirche und bei polnischen Saisonarbeitern bis in die Provinz Sachsen hinein. 1940–1946 Kuratialpfarrer in St. Bonifatius, Görlitz-Ost (ab 1945 Zgorzelec), verbunden mit der Seelsorge (im Stalag VIII A) an polnischen, französischen und belgischen Kriegsgefangenen und Zwangsverschickten. Ab 1945 auch an den aus Ostpolen von der Sowjetunion vertriebenen Polen.

Dieser Einsatz fand nach Besetzung des Landes durch Polen ein persönliches Echo. Am 8.8. 1946 schrieb ihm die indes polnische Ost-Görlitzer Kreisstarostei (aus dem Polnischen übersetzt): «... teile Ihnen mit, daß Sie aufgrund eines einstimmigen Beschlusses der Verifizierungs-Kommission vom 21.6. 1946 als polnischer Volksangehöriger anerkannt worden sind. ... Die Verifizierungs-Kommission unterstreicht Ihre Verbundenheit mit dem polnischen Volke in der Zeit vor dem Krieg wie in der Kriegszeit. Die Verbundenheit erwies sich durch opferbereite und edle priesterliche Arbeit im Dienste der von Deutschen geknechteten polnischen Bürger (Lacznosc wykazana ofiarna i szlachetna praca kaplanska na rzecz zgnebionych przez Niemcow obywatali polskich) ... Die amtliche Feststellung der polnischen Staatsbürgerschaft kann sofort nach Einreichnung eines zusätzlichen Gesuches um Zuerkennung der polnischen Staatsbürgerschaft erfolgen.

Die Leiterin der Verwaltung und Rechtsabteilung (gez.) Nimirska Irena»

Dieses Angebot mußte ich aus Gewissensgründen ablehnen (vgl. Görlitzer Tagebuch, a.a.O. 93–95).

1946–1949 Caritasdirektor und Flüchtlingsseelsorger für die deutschen Ostvertriebenen im westlich der Neiße liegenden Restteil der Erzdiözese Breslau (Bezirk Görlitz/Cottbus).

1940 Promotion zum Dr. theol. an der Fr.-Wilhelms-Universität zu Breslau, 1955 Habilitation im Fach Moraltheologie an der Universität Freiburg/Br. Seit 1949 Dozent der Philos.-Theol. Hochschule der Ostvertriebenen in Königstein/Ts,1956 Berufung zum Professor für Moraltheologie und christliche Gesellschaftslehre an die Hochschule Fulda mit gleichzeitiger Tätigkeit an den Universitäten Frankfurt/M. und Marburg. 1972 auf den Lehrstuhl für Moraltheologie der neu gegründeten Universität Augsburg berufen. 1976 emeritiert. Später bis 1985 Pfarrverwalter in Klein-Zimmern. 1986 entpflichtet. Er lebt heute in Dieburg.

Dort erreichte ihn nach dem Zusammenbruch der DDR aus dem nun demokratischen Görlitz folgender Widerhall für seine Görlitzer Arbeit 1940–1949:

«Die Stadtverordnetenversammlung der Stadt Görlitz verleiht Herrn Professor Dr. Franz Scholz in Würdigung seiner Verdienste als Pfarrer und Flüchtlingsseelsorger in der Kirche St. Bonifatius in Görlitz/Ost in der Kriegs- und Nachkriegszeit und damit als Mittler der Verständigung zwischen Deutschen und Polen sowie als Autor des ‹Görlitzer Tagebuches 1945–46› die Ehrenbürgerschaft der Stadt Görlitz.

(gez.) Lechner — (gez.) Erward
Oberbürgermeister — Stadtverordnetenvorsteher

7. März 1991»

Die Übergabe der Ehrenbürgerurkunde erfogte am 7. 3. 91 im Rathaus zu Dieburg (vgl. hierzu den Bericht mit der Ansprache des Hr. Stadtverordnetenvorstehers Erward in DER SCHLESIER Nr. 21 v. 17. Mai 1991).

Hauptinteressengebiete: Ethik: Gottes Wille, der sich in der Stabilität und dem Wandel sittlicher Normen enthüllt; Zeitgeschichte: Versöhnung mit Polen auf der Basis des Evangeliums, d. h. der Wahrheit,

Gerechtigkeit und Würde. Kampf gegen eine tendenziös einseitige Geschichtsschreibung zu Lasten Deutschlands. Einsatz für die bleibenden Grundwerte: Gott, Familie, Volk, Vaterland, Europa, Menschheit.

Aus seinen Werken
«Die Einsetzung der Sakramente nach Alexander v. Hales († 1245)«, Breslau 1940; Benedikt Stattler († 1797) und die Lehre von der philosophischen Sünde, Freiburg 1955; Schuld, Sünde, Fehlhaltung, Augsburg 1972; Das Licht in dir (Luk 11,35), Freising 1975; Wege, Umwege, Auswege der Moraltheologie, München 1975. Dazu hat der Autor weit über 100 Einzelbeiträge zu «seinen» Fragen veröffentlicht, bei denen sich das Gewicht – als Antwort auf die «Rufe der Stunde» – auf ethisch-moralische und völkerrechtliche Probleme betr. das alte Ostdeutschland verlagert hat.

«Görlitzer Tagebuch, 1945/46», 3. Aufl. Berlin 1993, das in der 2. Auflage 1984 in Eltville unter dem Titel «Wächter, wie tief die Nacht?» (Is 21,11) erschienen ist. 1988 folgte das grundlegende Werk «Zwischen Staatsräson und Evangelium. Kardinal Hlond und die Tragödie der ostdeutschen Diözesen. Tatsachen, Hintergründe, Anfragen», Frankfurt/M. Es liegt inzwischen in der dritten Auflage vor. Beide Werke stellen, rückblickend betrachtet, in gewissem Sinne die Basis für das hier vorliegende Werk dar und vertiefen dessen Verständnis.

Der Verfasser hat als christlicher Ethiker den Mut, auch die Kirchen an den Maßstäben des Evangeliums zu messen. Auch darin liegt ein Teil der Brisanz des Buches, das zu einem kritischen Neubeginn in Wahrheit, Gerechtigkeit und Solidarität beitragen und bis dahin verdrängte, mißliebige Tatsachen festhalten will.

Die drei Werke bilden eine in sich verzahnte, inhaltlich fortschreitende Triologie zur ostdeutschen Tragödie.

Anmerkungen

Kapitel I

1 Später Bischof von Chiapas in Südostmexiko, † 1566.

2 A. Perger, Zum Columbusjubiläum in: Stimmen aus Maria Laach 42, 1892, S. 1–13; S. 133–149.

3 Leonis Papae XIII. allocutiones . . . , Bd. Brügge 1898, S. 100–105.

4 Vgl. M. Sievernich SJ, Blick auf 500 Jahre Lateinamerika, in: Stimmen der Zeit 210, 1992, S. 651 – 663, hier S. 652.

5 Las Casas, Kurzgefaßter Bericht von der Verwüstung der westindischen Länder [Hrsg. H. M. Enzensberger, Frankfurt/M 1981, S. 14, 15] in: F. v. Othegraven, Litanei des Weißen Mannes, Struckum/Ostfriesld., 1986, S. 97.

6 M. Faßbinder Art. Las Casas, in: Staatslexikon, 3. Bd., Freiburg/Br 1929[5], col. 837 mit dieser Schreibweise und Abkürzungen.

7 12. Oktober 1492, Eine Herausforderung für die europäische Theologie. Erklärung des Vorstandes, in: Bulletin der europäischen Gesellschaft für Theologie, Tübingen 1992, S. 3–7 (Auszug), unterzeichnet von Prof. Dr. P. Hünermann, Tübingen, Prof. Dr. Helmut Juros, Warschau, und sechs weiteren Kollegen.

8 Zur Erstinformation über Vertreibung konkret eignet sich meine Arbeit «Görlitzer Tagebuch 1945», Berlin 1993, in 3. Aufl., u. das noch immer beeindruckende Werk: Father E. J. Reichenberger, Ostdeutsche Passion, Düsseldorf 1948.

9 Vgl. Kapitel IX.

10 Listy Episkopatu Polski 1945–1974, Paris 1975, 407–411, 433–436, Ed. du Dialogue.

11 Vgl. Kapitel XIII.

12 Denken wir an die obengenannten Stichworte Auschwitz usw.

13 Am 2. 8. 1945.

14 HLK, 1907.

15 Selbstbestimmungsrecht; Verbot von Vertreibungen der Zivilbevölkerung durch die HLK 1907.

16 2 Mos 21, 24 u. 25.

17 Kollektivschuld im weiten Sinne.

18 Über die Indios bzw. Über das Kriegsrecht.

19 R. Winter, Der amerikanische Alptraum, München 1993, S. 10.

20 A. T. y Serra, Art. Vitoria in StaatslexikonVIII, 6. Aufl., Freiburg 1968, col. 276–278.

21 Vgl. Kapitel II.

22 1949–1959 erster Bundespräsident in der BRD, † 1963.

23 Th. Heuss in: Hitlers Weg, eine historisch-politische Studie über den Nationalsozialismus, Stuttgart, Berlin, Leipzig 1932; die folgenden Zitate von S. 24/25 und S. 152 ff.

24 Gemeint ist wohl die Zeit nach Hitlers Entlassung aus dem Landsberger Gefängnis 1925.

25 Otto Braun in: Von Weimar bis Hitler, Hamburg 1949, S. 24 ff.

Kapitel II

26 DER NEUE BROCKHAUS, hier zitiert mit DNB, Bd. 3, 1991, S. 438, Lusitania-Zwischenfall.

27 1857–1936. Er «konnte sich als Reichskanzler ... (Juli bis Oktober 1917) nicht behaupten.» DNB, Bd. 3, S. 559.

28 Deutsche Reichsgeschichte in Dokumenten, II. Band, hier zitiert mit DRD II, 1906–1926, Leipzig o. J., S. 587.

29 1843–1919; «(Zentrum) ... am 1. 11. 1917 wurde er Reichskanzler ... vermochte sich jedoch nicht mehr gegen die Oberste Heeresleitung durchzusetzen; trat am 30. 9. 1918 zurück» DNB, Bd. 2, EL – I, S. 562.

30 Hier mit Accent aigu geschrieben.

31 DRD II, S. 603.

32 Hugo Wellems, Das Jahrhundert der Lüge – Von der Reichsgründung bis Potsdam 1871–1945, ARNDT-Verlag Kiel, 1989, 2. Aufl., S. 77; hier zitiert als Wellems; Wellems zitiert aus Arthur Ponsonbys Buch: Absichtliche Lügen in Kriegszeiten, Seeheim 1967, S. 68.

33 Dieses und die drei folgenden Zitate lt. Wellems, S. 20/21; er zitiert Georg Franz-Willing: Der Zweite Weltkrieg, Ursachen und Anlaß, Leoni 1979, S. 20 f.

34 Deutschland muß vernichtet werden.

35 von dem Bussche am 2. 10. 1918 vor den Fraktionsführern des Reichstages in Berlin; DRD II; S. 621–624.

36 1867–1929.

37 1856–1924; Präsident der USA 1913–1921.

38 DRD II, S. 635/636, Hervorhebung so im Text.

39 ebd., S. 636.

40 ebd., S. 637.
41 ebd., S. 640.
42 ebd., S. 636.
43 ebd., S. 637.
44 ebd., S. 638/639.
45 Verfassung von Frankfurt a. M. 1871, Art. 16.
46 DRD II, S. 640.
47 ebd., S. 641/642.
48 ebd., S. 642.
49 DRD II, S. 654–659, Auszug aus den Punkten I–XXXIV; Überschrift kursiv in DRD.
50 Geschichte in Quellen Band V, Weltkriege und Revolutionen 1914–1945, Günter Schönbrunn, München 1961, Bayerischer Schulbuchverlag, S. 119 ff.
51 Dieser Überblick bringt die Ergebnisse des Werkes «Charakterwäsche» von C. Schrenck-Notzing.
52 D. h. mit seinem Wesen und Charakter.
53 In Wahrheit die Westgoten, die – von den Hunnen vertrieben – von den Römern zugesagte Rechte einforderten.
54 W. Recke, Die polnische Frage als Problem der europäischen Politik, Berlin 1927, S. 244.
55 Geschichte in Quellen (s. Anm. 50), S. 119 ff.
56 ebd., S. 126.
57 Wellems, S. 93; nach Christian Höltje, Die Weimarer Republik und das Ostlocarno-Problem, Würzburg 1958, S. 162; kursive Hervorhebung bei Wellems.
58 Wellems, S. 104; nach Diwald, Geschichte der Deutschen, Frankfurt-Berlin-Wien 1978, S. 140; kursive Hervorhebung bei Wellems.
59 † 1822, englischer Außenminister, entschiedener Gegner Napoleons, nahm am Wiener Kongreß 1815 teil.
60 Geschichte in Quellen (s. Anm. 50), S. 120.
61 Wellems, S. 91/92, nach Vertrags-Ploetz II, 4, S. 600 ff.; kursive Hervorhebungen bei Wellems.
62 ebd., S. 126.
63 ebd., S. 125.
64 So sah sich Clemenceau zu größerer Härte «berechtigt».
65 Morsey, R., Art. Versailles, Staatslexikon, VIII 1963, 187.
66 Diese Zitate ebd. col. 184 u. 185.
67 E. Anrich, Der Schuldparagraph des Versailler Diktats. in: Deutschland in Geschichte und Gegenwart, Abkürzung DGG, Tübingen, 1986 (34. Jahrgang) Nr. 2, S. 8–14, hier S. 9.

68 Diese Zitate bei Anrich a.a.O., S. 10.

69 DRD S. 713.

70 Die alliierten und assoziierten.

71 DRD II, S. 679/681; vgl. hierzu: Graf Brockdorff-Rantzau: Dokumente und Gedanken um Versailles, Berlin 1925, S. 71 ff.

72 ebd., S. 684/685.

73 DRD II., S. 685–690.

74 Die alliierte Mantelnote (der Friedensverhandlungen) in: Lutz, Verbrechervolk im Herzen Europas. Die Wahrheit in der Geschichte ist unteilbar wie Deutschland, Tübingen 1959, S. 60 ff.

75 Anrich a.a.O., S. 14.

76 E. Anrich in einem Brief (18. 3. 1994) an den Vf.

77 Anrich in DGG, S. 14.

78 ebd., S. 691/692.

79 ebd., S. 694.

80 Rudolf Morsey, Art. Versailler Vertrag, in: Staatslexikon VIII, Freiburg 1963, col. 185/186.

81 DRD II, S. 694.

82 Wo am 18. 1. 1871 – zur Demütigung Frankreichs – das Deutsche Kaiserreich als Bund deutscher Fürsten ausgerufen und am 18. 1. 1919, 48 Jahre später, die Friedenskonferenz eröffnet worden war, um – zurückzahlend – das kaiserliche Preußen Deutschland zu demütigen.

Kapitel III

83 Rudolf Morsey, Art. Versailler Vertrag, in: Staatslexikon VIII, Freiburg 1963; beide Zitate col. 187, das folgende col. 188.

84 Wellems a.a.O., S. 92, nach Erwin Viefhaus, Die Minderheitenfrage und die Entstehung der Minderheitenschutzverträge auf der Pariser Friedenskonferenz 1919, Würzburg 1960, S. 193; kursive Hervorhebung bei Wellems.

85 22. 4. 1870–4. 1. 1924 DNB 3, a.a.O., S. 367.

86 Wellems a.a.O, S. 93/94, nach W. I. Lenin, Armee und Militärwissenschaft. Eine Auswahl aus Lenins Schriften in zwei Bänden, Berlin (Ost) 1958; 1. Band, S. 569, 600, 774; kursive Hervorhebungen bei Wellems.

87 Wellems a.a.O., S. 94, nach Francesco Nitti, Europa am Abgrund, Frankfurt 1923, S. 23 f.; kursive Hervorhebung bei Wellems.

88 Wellems a.a.O., S. 94/95, nach Wenzel Jaksch, Europas Weg nach Potsdam, Stuttgart 1958, S. 214; kursive Hervorhebung bei Wellems.

89 Wellems a.a.O., S. 96, nach Herbert Hoover, Memoiren, Mainz 1951, Band I, S. 391, 413; Band II, S. 15; kursive Hervorhebungen bei Wellems.

90 Richard Pemsel: Geschichtliche Entlastung Deutschlands – Ein Alptraum für deutsche Politiker? – Zugleich ein Wort an kaltherzige Politiker und Kirchenvertreter, 2. Aufl. 1992, Tübingen, S. 35/36.

91 ebd. S. 36.

92 ebd. S. 36.

93 ebd. S. 36/37.

94 Beide zitierte Stellen nach DNB Bd. 4, S. 45.

95 Anne Armstrong in: Bedingungslose Kapitulation – Die teuerste Fehlentscheidung der Neuzeit, 1961; deutsche Ausgabe Verlag Fritz Molden, Wien – München 1965, S. 57 mit der kursiven Hervorhebung.

96 H. Kiesewetter,Von Hegel zu Hitler, Hamburg 1974, S. 272.

97 12. 8. 1989, S. 5.

98 W. Hofer, Der Nationalsozialismus, Dokumente, Frankfurt–Hamburg 1977, S. 360.

99 A. Minzmann (Hg) , Hitlerwelle und historische Fakten, Königstein/Ts 1979, S. 12.

100 H. Kiesewetter, (s. Anm. 96), S. 272 ff. – Vgl. R. Pemsel, Geschichtliche Entlastung Deutschlands. Ein Alptraum für deutsche Politiker? Tübingen 1990, S. 8 f.

101 Hillgruber, Zweierlei Untergang. Die Zerschlagung des Deutschen Reiches und das Ende des europäischen Judentums, Berlin 1986, S. 67.

Kapitel IV

102 V. L. Volk, Akten deutscher Bischöfe VI, Mainz 1985, Nr. 10028, S. 654–664; hier zitiert als «Volk».

103 Art. «Deutschlandpläne der Alliierten» von Tilman Mayer in: Werner Weidenfeld – Karl-Rudolf Korte (Hrsg.) «Handwörterbuch zur deutschen Einheit», Campus Verlag Frankfurt/New York 1992, S. 164; zitiert als Handwörterbuch. In der Zeit, in der das in Besatzungszonen zerrissene Deutschland sprachlos war, kam dem Wort der Kirchen besondere Bedeutung zu.

104 Besonders die vom 23. 3. 1933.

105 Am 20. 7. 1933.

106 Volk a.a.O., S. 655–656.

107 Volk a.a.O., S. 656–657.

108 In der Ethik spricht mann von rein materieller Mitwirkung zum äußeren Akt, ohne «formellen» Einsatz.

109 Volk a.a.O., S. 657.
110 Volk ebd.
111 Volk a.a.O., S. 658; im Entwurf ist von Gebietsabtretung keine Rede.
112 Volk ebd.
113 Volk ebd.
114 23. 3. 1933.
115 M. Domarus, Hitlers Reden I, 1932–1934, S. 232, Selbstverlag, Würzburg.
116 Diese Zitate bei Volk ebd..
117 Volk a.a.O., S. 664–668.
118 Volk a.a.O., S. 688–694, hier S. 689–690.
119 ebd.
120 W. Visser't Hooft, Die Welt war meine Gemeinde, München 1972, S. 228. Gerstenmeier hat diesen Generalsekretär des ÖRK in seinem Buch «Streit und Friede hat seine Zeit», Frankfurt/M, Berlin, 1980, als «Top-Agenten des Britischen Geheimdienstes» bezeichnet.
121 Frankfurt/M, Berlin 1986, S. 12.
122 «Das christliche Volk in diesem Lande glaubt nicht, daß wir selbst etwas für unsere Nation zu bereuen hätten.»
123 A. Boyens, Kirchenkampf und Ökumene, 1939–1945, München 1973, S. 262.
124 Boyens a.a.O., S. 262.
125 Bodenstein, a.a.O., S. 16.
126 27.–31. 8. 1945.
127 Boyens, a.a.O., S. 270 f.
128 Barth, eine Schweizer Stimme, 1938–1945, Zollikon-Zürich 1945, 378, nach Bodenstein a.a.O., S. 29.
129 Augsburg, Oktober 1946.
130 20. 2. 1946.
131 Klinkhammer, K., Die deutschen Katholiken und die Schuldfrage, in: Neues Abendland, Augsburg Okt. 1946, S. 12–18.
132 Klinkhammer, Die deutschen Katholiken und die Schuldfrage, in: «Neues Abendland», K. Repgen, Die Erfahrung des Dritten Reiches und das Selbstverständnis der deutschen Katholiken nach 1945, in: V. Conzenius u. a., Die Zeit nach 1945, Göttingen 1988, 127-179.
133 Vgl. Repgen, a.a.O., S. 155.
134 † 19. 4. 1967.
135 Adenauer-Briefe 1945–1947, Hrsg. Mensing, Berlin 1983; alle folgenden Zitate S. 172 ff.
136 Nach Repgen, a.a.O., S. 161.
137 ebd.

138 G. Berndt, Die Scham, die uns keiner abnimmt, in: A. Wójtowicz, Neue Bäume pflanzen, Frankfurt/M 1984, S. 25.

139 in: Historikerstreit, Die Dokumentation der Kontroverse in der Einzigartigkeit der nationalsozialistischen Judenvernichtung a.a.O., S. 247.

140 Historikerstreit, Piper Serie, München 1991, Bd. 816, S. 247/248.

141 ebd.

Kapitel V

142 Durch Joseph Goebbels, 1897–1945, Selbstmord in Berlin, DER NEUE BROCKHAUS (DNB), V 1991, S. 404.

143 Erhard Kolb, Die Maschinerie des Terrors, in: Bracher, Funke, Jakobsen (Hg.) Die nationalsozialistische Diktatur 1933–1945, Schriftenreihe der Bundeszentrale für politische Bildung, Bonn (1986), S. 270–284, hier S. 271.

144 Deutschlandbericht 1937, in: Bracher u. a., a.a.O., S. 272.

145 H. Weinkauff, Die deutsche Justiz und der NS, Stuttgart 1969, S. 40 ff.

146 M. Broszat, NS-Konzentrationslager 1933–45, in: Anatomie des SS-Staates, Olten/ Freiburg 1965, II, S. 50 ff.

147 Broszat a.a.O., S. 159.

148 21. 3. 1933.

149 Vgl. Tätigkeit und Spruchpraxis des Volksgerichtshofes: W. Wagner, der Volksgerichtshof im NS-Staate, Stuttgart 1974, S. 44.

150 Broszat, Der Staat Hitlers, München 1969, S. 404.

151 W. Wagner, a.a.O., S. 393.

152 Diensttuender Feldwebel.

153 An Stelle des vorgeschriebenen «Heil Hitler!»

154 actiones cum duplici effectu.

155 Vgl. Vertreibung.

156 H. Himmler (nach H. Maier) Nach dem Sozialismus, in: Mut Nr. 332, VI 1994, 46.

157 R. Heydrich, Wandlungen unseres Kampfes, München 1947, nach H. Maier, Nach dem Sozialismus, in: Mut, Asendorf, Juni 1994, 40–53.

158 Vgl. Terror.

159 Apg 5,29.

160 20. 7. 1933.

161 1869–1952 DNB Bd. 2, S. 130.

162 Cura flagranti 14. 3. 1937.

163 1878–1946 DNB Bd. 2, S. 282; Predigten 1941.

164 30. 6. 1934.

165 Nach B. Stasiewski, Art. Nationalsozialismus, LTK (Lexikon für Theologie und Kirche), Freiburg 1967, col. 803–805.

166 Ehemaliger Wehrkreispfarrer in Königsberg/Ostpreußen.

167 Arier-Paragraph, «Überarbeitung» des Dogmas nach dem NS-Lebensgefühl.

168 1886–1968, 1930 Professor in Bonn, 1935 aus politischen Gründen aus dem Lehramt entfernt. Anreger der Dialektischen Theologie. Nach dem Krieg entschiedener Verfechter der Kollektivschuld-These gegen das deutsche Volk. Meyers Enzyklopädisches Lexikon, Mannheim 1970, III, S. 537.

169 1892–1984, evangelischer Pfarrer, Theologe, im 1. Weltkrieg U-Boot-Kommandant, DNB, Bd. 4 , S. 17.

170 29.–31. 5. 1934.

171 J. P. Michael im Art. «Bekennende Kirche» im LEXIKON FÜR THEOLOGIE UND KIRCHE (LThK) II, Freiburg 1958, col. 141.

172 LThK a.a.O., col.141. Ez 3,17 lautet: «Menschensohn, zum Späher für das Haus Israel bestellte ich dich; hörst du aus meinem Munde ein Wort, so verwarne sie von mir aus.»

173 1877–1970, «unterstützte die Ernennung Hitlers zum Reichskanzler... Im Nürnberger Prozeß... freigesprochen... », DNB, Bd. IV, S. 540.

174 1884–1945 DNB Bd. 2, S. 404.

175 DER GROSSE HERDER (DGH), VIII, Freiburg 1956, col. 439; geb. 1902, hingerichtet am 10. 8. 1944, DNB, Bd. IV, S. 623.

176 1880–20. 7. 44, in Berlin erschossen DNB Bd. 1, S. 243.

177 1884–1972, am 20. 7. 1944 verhaftet, «bis Kriegsende im KZ... » DNB, Bd. 2, S. 494.

178 Bei diesem Widerstand ist zwischen Hochverrat und Landesverrat zu unterscheiden.

179 1886–1944; «war maßgeblich an der Verschwörung gegen Hitler am 20. 7. 1944 beteiligt... », hingerichtet am 30. 8. 1944 DNB, V, 182.

180 1887–9. 4. 1945, im KZ Flossenbürg hingerichtet, DNB, I, S. 434.

181 1888–9. 4. 1945, im KZ Flossenbürg hingerichtet, DNB, VI, S. 98.

182 P. Kluke, Art. Widerstandsbewegungen, in: Staatslexikon VIII, Freiburg 1963, col. 659–664.

183 u. a. die Geschwister Hans Scholl (geb. 1918) und Sophie Scholl (geb. 1921). «Bei der Verteilung von Flugblättern in der Münchener Universität wurden sie am 18. 2. 1943 verhaftet... am 20. 2. 1943 hingerichtet.» Zitat aus DNB, IV, S. 604; vgl. DGH, Art. Scholl, Bd. VIII, 1956, col. 378.

184 u. a. H. v. Tresckow (Chef einer Heeresgruppe im Osten).

185 Goerdeler neben Mierendorf (SPD), 1897–1943, durch Luftangriff getö-

tet, DNB III, S. 561 (Mitglied des Kreisauer Kreises), und Julius Leber (SPD), 1891–5. 1. 1945, hingerichtet, DNB, III, S. 349.

186 Jakob Kaiser (CDU), 1888–1961, im Widerstand tätig DNB Bd. 3, S. 55, und Wilhelm Leuschner (SPD), 1890–29. 9. 1944, hingerichtet; ebd. S. 378.

187 Sprengstoffanschlag.

188 1907 – 20. 7. 1944, in Berlin erschossen DNB IV, S. 558.

189 20. Juli 1944.

190 P. Kluke, a.a.O., Anm 187, col. 659–664.

Kapitel VI

191 9. Nov. 1938.

192 W. Scheffler, Organisierter Massenmord an Juden in nationalsozialistischen Vernichtungslagern. In: Nationalsozialistische Diktatur von 1933–1945, Bonn 1986, S. 539–571; Hg. Bracher, Funke, Jakobsen.

193 In: «Landsberg», Ein dokumentarischer Bericht, Hg. Information Services Division Office of the US High Commissioner for Germany, München 15, S. 23.

194 Vgl. Kapitel V.

195 z. B. für das Verbrechen von Oradour-sur-Glane hat er selbst den Ort bestimmt. /Gr. Herder VI, 1955, Art. Oradour col. 1375/. Als Vergeltung für einen Partisanenüberfall hat ein SS-Einsatzkommando am 10. 6. 1944 548 Menschen, viele Frauen und Kinder in der angezündeten Ortskirche umkommen lassen /F. O. Miksche, Das Ende der Gegenwart, München 1990, S. 83/. Der 1955 in Bordeaux geführte Prozeß brachte es ans Licht, daß das befohlene Sonderkommando aus zwangsweise ausgehobenen Elsässern bestand, für die ihr Heimatdepartement Alsace dann Amnestie erzwungen hat.

196 G.L. Weinberg, Deutschlands Wille zum Krieg, in: Hg. Bracher/Funke/Jakobsen, Bd. 192 der Schriftenreihe der Bundeszentrale für politische Bildung, Bonn 1986, S. 407. Trotz immerwährender innerer Machtkämpfe, Kompetenzstreitigkeiten und Doppelarbeit hielt die Struktur des Regierungs- und Parteiapparates aber zusammen, a.a.O. S. 414.

197 20. 1. 42.

198 Meyers Enzyklopädisches Lexikon, Mannheim–Wien 1979, XXIV, S. 847.

199 Hans Heinrich Wilhelm, Die «Einsatzgruppen und die Endlösung», in: Bracher u. a. Nationalsozialistische Diktatur 1933–1945, S. 591–617.

200 Hg. 1993 vom Magistrat der Stadt Dieburg mit einem Geleitwort von Bürgermeister Peter Christ.

201 Hg. G. Angel/U. Hemel, Basiskurse im Christsein, Festschrift für meinen Freund Wolfgang Nastainczyk, Regensburg. Frankfurt, Bern, New York, Paris 1992, S. 434–439.

202 a.a.O., S. 435.

203 Röm 11,29.

204 zum Grundsätzlichen vgl. F. Mußner, Dieses Geschlecht wird nicht vergehen. Judentum und Kirche, Freiburg, Basel, Wien 1991, bes. S. 175–184.

205 Vgl. Kapitel VIII, 5.

206 M. Wolffsohn, Ewige Schuld? München 1988, S. 65–69.

207 Beide aus Schlesien stammend.

208 Zitate aus der Frankfurter Allgemeinen Sonntagszeitung, Nr. 34, 29. 8. 1993.

209 Vgl. Interview von C. v. Wrangel unnd W. Wischmeyer, in: Frankfurter Allgemeine Sonntagszeitung vom 25. 7. 1993, S. 3, bes. Sp. 6.

210 FAZ vom 21. Okt. 1993, S. 6, unter der Überschrift «Nicht die Liebe zur Nation verdrängen».

Kapitel VII

211 F. Scholz, Das Licht in dir, Freising 1975, S. 76–77.

212 Apg 9,6.

213 H. Rauschning, Gespräche mit Hitler, Wien 1940, S. 212. Nach John M. Steiner, Über das Glaubensbekenntnis der SS, Schriftenreihe der Bundeszentrale für politische Bildung, Bd. 192. Hg. Bracher, Funke, Jacobsen, Nationalsozialistische Diktatur, Bonn 1986, S. 211.

214 «Dokumentarischer Bericht», Hg. Information Services of the US High Commissioner for Germany, München 1951, S. 5, Allg. Erklärung des amerikanischen Hochkommissars v. 31. 1. 1951 über die Gnadengesuche der verurteilten Hauptkriegsverbrecher.

Kapitel VIII

215 E. Schwer, Art. Gesellschaft, in: Staatslexikon II, 5. Aufl., Freiburg 1927, col. 616.

216 Philosophie der Weltgeschichte, Leipzig 1917, I, S. 54 ff.

217 H. Rauschning, Gespräche mit Hitler, Wien 1940, S. 212. Nach John M. Steiner, Über das Glaubensbekenntnis der SS, Schriftenreihe der Bun-

deszentrale für politische Bildung, Bd. 192. Hg. Bracher, Funke, Jacobsen, Nationalsozialistische Diktatur, Bonn 1986, S. 211.

218 Vgl. Andrej Sinjawskij, Der Traum vom neuen Menschen oder die Sowjetzivilisation, Frankfurt/M 1989, S. 180.

219 «Dokumentarischer Bericht», Hg. Information Services of the US High Commissioner for Germany, München 1951, S. 5, vgl. Anm 193.

220 Streben nach Sinnenlust, Duden.

221 Schwer, Art. Gesellschaft, in Staatslexikon II, Freiburg 1927, col. 615/616, alle diese Zitate, auch die Abkürzungen.

222 Nell-Breuning, O., Einzelmensch und Gesellschaft, Heidelberg 1950, S. 43–44.

223 J. Fellermeyer, Abriß der katholischen Gesellschaftslehre, Freiburg 1956, S. 45.

224 Denken wir an die Zivilisten in Sarajevo, Tschetschenien – ohne Sicherheit, Versorgung, Wasserleitungen, Nachrichten.

225 «Man muß Gott mehr gehorchen als den Menschen», Apg 5.29.

226 Pius XI., Enzyklika ‹Cura flagranti› (Mit brennender Sorge), Rundschreiben über die Lage der katholischen Kirche im Deutschen Reich vom 14. 3. 1937, Münster, Regensbergerische Buchhandlung, 1937. Der Verlag ist sofort nach der Veröffentlichung entschädigungslos enteignet worden.

227 Schwer, a. a.O., col. 617, auch die Abkürzungen.

228 Schwer, ebd.

229 In Worms vor Kaiser Karl V. 1521.

230 1 Mos 1,26.

231 z. B. Staat, Familie, Ehe und die große Zahl freier Vergemeinschaftungen.

232 Das zu erhärten, ist Ziel des Kapitels.

233 H. Diwald, Geschichte der Deutschen, Berlin o. J., S. 118.

234 Michael Wolffsohn, EWIGE SCHULD? 40 Jahre deutsch-jüdisch-israelische Beziehungen, Serie Piper München, 1991.

235 ebd. S. 113.

236 Habermas, in: Historikerstreit, München 1991, 247. Die Dokumentation der Kontroverse, um die Einzigartigkeit der nationalsozialistischen Judenvernichtung.

237 ebd.

238 Habermas, in: Historikerstreit, München, 1991, 247f.

239 ebd.

240 Barth, eine Schweizer Stimme, 1938–1945, Zollikon-Zürich 1945, 378, nach Bodenstein a.a.O., S. 29.

241 Vgl. Chr. Kleßmann, Zwei Staaten, eine Nation, Bundeszentrale für politische Bildung, Bonn 1988, S. 136.

242 Aber die polnische Regierung hat ihn ersetzt.

243 G. Berndt, Die Scham, die uns keiner abnimmt, in: U. P. Heidingsfeld, A. Wójtowicz, Neue Bäume pflanzen, Frankfurt/M 1984, S. 25.
244 ZdK Nach 50 Jahren – wie reden von Schuld, Leid und Versöhnung?, Bonn 1988.
245 ZdK 11.
246 Karp: Zeitschrift f. d. Geschichte des Ermlands, Bd. 45 (1989), S. 145–164.
247 Frankfurt/M 1989, 3. Aufl.
248 Karp a.a.O., S. 162.
249 M. Wolffsohn, Ewige Schuld? München 1993[5] , S. 113.
250 Utz – Groner OP, Aufbau und Entfaltung des gesellschaftlichen Lebens bei Pius XII., Freiburg /Schweiz1954, No. 2276.
251 † ca. 571 v. Chr., 597 nach Babylon verbannt.
252 Ez 18, 2–4. «Sterben» heißt hier bestraft werden für die individuelle Schuld.
253 Ez 18, 20.
254 2 Mos 20,5.
255 Bericht über den Vortrag von Karl Rahner (†1984), Schuld und Schuldvergebung, in: HG. W. Bitter, Angst und Schuld, ein Tagungsbericht, Stuttgart 1959, 54–67.
256 Konstitution über die Kirche in der Welt von heute vom 7. 12. 1965, in: Das Zweite Vatikanische Konzil III, Freiburg 1968, no 16, col. 329.
257 Das Heft heißt «Landsberg», weil die Verurteilten in diesem Gefängnis auf ihr weiteres Schicksal warteten.
258 Aus dem oben vorgestellten Bericht: Landsberg, Ein dokumentarischer Bericht, Hg. von Information Services Division Office of the US High Commissioner for Germany, München 15, S. 26–27.
259 Ohne eine im Strafgesetzbuch angedrohte Strafe darf nicht bestraft werden.
260 Vgl. H. Diwald, Geschichte der Deutschen, Berlin o. J., S. 126.
261 Das höchste Recht erweist sich als höchstes Unrecht.
262 354–430.
263 In: Gottesstaat IV. Buch, 4. Kapitel, Corpus Scriptorum Ecclesiasticorum Latinorum I. Teil, Regensburg 1899, S. 166.

Kapitel IX

264 Vgl. Caspar von Schrenck-Notzing, Charakterwäsche, Stuttgart 1965; darin der Abschnitt Charakterwäsche, S. 106–149, dem sich diese Darstellung anschließt. Charakterwäsche ist der Gehirnwäsche [Brainwashing] verwandt, einer fast pausenlosen psychich-physischen Beeinflus-

sung (ohne Folterungen), um Erkenntnis und Willen, vielleicht auch Gefühle, im Sinn der Sieger umzubiegen, um die Persönlichkeit zu brechen. «Charakterwäsche» mit dem Untertitel ‹Politik der amerikanischen Umerziehung in Deutschland› ist 1993 als «Aktualisierte Ausgabe» erschienen, Ullstein Zeitgeschichte , Nr. 33174. Es schockiert von neuem.

265 In diesem Kapitel werden – zur Vermeidung vieler Fußnoten – alle Seitenzahlen der Zitate aus der «Charakterwäsche» durch eckige Klammern hervorgehoben.

266 Horkheimer lehrte 1930–1933 und 1949–1963 in Frankfurt/M.

267 Das ist eine sex-betonte Lebensführung.

268 Eine traditionelle katholische Antwort siehe bei Dietmar Bernt, Familie in Kirche, Gesellschaft und Staat. Konfliktfeld Sexualerziehung in der Schule [Frankfurt/M] 1983, bes. S. 141–153.

269 Durch Unterwerfung bzw. restlose Einordnung in ein umfassendes Ganzes.

270 Herrschaft über andere.

271 In meiner schlesischen Heimat wurden solche Typen in Zusammenhang mit dem Radfahrer gebracht, für den galt: nach oben buckeln, nach unten treten.

272 Studien über das Vorurteil, New York 1949 [307 Anm. 10].

273 und drei anderen genannten Mitarbeitern [307, Anm. 10] ; Adorno starb 1969.

274 The Authoritarian Personality, New York 1950, ebda.

275 Denn er hätte nicht den Mut zur Umwertung der Werte.

276 Gemeint ist die Umerziehung; sie geht auch 1994 weiter, da kein Friedensvertrag unterzeichnet ist.

277 Jan. 1993,1.

278 P. Hintze, Der Staat allein kommt nihilistischer Gewalt nicht bei, in: Nr. 31, 5. August 1993.

279 Veraltet, überholt.

280 Doppelt siegt, wer sich selbst besiegt.

281 Gesamtprotokoll der Konferenz von Waldleiningen, Hg.: Hessisches Ministerium für Erziehung 1949.

282 Aus dem östlichen Reichsgebiet allein über 8 Millionen.

283 Krakau, 23. 6. 1985.

284 Vgl. Kapitel I, 1.

285 Siehe Handwörterbuch zur deutschen Einheit, Werner Weidenfeld – Karl-Rudolf Korte (Hrsg.), Campus Verlag, Frankfurt/New York, 1992, S. 741–747.

286 Karlheinz Deschner, Der Moloch «Sprecht sanft und tragt immer einen Knüppel bei Euch!» – Zur Amerikanisierung der Welt, Weitbrecht Verlag

1992, Stuttgart, S. 10. Übersetzung: Amerika? Das ist eine Entwicklung von der Barbarei zum Verfall, ohne die Kultur zu berühren.

287 Reinhard Uhler-Whettler, in: Die deutsche Revolution, Berg 3, 1991.

288 E. Anrich, Leben ohne Geschichtsbewußtsein, Tübingen 1988, S. 50–58

289 Anrich, a.a.O.12.

Kapitel X

290 Vgl. Karl Steinbuch, in: Nation sein, um zu bestehen. Junge Freiheit, Potsdam Nr. 43/94, 21. 10. 94, 3.

291 Vgl. Kapitel VI-1.

292 Etwa: Es darf niemand für eine Untat belangt werden, solange es nicht feststeht, daß er sie wirklich begangen hat.

293 Siehe Kapitel IV.

294 Siehe Kapitel S. 63 V.

295 Besonders durch Clemenceau, le tigre, † 1929.

296 Kleiner Atlas zur deutschen Territorialgechichte, Bonn 1990, S. 154.

297 Anschluß an Deutschland.

298 In seinem Buch «Leben ohne Geschichtsbewußtsein – Eine Anklage gegen den heutigen Geschichtsunterricht», Grabert-Verlag, Tübingen, 1988, S. 50–77.

299 E. Anrich a.a.O., S. 85–87; kursive Hervorhebungen so im Text. E. A., geb. 1906, ordentl. Professor für Geschichte in Hamburg und (1941–1945) in Straßburg.

300 angeblich «schuldlosen».

301 Laurens van der Post «Durch's große Durstland müßt ihr ziehen», 1975, S. 231 f.

302 Sophokles (496–406 v. Chr.) hat diese unmenschliche Situation in dem Drama «Antigone» gestaltet, s. Reclam Nr. 659, 1993, übersetzt von Kuchenmüller; hier abgekürzt mit Reclam.

303 Gott der Unterwelt und die Unterwelt selbst.

304 Weiterleben der Toten bei gewissenhafter Bestattung nach heiliger Sitte; denn sie «und ihre Götter haben Macht über Lebende», Reclam Anmerkungen, S. 59, Nr. 25 und 65.

305 Diese drei Zitate s. Reclam, S. 22, Vers 452–457; S. 25, Vers 523 und S. 42, Vers 942–943; fünf Großschreibungen so im Text.

Kapitel XI

306 Am 2. 8. 1945 von Stalin, Truman und Attlee unterzeichnet – Beihefte zu Deutschland in Geschichte und Gegenwart Heft 13: Jalta – Potsdam und die Dokumente zur Zerstörung Europas, Tübingen, 1985, S. 72.

307 Ebd., S. 69.

308 Ebd., S. 69.

309 E. v. Puttkamer, Art. Oder-Neisse-Linie, in Staatslexikon V, 6. Aufl., Freiburg 1960, col. 1150.

310 Vgl. F. Scholz, Görlitzer Tagebuch, Berlin 1990[5] , S. 46–61.

311 Ernstnehmen des Inhalts und des wirklich Gemeinten.

312 A. Klafkowski Umowa, Poczdamska dnia, 2 VIII 1945 r., PAX Warszawa 1985, S. 83–85.

313 Vgl. F. Scholz, Zwischen Staatsräson und Evangelium, a.a.O., S. 44–47.

314 Der neue Brockhaus (DNB),V, 1991, S. 419.

315 Charta der UN, Art. 107.

316 Mit «deutsch» ist bis zur Vereinigung von alter BRD und DDR immer «westdeutsch» gemeint.

317 Am 20. 9. 1949; siehe «Sonderdruck des Instituts für deutsche Nachkriegsgeschichte Tübingen 1990», S. 3; kurz: Sonderdruck.

318 Jörg K. Hoensch, Geschichte Polens, 2. neubearb. und erw. Aufl., Stuttgart, Ulmer UTB 1251, 1990, S. 312.

319 Am 9. 6. 1950;

320 P. Löbe (SPD, aus Schlesien) am 13. 6. 1950; siehe Sonderdruck, S. 3.

321 »Deklaration».

322 Dieser und die beiden folgenden Kursivdrucke stehen im Sonderdruck.

323 Am 14. 9. 1950;

324 Am 28. 9. 1952; siehe Sonderdruck S. 6.

325 Am 20. 10. 1953; siehe Sonderdruck, S. 3.

326 Am 20. 10. 1953; siehe Sonderdruck, S. 6.

327 «... am 26. 05. 1952 in Bonn, sodann in einer revidierten Fassung am 23. 10. 1954 in Paris» unterzeichnet, «... am 05. 05. 1955 in Kraft» getreten; siehe W. Weidenfeld – K.-R. Korte (Hrsg.) Handwörterbuch zur deutschen Einheit (hier abgekürzt Handwörterbuch), Campus Verlag, Frankfurt/New York 1992, S. 244 bzw. S. 521.

328 «Erklärung der Vier Mächte vom 05. 06. 1945» in: W. Grewe «Deutschlandvertrag», Handwörterbuch, S. 246. – «Am 05. 06. 1945» wurde der «Kontrollrat (... für) ‹Entscheidungen über Deutschland als Ganzes› ...» eingerichtet. T. Mayer «Deutschlandpläne der Alliierten», Handwörterbuch, S. 164.

329 Dieter Blumenwitz «Oder-Neiße-Linie», Handwörterbuch, S. 521.

330 W. Grewe a.a.O., Handwörterbuch, S. 246.
331 Der Nachteil: Vertiefung der Spaltung Deutschlands und Europas.
332 Bulletin der Bundesregierung, Bonn, den 4. Juli 1956, in: Das Recht auf die Heimat ist unabdingbar, Nr. 121, S. 1204.
333 ebda.
334 Vom 7.–9. 6. 1963; siehe Sonderdruck, S. 6.
335 Hier und im folgenden Zitat kursiv im Sonderdruck.
336 Vom 7.–9. 6. 1963; siehe Sonderdruck, S. 6.
337 Am 22. 3. 1964; siehe Sonderdruck, S. 6.
338 Am 22. 3. 1964; siehe Sonderdruck ebd.
339 Zu einer friedlichen Änderung.
340 Hier abgekürzt BM, vom 2. 3. 1968, erschienen im Matthias-Grünewald-Verlag, Mainz,1968, 2. Auflage.
341 Vom 1. 10. 1965, BM, S. 3.
342 BM, S. 26.
343 BM, S. 3.
344 «... am 7. und 8. Mai 1966 in Bensberg bei Köln» gegründet, BM, S. 4.
345 P. Nahm, in: O. Golombek, Dialog mit dem Bensberger Kreis, Köln 1968, S. 9.
346 BM, S. 11.
347 Vgl. Kapitel IV, S. 65, 179, 185.
348 Vgl. UN Charta, Art. 107.
349 BM, S. 18; der Nebensatz «daß wir die Rückkehr ... » ist in die direkte Rede gesetzt.
350 BM, S. 17.
351 BM, S. 18.
352 BM, S. 16.
353 BM, S. 17.
354 BM, S. 17.
355 Am 21. 6. 1945; vgl. F. Scholz, Görlitzer Tagebuch, a.a.O., S. 55–59.
356 Otto Kimminich, Die Menschenrechte in der Friedensregelung nach dem Zweiten Weltkrieg, Berlin 1990, S. 108.
357 Zur Wiedergutmachung von Vertreibung vgl. O. Kimminich, Rechtsprobleme einer polyethischen Staatsorganisation, München, März 1985.
358 Res nullius fit primi occupantis.
359 und anderer Länder.
360 Paul Hadrossek, Stand und Kritik der rechtstheoretischen Diskussion zum natürlichen Recht auf die Heimat, in: Schlesisches Priesterjahrbuch 1962/63, Band III/IV, Brentanoverlag, Stuttgart 1964, S. 47.
361 Vgl. die Ziele der Serben u. a. in Bosnien und die Aktivitäten innerstaatlicher Verbrecher, Moskau gegen Tschetschenien.

362 Vom 12. 8. 1949, Art. 49 der Haager Landkriegsordnung von 1907 angepaßt; Sonderdruck, S. 2; Kursivdruck übernommen.

363 Am 22. 11. 1967, Sonderdruck, ebd.

364 Drei Nebensätze mit «daß» in die direkte Rede übertragen.

365 Vom 27. 11. 1968, Sonderdruck, S. 2.

366 Ein «daß»-Satz in die direkte Rede übertragen.

367 Vgl. den Vortrag des Posener Prof. Sobanski bei dem deutsch-polnischen Bischofstreffen in Gnesen, 20.–22. November 1990.

368 Siehe Ziffer 2 ff.

369 O. Kimminich, Das Recht auf die Heimat, Bonn 1989, 3. Aufl., S. 112.

370 BM, S. 14.

371 BM, S. 14, beide Zitate.

372 BM, S. 15.

373 BM, S. 14.

374 Mitteilungsblatt des Förderkreises Deutsche Einheit für die Ostprovinzen und das Sudetenland, Recklinghausen, 29. 2. 1968.

375 2. 3. 1968.

376 Vom 12. 9. 1968, aus: KNA Dokumentation Nr. 45, 2.10. 1968, B. Golombeck, a.a.O., S. 173.

377 Vom 5. 7. 1969, Golombek, a.a.O., S. 15.

378 Vgl. Kapitel XI.

379 Entscheidungen des Bundesverfassungsgerichts, 40. Band, 1976, Nr. 16, S. 144 – Dieser Vertrag wurde am 12. 8. 1970 unterzeichnet und trat am 3. Juni 1972 in Kraft. a.a.O., S. 142.

380 Ebd., beide Zitate S. 147, 148. Dieser Vertrag wurde am 7. 12. 1970 unterzeichnet und trat am 3. Juni 1972 in Kraft, a.a.O., S. 143, 146.

381 Entscheidungen des Bundesverfassungsgerichts 40. Bd., 1976, S. 171.

382 völkerrechtliche Grundlage.

383 Gilbert Gornig: Die deutsch-polnische Grenzregelung in: Sonderdruck aus: Studien zur Deutschlandfrage Band 11, Deutschland im weltpolitischen Umbruch, Duncker & Humblot, Berlin 1993, S. 179.

384 Gornig a.a.O., S. 180, Fußnote 97.

385 Europa-Archiv 1989, D 503, Quelle: *Bulletin* der Bundesregierung Nr. 81, 30. 8. 1989.

386 Quelle: Grundgesetz mit Zwei-plus-Vier-Vertrag, 27. Auflage, Beck-Texte im dtv, Verlag Beck München, 1991, S. 38.

387 Entscheidungen des Bundesverfassungsgerichtes (BVG), 36. Band, 1974, S. 18; Kursivdruck in der Vorlage.

388 ... alle Schicksale überstehende.

389 BVG a.a.O., S. 19; kursive Hervorhebungen in der Vorlage.

390 Alterspräsident Paul Löbe am 13. 6. 1950 in Kapitel XI, 2.

391 Diese Szene wurde von dem genialen polnischen Maler Jan Matejko (1838–1893) dargestellt. Sie ist in dem Bildband ‹Jan Matejko› von Juliusz Starzynski, Wydawnictwo Arkady, Warszawa o. J., jedoch vor 1962, unter Nr. 19 enthalten.

Kapitel XII

392 Bulletin der Bundesregierung 1990, Nr. 79, S. 677–684.
393 Bulletin, S. 680.
394 Vgl. das Buch Joseph Wittigs († 1949): Das Leben Jesu in Schlesien, Palästina und anderswo, Kempten-München 1925.
395 F. Scholz, Art. Heimat, in: LThK V/1960/col. 169–171. Bundeszentrale für politische Bildung, Bd 294/II, Heimat, Bonn 1990.
396 Moraltheologisch: actio in se mala.
397 Res clamat ad dominum.
398 † 1855 an Cholera, in der Fremde, in Konstantinopel .
399 † 1803.
400 Bulletin, S. 681.
401 Siehe Statut der UN.
402 Bulletin, S. 684.
403 »peacefull change«.
404 Bulletin, S. 680.
405 Siehe Kapitel II, 3.
406 ebd.
407 Besonders nach Skubiszewski, ehem. Außenminister Polens.
408 Siehe Kapitel II, 3.
409 Zum 1. 9. 1989, 50 Jahre nach Beginn des Zweiten Weltkrieges.
410 Enzyklika «Veritatis Splendor» vom 5. 10. 1993.
411 In: Christ in der Gegenwart, 7. 10. 1993, S. 348.
412 Nr. 80 der o. g. Enzyklika.
413 ebd.
414 Am 16. 1. 1982.
415 Bulletin, S. 680.
416 Ollenhauer, Brandt, Wehner, alle SPD, 1963; siehe Kapitel XI, 4.
417 Paul Löbe, SPD, 1950; siehe Kapitel XI, 2.

Kapitel XIII

418 Dieter Blumenwitz «Oder-Neiße-Linie», S. 525 in: W. Weidenfeld – K.-R. Korte (Hrsg.) «Handwörterbuch der deutschen Einheit» (hier abgekürzt Handwörterbuch), Campus Verlag, Frankfurt/New York 1992.

419 A. Klafkowski, Umowa Poczdamska z dnia 2.VIII.1945 r, Warszawa, Pax 1985, S. 415–429, S. 415. Umowa Poczdamska zastepuje pokoj: Das Potsdamer Abkommen vertritt... den Friedensvertrag mit den Deutschen.

420 Bulletin der Bundesregierung 1990, S. 680.

421 Quelle: «Die deutsch-polnischen Beziehungen heute und morgen... » Vf. Georg Brunner und vier weitere deutsche und polnische Vf.; Hg. Bund der Vertriebenen, Bonn, 1. Aufl. 1993, 56 S.; S. 26/36, 25/35 und 24/34 bedeutet: 26, 25, 24 = deutsche Fassung; 36, 35, 34 = polnischer Text; alle Hervorhebungen so im Original.

422 Der letzte Satz lautet auf polnisch: «Uważam, jeżeli narodowo myślący Polacy o tym poważnie pomyślą, to nie powinni życzyć sobie takiego pojednania, przyktorym *otrzymuje 100% jedna strona, a druga 0% (Niemcy) swoich zadań.»* (S. 33).

423 Haager Landkriegsordnung Art. 49.

424 Handwörterbuch a.a.O., 10. Präambelsatz, S. 523 (Anm. 418).

425 Gemeint ist die Annahme der Oder-Neiße-Linie als «Westgrenze Polens».

426 Bulletin der Bundesregierung vom 22. 6. 1990, Nr. 79, S. 679–680.

427 Die deutsch-polnischen Verträge vom 14. 11. 1990 und 17. 6. 1991 in: Auswärtiges Amt und Bundesministerium des Inneren, in Zusammenarbeit mit der Botschaft der Republik Polen, o. J., S. 20–69; Vertrag vom 17. 6. 1991 ist unterzeichnet von Bundeskanzler Kohl und Bundesaußenminister Genscher.

428 Vom 2. 8. 1991. DER SCHLESIER hat ihn bald darauf unter der Überschrift *«Die Ostdeutschen getäuscht und im Stich gelassen – Hilferuf aus Schlesien an den Bundeskanzler ‹Wir haben Ihnen vertraut (...) ›»* veröffentlicht; daraus Auszüge (S. 217-218)

429 Abschnitt IX. Ostpreußen Art. 94.

430 Deutsche Reichsgeschichte in Dokumenten, Berlin o. J., II. Band: 1906–1926, S. 703.

431 Fr. du Buy, Zum Grenzvertrag vom 14. 11. 1990, Selbstverlag, Mozartlaan 107, HL. 7522, Enschede.

432 DRD II, 705.

433 ebd, 702.

434 Vgl. Rechtsgehalt und Inhalt des Selbstbestimmungsrechtes, in: Blumenwitz, Meissner (Hg.), Das Selbstbestimmungsrecht und die deutsche Frage, 1984, S. 37 ff.

435 Gornig, G., Deutschland im weltpolitischen Umbruch, Berlin 1992, 187, Studien zur Deutschlandfrage Bd. II.

436 z. B. der Bundestag, früher der Reichstag.

437 in Ostpreußen 1920 mit über 95% der Stimmen für Deutschland.

438 DER SCHLESIER Nr. 29, 16. Juli 1990, S. 1, mit den Hervorhebungen.

439 DER SCHLESIER Nr. 30, 23. Juli 1990, S. 1, mit den Hervorhebungen.

440 Vgl. dazu M. Wittmann, Ethik, Philosophische Handbibliothek, München 1922, S. 86; J. Grudzien, Z Problematiki Filosofii Wspolecznej (Aus der Problematik der gesellschaftlichen Philosophie), Warszawa 1971, S. 89, 91, wo der Neopositivismus de «Wiener Kreises» (M. Schlick, R. Carnap, G. Frank, Popper, A. J. Ayer) dem den Verträgen zugrundeliegenden Denksystem sehr nahe kommt.

441 Ebd.

442 Hier gilt das über «Antigone» Gesagte, s. Kapitel VIII, 7, unter «Wir danken (...)».

443 Mt 7,27; oder «... sein Fall war groß», «... erschreckend». Einheitsübersetzung der Heiligen Schrift Das Neue Testament, 2., revidierte Auflage der Endfassung 1980, Stuttgart.

Kapitel XIV

444 Vgl. F. Scholz, Zwischen Staatsräson und Evangelium, Kardinal Hlond und die Tragödie der ostdeutschen Diözesen. Frankfurt 1989[3], 149–156.

445 Hg. J. Krucina 13. W. słuzbie ziem zachodnich , Wrocław, 1977, 13–14, 49.

446 vgl. 1. Kapitel., S. 11–17.

447 Marek, R., Kościół rzymsko-katolicki wobec ziem Zachodnich i Połnocnych, Warszawa 1976, 305–307.

448 Krucina, J., Boleslaw Kominek w służbi ziem zachodnich, Wrocław 1977, 22.

449 Listy Pasterskie Episkopatu Polski 1945–1974, Paris 1975, 408.

450 Die von Stalin besonders betriebene Ausweisung der Deutschen gehört zu einem wichtigen Programmpunkt bei der Errichtung der Gott besonders «wohlgefälligen» polnischen Wirklichkeit.

451 Die Urtexte dafür finden sich in dem von Peter Raina herausgegebenen Band; Kościól w PRL I, Dokumenty 1945 1959, Poznań (Posen), 1944, 46–68; bes. 47–49, Deutsche Übersetzung der Kernteile in: W. Grycz, Informationen und Berichte, Königstein, Nr. 8, 1994, Nr. 7, 1–17, Nr. 8. Betr. Messianismus: F. Scholz, Zwischen Staatsräson und Evangelium. Kardinal Hlond und die Tragödie der ostdeutschen Diözesen. Frankfurt/M, 1989[3] , 149–156.

452 Raina Dokumente 48 (Grycz 4).

453 Ich wohnte damals in Görlitz-Ost über solch einer Bande in der Warszawska, Schenkendorffstr. 13/I.

454 Vgl. Reina, Dokumenty 47; Grycz 8.

455 Grycz 5/6; Raina, Dokumenty, 43,17.

456 Geb. 15. November 1878 in Leobschütz, zum Priester geweiht am 20. Juni 1903 (Realhandbuch des Erzbistums Breslau 1929, 17); zum Weihbischof des Restteils der Erzdiözese Breslau in Görlitz am 24. Juni 1959 konsekriert, gest. 2. November 1963. Vgl. J. Gottschalk Hg., Schlesische Priesterbilder, Bd. 5, Aalen 1967, 23–27.

457 Geb. 9. April 1882, gest. 23. September 1965. Vgl. Gottschalk, 29–36.

458 Geb. 9. August 1892, gest. 14. Februar 1964. Vgl. Gottschalk, 43–46.

459 Schon vor Mitte September 1939 hatte der Primas sein polnisches Vaterland verlassen. Über den Vatikan war er nach Frankreich gekommen, wo er 1944 durch deutsche Organe verhaftet und anschließend unter Polizeiaufsicht gestellt wurde. Zuletzt lebte er in einem Kloster in Wiedenbrück (Westfalen). Hier wurde er am 1. April 1945 von US-Truppen befreit. In einem amerikanischen Heeresflugzeug kam er in den Vatikan, um am 10./11. Juli 1945 in die Heimat zurückzukehren (vgl. Marek, Kos̀ciól rzymsko-katolicki wobec ziem Zachodnych i polnocnych, Warszawa 1976, 20–21).

460 Die Notiz Dr. Pionteks ist datiert mit «Breslau, den 6. April 1946» und unterzeichnet mit «Dr. Piontek, Kapitelsvikar der Erzdiözese Breslau», in: *Die Romberichte II*, 27. Der hier vorliegende, entdramatisierte Bericht Dr. F. Pionteks läßt wenig von der Spannung und der sich abzeichnenden Tragödie der deutschen Erzdiözese Breslau ahnen.

461 Scholz, F., Görlitzer Tagebuch, Chronik einer Vertreibung 1945/46. Frankfurt/Berlin 1993[3], Ullstein, Zeitgeschichte, 76.

462 P. Raina, Dokumenty I, 1945–1950, 48.

463 Annuario Pontificio per l'anno 1958, Città del Vaticano 1958, 167. Vgl. F. Scholz, Zwischen Staatsräson ..., 101.

464 Vgl. J. Köhler, die Romberichte des Breslauer Konsistorialrates Dr. J. Kaps aus dem Jahre 1945, in: Archiv für Schlesische Kirchengeschichte 38 (1980) 1–71,38.

465 Kirchliches Amtsblatt der Diözese Mainz, Nr. 2 (14.2.48) 11. O. Golombek, Die katholische Kirche und die Völkervertreibung, Köln 1966, 51 Nr. 49.

466 Vgl. D. M. Prümmer OP, Manuale Theologiae Moralis I, Fribourg Brisgoviae 1931, no 45,46.

467 Kosciol w PRL, Bd. 1 Poznan 1994, 46–48; 67–68

468 Listy Pasterskie a.a.O.437.

469 ebd.

470 ebd.

Wichtige Literatur

Adenauer-Briefe 1945–1947, Hrsg. Mensing, Berlin 1983.

Angel, G., Hemel, Th., Hg. Basiskurse im Christsein, Festschrift für Wolfgang Nastainczyk, Regensburg. Frankfurt, Bern, New York, Paris 1992, 434–439.

Anrich, E., Leben ohne Geschichtsbewußtsein, Tübingen 1988.

Anrich, E., Der Schuldparagraph des Versailler Diktats, in: Deutschland in Geschichte und Gegenwart, Tübingen 1986, Nr. 2.

Armstrong, Anne, Bedingungslose Kapitulation – Die teuerste Fehlentscheidung der Neuzeit, 1961.

Augustinus Aurelius, († 430), in: Gottesstaat, Bd. IV., Corpus Scriptorum Ecclesiasticorum Latinorum 1. Teil, Regensburg 1899.

Barth, K., Eine Schweizer Stimme 1938–1945, Zollikon-Zürich 1945, 378.

Berndt, G., Die Scham, die uns keiner abnimmt, in: A. Wójtowicz, Neue Bäume pflanzen, Frankfurt/M 1984, 25.

Bernt, Dietmar, Familie in Kirche, Gesellschaft und Staat. Konfliktfeld Sexualerziehung in der Schule, Frankfurt/M 1983.

Blumenwitz, Dieter, Oder-Neiße-Linie, W. Weidenfeld – K.-R. Korte (Hrsg.) «Handwörterbuch der deutschen Einheit», Frankfurt/New York 1992, 525.

Bodenstein, W., Ist nur der Besiegte schuldig? Die EKD und das Stuttgarter Schuldbekenntnis von 1945, Ingolstadt 1986.

Boyens, A., Kirchenkampf und Ökumene, 1939–1945, München 1973.

Braun, Otto, in: Von Weimar bis Hitler, Hamburg 1949, S. 24ff.

Brockdorf-Rantzau Graf, Dokumente und Gedanken um Versailles, Berlin 1925.

Broszat M., NS-Konzentrationslager 1933–45, in: Anatomie des SS-Staates, Olten/Freiburg 1965.

Broszat, M., Der Staat Hitlers, München 1969.

Brunner, Georg, u.a., «Die deutsch-polnischen Beziehungen heute und morgen ... », Hg. Bund der Vertriebenen, Bonn 1993.

Bundesregierung, Bulletin vom 22. 6. 1990, Nr. 79, 679–680.

Bundesministerium des Inneren, in Zusammenarbeit mit der Botschaft der Republik Polen, Vertrag vom 17. 6. 1991.

Bundesregierung, Bulletin, Bonn, 4. Juli 1956, «Das Recht auf die Heimat ist unabdingbar», Nr. 121, 1204.

Bundesverfassungsgericht, Entscheidungen, 40. Band, 1976, Nr. 16, 144.

Bundesverfassungsgericht, Entscheidungen 36. Band, 197.

Bussche, von dem, am 2. 10. 1918 vor den Fraktionsführern des Reichtages.

Buy du, Fr., Zum Grenzvertrag vom 14. 11. 1990, Selbstverlag, Mozartlaan 107, HL. 7522, Enschede.

Deschner, Karlheinz, Der Moloch «Sprecht sanft und tragt immer einen Knüppel bei Euch!» – Zur Amerikanisierung der Welt, Stuttgart 1992.

Deutsche Bischöfe, Entwurf eines Hirtenwortes vor dem 21. 8. 1945. Hrsg. L. Volk in: Akten deutscher Bischöfe 1943–1945 VI., Mainz 1985, Nr. 1028 I, 654-664.

Diwald, Geschichte der Deutschen, Frankfurt-Berlin-Wien 1978.

Domarus, M., Hitlers Reden I, 1932–1934, Würzburg, 232.

Faßbinder, M., Art. Las Casas, in: Staatslexikon, 3. Bd., Freiburg/Br 1929, col. 837.

Fellermeyer, J., Abriß der katholischen Gesellschaftslehre, Freiburg 1956.

Golombek, O., Dialog mit dem Bensberger Kreis, Köln 1968.

Golombek, O., Die katholische Kirche und die Völkervertreibung, Köln 1966.

Gornig, Gilbert, Die deutsch-polnische Grenzregelung, Deutschland im weltpolitischen Umbruch, Berlin 1993, 164–191.

Grundzień, J., Z Problematiki Filosofii Współecznej (Aus der Problematik der gegenwärtigen Philosophie), Warszawa 1971.

Hadrossek, Paul, Stand und Kritik der rechtstheoretischen Diskussion zum natürlichen Recht auf die Heimat, in: Schlesisches Priesterjahrbuch 1962/63, III/IV, Stuttgart 1964.

Heuss, Th., in: Hitlers Weg, eine historisch-politische Studie über den Nationalsozialismus, Stuttgart, Berlin, Leipzig 1932.

Heydrich, R., Wandlungen unseres Kampfes, München 1947.

Hillgruber, A., Zweierlei Untergang. Die Zerschlagung des Deutschen Reiches und das Ende des europäischen Judentums, Berlin 1986.

Hoensch, K., Geschichte Polens, Stuttgart ^{2}1990, 312.

Hofer, W., Der Nationalsozialismus, Dokumente, Frankfurt-Hamburg 1977.

Hoover, Herbert, Memoiren I, Mainz 1951.

Jaksch, Wenzel, Europas Weg nach Potsdam, Stuttgart 1958.

Karp, H. J., Kardinal Hlond und das schwierige deutsch-polnische Verhältnis, Zeitschrift für die Geschichte des Ermlandes, Bd. 45 (1989), 145–164 Frankfurt/M ^{3}1989.

Keim, G., Die Juden in Dieburg, Hsg. 1993 Der Magistrat der Stadt Dieburg mit einem Geleitwort von Bürgermeister Peter Christ.

Kiesewetter, H., Von Hegel zu Hitler, Hamburg 1974.

Kimminich, Otto, Die Menschenrechte in der Friedensregelung nach dem Zweiten Weltkrieg, Berlin 1990, Rechtsprobleme einer polyethischen Staatsorganisation, München, März 1985.

Kimminich, O., Das Recht auf Heimat, Bonn ^{3}1989.

Klafkowski, A., Umowa POCZDAMSKA DNIA 1945 r., (Das Potsdamer Abkommen vom 2. 8. 1945, Warszawa 1985, 83–85).

Kleßmann, Ch., Zwei Staaten, eine Nation, Bundeszentrale für politische Bildung, Bonn 1988.

Klinkhammer, K., Die deutschen Katholiken und die Schuldfrage, in: Augsburg «Neues Abendland», Okt. 1946.

Kluke, P., Art. Widerstandsbewegungen, in: Staatslexikon VIII, Freiburg 1963, col. 659–664.

Köhler, J., Die Romberichte I Des Breslauer Konsitorialrates Dr. J. Kaps aus dem Jahre 1945, Archiv für Schlesische Kirchengeschichte Bd. 38 (1980) 1–71.

Köhler, J., Romberichte II., Ergänzende Materialien Bd 39, 21–96 (1981).

Kolb, Erhard, Die Maschinerie des Terrors, in: Brecher, Funke, Jakobsen (Hg.) Die nationalsozialistische Diktatur 1933–1945, Bonn 1986, 270–284.

Krucina, J., w służbie ziem zachodnich (Im Dienste der Westgebiete), Wrocław 1977., Listy Pasterskie Episkopatu Polski 1945–1974, Paris 1975, 408.

Las Casas, Kurzgefaßter Bericht von der Verwüstung der westindischen Länder, Hg. H. M. Enzensberger, Frankfurt/M 1981, in: F. v. Othegraven, Litanei des Weißen Mannes, Struckum/Ostfriesland, 1986, 97.

Leonis Papae XIII., allocutiones ..., Ed. Brügge 1898.

Lutz, Verbrechervolk im Herzen Europas. Die Wahrheit in der Geschichte ist unteilbar wie Deutschland, Tübingen 1959, 60.

Marek, R. Kościół, rzymsko-katolicki wobec ziem Zachodnich i Polnocnych, Warszawa 1976, (Die römisch-katholische Kirche angesichts der West- und Nordgebiete).

Mayer, Tilmann, in: W. Weidenfeld – K. R. Korte (Hrsg.) «Handwörterbuch zur deutschen Einheit», Campus Verlag Frankfurt/New York 1992, 164.

Minzmann, A., (Hg.) Hitlerwelle und historische Fakten, Königstein/Ts. 1979.

Michael, J. P., Art. «Bekennende Kirche», LThK II, Freiburg 1958, col. 141.

Morsey, Rudolf, Art.: Versailler Vertrag in: Staatslexikon VIII, Freiburg 1963, col. 185/186.

Müller, L., Ehemaliger Wehrkreispfarrer in Königsberg, Evangelischer Reichsbischof führt Arier-Paragraph, «Überarbeitung» des Dogmas nach dem NS-Lebensgefühl «Deutscher Christen» ein.

Mußner, F., Dieses Geschlecht wird nicht vergehen. Judentum und Kirche, Freiburg, Basel, Wien 1991, 175–184.

Nell-Breuning, O., Einzelmensch und Gesellschaft, Heidelberg 1950.

Niemöller, M., 1982–1984, evangelischer Pfarrer, im 1. Weltkrieg U-Boot-Kommandant, Mitbegründer der Notgemeinschaft der Evangelischen Kirche.

Nitti, Europa am Abgrund, Frankfurt 1923.

Pemsel, Richard, Geschichtliche Entlastung Deutschlands – Ein Alptraum für deutsche Politiker? – Zugleich ein Wort an kaltherzige Politiker und Kirchenvertreter, ^{2}1992, Tübingen.

Perger, A., Zum Columbusjubiläum in: Stimmen aus Maria Laach 42, 1982, 1–13; 133–149.

Pius XI. P., Enzyklika «Cura flagranti» (Mit brennender Sorge), Rundschreiben über die Lage der katholischen Kirche im Deutschen Reich vom 14. 3. 1937, Münster 1937.

Potsdam und die Dokumente zur Zerstörung Europas, Tübingen 1985.
Puttkammer v., E., Art. ODER-NEISSE-LINIE, in: Staatslexikon V, Freiburg [6]1960, col. 1147–1152.
Rahner, Karl († 1984), Schuld und Schuldvergebung, in: W. Bitter, Angst und Schuld, ein Tagungsbericht, Stuttgart 1959.
Rauschning, H., Gespräche mit Hitler, Wien 1940, 211.
Recke, W., Die polnische Frage als Problem der europäischen Politik, Berlin 1927.
Reichenberger, E. J., Ostdeutsche Passion, Düsseldorf 1948.
Reichsgeschichte, Deutsche, in Dokumenten, II, 1906–1926, Leipzig o. J., 587.
Repgen, K., Die Erfahrung des Dritten Reiches, in: V. Conzemius u. a., Die Zeit nach 1945 vgl. Cotto, Kl., Kirche, Katholiken Nationalsozialismus, Mainz 1980.
Scholz, Franz, Görlitzer Tagebuch 1945, Berlin [5]1993.
Scholz, F., Wege, Umwege, Auswege der Moraltheologie, München 1975.
Scholz, F., Art. Heimat, in: LTK V/1960/col. 169–171.
Scholz, F., Zwischen Staatsräson und Evangelium. Kardinal Hlond und die Tragödie der ostdeutschen Diözesen, Frankfurt [3]1989.
Schrenck-Notzing, Caspar von, Charakterwäsche, Stuttgart 1965.
Schwer, E., Art. Gesellschaft, in: Staatslexikon II, Freiburg [5]1927.
Serra, y. T., Art. Vitoria in Staatslexikon VIII, Freiburg [6]1968, col. 276–278.
Sievernich, M., SJ, Blick auf 500 Jahre Lateinamerika, in: Stimmen der Zeit 210, 1992, 652.
Sinjawskij, A., Der Traum vom neuen Menschen oder die Sowjetzivilisation, Frankfurt/M 1989, 180.
Theologie, europäische Gesellschaft, Bulletin 1992, Erklärung des Vorstandes, Tübingen 1992, 3–7 (Auszug), unterzeichnet von Prof. Dr. P. Hünermann, Prof. Dr. Helmut Juros, Warschau, und sechs weiteren Kollegen.
Stasiewki, B., Art. Nationalsozialismus, LTK (Lexikon für Theologie und Kirche), Freiburg 1967, col. 803–805.
Steinbuch, Karl, Nation sein, um zu bestehen, in: Junge Freiheit, Potsdam Nr. 43/94, 21. 10. 94, 3.
Uhler-Whettler, Reinhard, Die deutsche Revolution, Berg 3, 1991.

Utz – Groner OP, Aufbau und Entfaltung des gesellschaftlichen Glaubens bei Pius XII., Freiburg/Schweiz 1954, No. 2276.

Visser't Hooft, W., Die Welt war meine Gemeinde, München 1972.

Volk, L., Akten deutscher Bischöfe VI, Mainz 1985, Nr. 10028.

Wagner, W., Der Volksgerichtshof im NS-Staate, Stuttgart 1974.

Wellems, H., in: Absichtliche Lügen in Kriegszeiten, Seeheim 1967.

Weinberg, G. L., Deutschlands Wille zum Krieg, in: Bracher/Funke/Jakobsen, Bd. 192 der Schriftenreihe der Bundeszentrale für politische Bildung, Bonn 1986, 407.

Weinkauff, H., Die deutsche Justiz und der NS, Stuttgart 1969, 40 ff.

Wilhelm, H. H., Die «Einsatzgruppen und die Endlösung», in: Bracher u. a. Nationalsozialistische Diktatur 1933–1945, 591–617.

Willing, F. G., Der Zweite Weltkrieg, Ursachen und Anlaß, Leoni 1979.

Winter, R., Der amerikanische Alptraum, München 1993.

Wittig, Joseph († 1949), Das Leben Jesu in Schlesien, Palästina und anderswo, Kempten-München 1925.

Wittmann, M., Ethik, Philosophische Handbibliothek, München 1922.

Wolffsohn, M., Ewige Schuld? München ^{5}1991.

Wolffsohn, M., Historikerstreit, München 1991, Bd. 816.

Zentralkommitee der deutschen Katholiken, Nach 50 Jahren – wie reden von Schuld, Leid und Versöhnung?, Bonn 1988.

Kapitelübersicht

Zweiter Teil
Um die Preisgabe Ostdeutschlands

DRITTER TEIL

Anhang zur Seligsprechung Kardinal Hlonds

Namenverzeichnis